Saskia Niechzial

Hallo Schulanfang!

Saskia Niechzial

HALLO SCHULANFANG!

Den Übergang vom Kindergarten in die Schule beziehungsorientiert begleiten

BELTZ

MIX
Papier | Fördert gute Waldnutzung
FSC® C089473
www.fsc.org

Dieses Buch ist erhältlich als:
ISBN 978-3-407-86773-5 Print
ISBN 978-3-407-86774-2 E-Book (EPUB)

7. Auflage 2025

Werderstraße 10, 69469 Weinheim
service@beltz.de

Illustration: © Littleclipartfactory, Instagram: @littleclipartfactory
Lektorat: Katharina Theml, Büro Z, Wiesbaden/Petra Dorn
Umschlag: www.sandraklostermeyer.de (Gestaltung), www.stephanengelke.de (Beratung)
Bildnachweis Vorderseite Umschlag:
Junge ©Santi Nuñez/Illustration ©Sandra Klostermeyer

Herstellung: Sonja Droste
Satz: Publikations Atelier, Dreieich
Druck und Bindung: Beltz Grafische Betriebe, Bad Langensalza
Beltz Grafische Betriebe ist ein Unternehmen mit finanziellem Klimabeitrag (ID 15985-2104-1001)
Printed in Germany

Weitere Informationen zu unseren Autor:innen und Titeln finden Sie unter: www.beltz.de

*Allen Schulanfänger*innen und ihren Eltern gewidmet*

Inhalt

Und dann geht die Schultür zu.
Hinter eurem Kind. Vor euch. Wie eine Mauer.
Fühlt sich so an. Jedenfalls.

Jetzt soll man Vertrauen haben. Heißt es.
Wird schon werden. Heißt es.
Und ihr hofft darauf, innig.
Und trotzdem ist da auch ein bisschen Angst.
Denn ihr bleibt vor der Tür.
Und könnt so gar nichts mehr tun.
Fühlt sich so an. Jedenfalls.

Liebe Eltern, ich bin seit so vielen Jahren Lehrerin,
und ich kann euch sagen – eure Kinder bringen euch mit.
Ihr seid hier. In unseren Klassenzimmern.
Wann immer ein Kind mit einem Misserfolg
umgehen muss und weiß, dass es zu Hause auf tröstende,
nicht strafende Worte trifft. Wann immer es nach einer
gemeisterten Hürde weiß, dass ihr euch mitfreut.
*Wann immer es nach einem Streit mit Freund*innen*
auf euer Ohr und eine Umarmung zählen kann.
Dann und noch viel öfter seid ihr hier.

Mit euren Worten. Mit allem, was ihr seit Jahren tut.
Eurem Fundament. Euren kleinen Zetteln in der Brotbox.
Dem kleinen Glücksbringer in der Jackentasche.
Der liebevoll gekauften Bäckertüte für die Pause.
Ihr bleibt der Hafen. Euer Kind unternimmt
nur größere Segeltouren.

Einleitung

Als mein Sohn ein paar Monate alt war, besuchte ich mit ihm eine sogenannte PEKIP-Gruppe. Und während die Babys die Stunden damit verbrachten, den farbenfrohen Raum zu erkunden oder allerlei sorgfältig bereitgelegtes Spielzeug in den Mund zu stecken, nutzten wir Eltern diese Zusammentreffen auch, um uns auszutauschen. Über schlaflose Nächte, erste Entwicklungsschritte, über ungeahnte Gefühle und dieses ganz neue Leben. Irgendwann – wir sprachen gerade über das schon sehr individuelle Temperament eines jeden Babys – warf eine Mutter plötzlich in den Raum: »Ich hab jetzt schon Angst davor, wenn dieser wilde Entdecker in die Schule kommt.« Sie war gerade dabei, ihr oft auffallend unerschrockenes Baby aus einer der Spielzeugkisten zu befreien, in die es hineingeklettert war und aus der es nun nicht mehr herauskam. »Das denke ich auch oft!«, pflichtete eine weitere Mutter bei. »Ich bin so froh, dass wir noch ein paar Jahre haben, bis dieser Zirkus losgeht. Ich habe so im Gefühl, dass das bei uns keine leichte Nummer wird.« Dabei streichelte sie den Kopf ihres Kindes, das, wie so oft, lieber auf ihrem Schoß saß und die Szenerie beobachtete, als mit den anderen Babys die Umgebung unsicher zu machen. »Genießen wir die Zeit bis dahin«, mahnte einer der Väter, »bevor der Ernst des Lebens beginnt.«

Ich selbst hörte nur zu und dachte nach. Seit Jahren hatte ich als Lehrkraft junge Schulanfänger*innen in diesem neuen Lebensabschnitt begrüßt. Hatte ihnen den Übergang erleichtert, das Ankommen begleitet und sie in dieser aufregenden Phase willkommen geheißen. Und es war dieser Moment, damals in der Krabbelgruppenrunde, als ich das erste Mal eine Ahnung davon bekam, wie groß und herausfordernd der Schulstart des eigenen Kindes auch für Eltern ist. Ich hatte bisher nie so recht darüber nachgedacht. Aber nun, plötzlich selbst auf Elternseite, begann ich das erste Mal zu verstehen, was es heißen musste, sein Kind in die Schulwelt zu entlassen, während man selbst mit dem Gefühl konfrontiert ist, auf einmal nur noch von Weitem zuschauen zu können. Und welche Tragweite dieses Thema hat, wenn solche Gedanken schon so früh so viel wiegen.

In den folgenden Jahren gewann ich weitere Einblicke in all die elterlichen Sorgen und all die Ängste, die dieser Schritt mit sich bringt. Und konnte sie immer besser verstehen, je näher der Zeitpunkt der Einschulung für mein eigenes Kind rückte:

- *Begegnet mein Kind einer zugewandten, liebevollen Lehrkraft?*
- *Wird mein Kind angenommen?*
- *Wird mein Kind gut in der Klassengemeinschaft ankommen?*
- *Wird es Freund*innen finden?*
- *Wird es mit dem Lernstoff zurechtkommen?*
- *Kann es schon lang genug still sitzen?*
- *Wird es sich langweilen?*
- *Kann sich mein Kind ausreichend konzentrieren?*
- *Findet es sich in diesem großen Gebäude zurecht?*
- *Wie wird es die vielen neuen Anforderungen bewältigen?*
- *Werde ich merken, wenn etwas nicht stimmt?*
- *Kann ich der Lehrkraft vertrauen?*
- *Werde ich einen guten Draht zu ihr finden?*

Die Liste allein könnte sicherlich dieses Buch füllen. Aber woher kommen diese Ängste? Warum vergessen Eltern gerade beim Thema Schule so schnell, wie toll sich Großwerden auch anfühlen kann?

Schließlich gab es doch mal eine Zeit, in der ihr jedem noch so kleinen Entwicklungsschritt eures Kindes entgegenfiebert und ihn aufs Herzlichste gefeiert habt. Eine Zeit, in der ihr eure Freunde, Verwandten und Bekannten nahezu täglich mit

Handyvideos versorgt habt, wenn der Sprössling eine neue Fähigkeit vorzuweisen hatte. Ihr konntet den ersten tapsigen Schritt kaum erwarten, obwohl ihr ganz genau wusstet, dass mit dem Laufen auch das Hinfallen kommt. Ihr habt das erste Wort herbeigesehnt, obwohl ihr wusstet, dass mit dem Sprechen auch mal verletzende Sätze gesagt werden. Ihr habt die erste feste Nahrung zelebriert, obwohl ihr wusstet, dass mit dem Essen auch das Nörgeln kommt.

Was lässt die bevorstehende Schulzeit bereits in den Köpfen frischgebackener Eltern als ein solches Schreckgespenst herumspuken? Wieso werden hier oft nur die Herausforderungen gesehen, aber nicht die wunderbaren Meilensteine? Warum ist es genau dieser Entwicklungsschritt, der einem das Elternherz in die Hose rutschen lässt?

Da wäre zum einen die eigene Biografie. Ihr als Eltern wart selbst einmal Schüler*innen, seid mit allen Höhen und Tiefen durch das Schulsystem gegangen, und diese Erfahrungen begleiten euch. Sie haben eure Wahrnehmung und Erwartungshaltung geprägt. Nun kommt euer eigenes Kind in die Schule, und plötzlich erinnert ihr euch wieder an unfaire Lehrkräfte, fiese Mitschüler*innen, gähnende Langweile, Stillsitzen, Tests und Prüfungen, Misserfolg und schlechte Noten, bloßstellende Bundesjugendspiele, das Gefühl von Anderssein, quälende Hausaufgaben. Und die Vorstellung, dass nun plötzlich euer Kind alldem ausgesetzt werden soll, lässt euch ordentlich nervös werden.

Hinzu kommt das diffuse Gefühl von Hilflosigkeit. Euer Kind durchschreitet das Schultor, und ihr bleibt zurück. »Ab hier schaffen wir das alleine«-Schilder zieren die Eingangsbereiche unzähliger Grundschulen. Sie sollen stärken und an das Vertrauen in die Selbstständigkeit der Kinder appellieren. Richtig, sicherlich. Und doch hinterlässt diese »Wir-müssen-leider-draußen-bleiben«-Mentalität bei vielen Eltern eine gewisse Unsicherheit. Da ist plötzlich eine spürbare Distanz zwischen euch und dem neuen Alltag des Kindes. Verstärkt wird dieses Gefühl oft dadurch, dass ihr als Eltern in den schulischen Eingewöhnungsprozess meist nur bedingt involviert seid. Sechs Jahre lang habt ihr euer Kind eng begleitet, hattet unmittelbare Einblicke und wart in bisherige Eingewöhnungszeiten stark eingebunden. Und auf einmal steht euch die Einschulung als sehr abrupt empfundener Trennungsmoment bevor. Die künftige zentrale Bezugsperson eures Kindes habt ihr vielleicht nur einmal auf dem ersten Informationsabend gesehen. Wenn ihr euer erstes Kind einschult, seid ihr vermutlich auch nicht vertraut mit den Räumlichkeiten, in denen sich euer Kind nun täglich bewegen wird. Ihr entlasst euer Kind mit Schuleintritt also in eine deutliche Ungewissheit und in die Obhut nahezu fremder Personen. Und alles, woran ihr dabei anknüpfen könnt, sind eure eigenen, möglicherweise nicht unbedingt positiven Erfahrungen von Schule. Da fällt es verständlicherweise nicht immer leicht, Vertrauen und Zuversicht zu mobilisieren.

Die gute Nachricht ist aber, dass ihr nicht nur eure Kinder für diesen bedeutsamen Übergang stark machen könnt, sondern auch ihr als Eltern habt die Chance, wieder ein bisschen Optimismus einkehren zu lassen – zum Beispiel mit diesem Buch.

Über dieses Buch

Wie ein Wegweiser führen die einzelnen Kapitel euch durch die Vorschulzeit, den Schulstart und das erste Schuljahr. Sie sind gefüllt mit vielfältigen Anregungen und Hilfestellungen, die vor allem euch als Eltern stärken und optimistisch stimmen sollen. Lest dieses Buch allerdings bitte nicht als Checkliste, die ihr von vorn bis hinten mit eurem Kind durcharbeiten müsst. Auch wenn unser Schulsystem noch viel zu oft in seinen traditionellen Strukturen steckt und an dem Märchen festhält, alle Kinder hätten zu Tag X eine bestimmte Entwicklungsstufe erreicht, so kann Schulvorbereitung dennoch nicht als einheitliches Trainingsprogramm daherkommen.

Nein, so einzigartig, wie Kinder sind, so individuell ist auch das, was sie auf den Übergang vom Kindergarten in die Schule vorbereitet. Und daher öffne ich den Blick auf das gesamte Spektrum, das in der Schulvorbereitung eine Rolle spielen kann. Ihr dürft euch umsehen und genau das mitnehmen, was zu eurem Kind und eurer persönlichen Situation passt. Denn euer Kind startet seine Entwicklung nicht erst im Vorschuljahr. Es hat schon einige sehr entwicklungsintensive Jahre hinter sich, auf denen es nun in der spannenden Vorschulzeit aufbauen kann. Es bringt bereits jede Menge Stärken und Kompetenzen mit, die nicht notwendigerweise gezielt trainiert werden müssen. Vielmehr geht es darum, gemeinsam mit Kinderärzt*innen, Erzieher*innen oder anderen Bezugspersonen und vor allem mit dem Kind darauf zu schauen, wo vielleicht noch ein wenig unterstützt werden kann. Was es noch brauchen könnte, um den Übergang möglichst sicher zu bewältigen.

Die ersten Seiten sind aber erst einmal ganz euch als Eltern gewidmet. Denn nicht nur auf euer Kind, auch auf euch wartet eine neue Lebensphase. Für euch beginnt die Aufgabe, euer Kind durch die Höhen und Tiefen des Schullebens zu begleiten. Dieses Buch soll euch in dieser aufregenden Phase an die Hand nehmen und Mut machen, dass diese Zeit nicht nur Herausforderungen, sondern auch unheimlich viel Stolz und wunderschöne Momente mit sich bringen wird. Konkrete Leitsätze, die sich wie ein roter Faden durch das gesamte Buch ziehen, sollen euch helfen, im Hinblick auf den Schulbeginn mehr Zuversicht und Vertrauen zu gewinnen. Es ist wichtig, dass nicht nur die Schulvorbereitung des Kindes im Fokus steht, sondern auch ihr als Eltern Unterstützung dabei bekommt, euch mit der eigenen Gefühlswelt und dem eigenen Mindset auseinanderzusetzen.

Ein ganz besonderes Anliegen sind mir dabei Eltern neurodivergenter Kinder.[1] Denn ich weiß aus eigener Erfahrung, dass es für diese Eltern oft um ein Vielfaches schwerer ist, Gelassenheit im Bezug auf den Entwicklungsweg des eigenen Kindes aufzubauen. Nicht weil sie ihrem Kind dieses Wachstum nicht zutrauen, sondern weil sie meist von Geburt an als Eltern in der Begleitung sehr stark gefordert waren. Eltern neurodivergenter Kinder haben oft das Gefühl, dem Entwicklungsweg des Kindes nicht einfach entspannt Raum geben zu können, sondern sich gemeinsam mühevoll jeden kleinen Entwicklungsschritt erkämpfen zu müssen. Ihnen fehlt es bisher an »Ach-das-wird-schon«-Erfahrungen. Mir ist es wichtig, dieses besondere Gefühls- und Erfahrungssetting immer wieder einmal in den Blick zu nehmen und Wege aufzuzeigen, wie Vertrauen aufgebaut werden kann.

Nachdem ihr diesen Blick auf das künftige Leben als Schulkindeltern erhalten habt, liegt der Schwerpunkt der folgenden Kapitel vor allem auf der konkreten Schulvorbereitung. Dabei schauen wir zuerst einmal auf das, was Kinder ganz allgemein brauchen, um einen Übergang zu schaffen, und formen daraus Leitgedanken für Schwerpunkte der Vorbereitung. Anschließend widme ich mich den grundlegenden Fragen, die sich fast alle Eltern während der Vorschulzeit einmal stellen: Ist mein Kind bereit für die Schule? Wann ist der richtige Zeitpunkt für die Einschulung? Wie läuft eigentlich eine Schuleingangsuntersuchung ab? Und welche Schule ist die richtige für mein Kind? Die vielfältigen Erklärungen und Impulse, die ich euch bei diesen Fragen mitgeben möchte, sollen euch Mut machen und Druck nehmen. Gleichzeitig soll das Kapitel euch Entscheidungshilfen zur Verfügung stellen und Sicherheit vermitteln. Wenn ihr in diesen Bereichen dann etwas klarer seht, schauen wir uns die Kompetenzen an, die für die Schulfähigkeit eures Kindes eine Rolle spielen können. Ihr bekommt eine Übersicht über die Fähigkeiten, die seit je in der klassischen Schulvorbereitung im Fokus stehen und die auch in der Schuleingangsuntersuchung schwerpunktmäßig überprüft werden. Das betrifft vor allem die Bereiche des körperlichen, kognitiven und sprachlichen Entwicklungsstandes. Vor dem Hintergrund meiner Erfahrung als Lehrkraft und Mutter zeige ich euch, auf welche Fertigkeiten es hier ankommt, worauf von schulischer Seite aus geachtet wird und wie ihr bewusst, aber ohne übertrieben großen Aufwand, diese Entwicklung stärken könnt.

Meiner Erfahrung nach erschöpft sich eine Schulvorbereitung, die euer Kind für den Wechsel vom Kindergarten in die Schule stärkt, allerdings nicht in feinmotorischen Übungen, Vorschulheften und Sprachspielen. Diese haben durchaus ihre Berechtigung, aber mindestens ebenso wichtig ist es, sich der Schulvorbereitung auch auf emotionaler Ebene zu widmen. In Kapitel 4 erfahrt ihr, was es mit der Selbstkompetenz, dem Wachstumsdenken oder der Resilienz auf sich hat und wie ihr den Aufbau eines lernförderlichern Mindsets schon deutlich vor Schulbeginn unterstützen könnt. Aus meiner täglichen Schulpraxis weiß ich, dass es für ein positives Schulerleben von großer Bedeutung ist, wie sich das Kind als lernendes Individuum wahrnimmt. Traut es sich an unbekannte Aufgaben heran, hat es Angst vor Misserfolg und kann es seine Bedürfnisse grundlegend wahrnehmen, diese kommunizieren und auch mit Frustration umgehen? Das sind hohe Ziele, die natürlich nicht zu Schulbeginn erreicht sein sollen. Es geht vielmehr darum, euch aufzuzeigen, wie ihr im Alltag, in der direkten Interaktion mit eurem Kind und ohne spezielles Trainingsprogramm solche Kompetenzen anbahnen könnt. Und eben weil dieses Feld sehr komplex und anspruchsvoll ist, sind ihm in diesem Buch viele Seiten gewidmet.

Sind die Schulvorbereitung und die aufregende Einschulung schließlich geschafft, schauen wir gemeinsam auf die ersten Schulwochen. Ich merke in meiner Zusammenarbeit mit Eltern immer wieder, wie hilfreich es ist, schon im Vorfeld zu wissen, was diese Eingewöhnungszeit für Kinder bedeutet und wie ihr euch als Eltern darauf einstellen könnt. Unzählige neue Eindrücke, neue Personen, eine neue Umgebung, neue Anforderungen und eine neue Selbstständigkeit – das zu verarbeiten braucht Zeit, und das werdet ihr zu Hause je nach Temperament eures Kindes vermutlich auch deutlich zu spüren bekommen. Je besser ihr auf diese erste, manchmal etwas holprige Zeit eingestellt seid, umso leichter fällt es euch, diese zu begleiten, ruhig zu bleiben und nicht Gefahr zu laufen, allzu schnelle Urteile zu fällen.

Ein weiteres Kapitel widmet sich den schulischen Beziehungen, die euer Kind durch seinen Schulstart und die Schulzeit tragen. Dabei steht mein Herzensthema im Mittelpunkt – die gelingende Zusammenarbeit zwischen Lehrkräften und Eltern. Denn, Hand aufs Herz, vermutlich ist das einer der Punkte, die euch im Hinblick auf die künftige Schulzeit eures Kindes so einige Sorgenfalten auf die Stirn treiben. Bekommt mein Kind eine zugewandte Lehrkraft? Wird es gut mit seiner neuen Bezugsperson zurechtkommen? Werde *ich* gut mit dieser neuen Bezugsperson auskommen? Die Beziehung zwischen Eltern und Lehrkräften hat es in unserem Schulsystem wahrlich nicht leicht, dabei ist es für euer Kind ungemein wichtig, dass beide Seiten von Anfang an auf Augenhöhe miteinander agieren. Ich werde mögliche Hürden ehrlich benennen und gleichzeitig konkrete Wege anbieten, diese gemeinsam zu überwinden. Denn ist euer Kind durch ein stabiles Bindungs- und Beziehungsnetzwerk getragen, kann es mit diesem Fundament so manchen Herausforderungen des Schulalltages deutlich stabiler begegnen.

Mit dem Schulstart kommt noch etwas anderes Neues auf euch und euer Kind zu – das häusliche Lernen. Hausaufgaben, Leseübungen und Co. halten ihren Einzug und können eure Nerven und auch die Beziehung zu eurem Kind auf die Probe stellen. Darum ist diesem herausfordernden Bereich ebenfalls ein eigenes Kapitel gewidmet, in dem ihr unterschiedlichste Impulse und Anregungen an die Hand bekommt, dieser schulischen Pflicht gut gerüstet zu begegnen. Denn, ja, ihr seid keine Pädagog*innen und dennoch mit Schulbeginn als Eltern in der Verantwortung, euer Kind bei dieser Aufgabe zu unterstützen. Also möchte ich euch Einblicke und konkrete Tipps geben, wie es Kindern gelingen kann, sich auch unliebsamen Aufgaben zu stellen und wie ihr gemeinsam mit eurem Kind die Hausaufgabensituation individuell anpassen und möglichst entspannt gestalten könnt.

Ist euer Kind in der Schule angekommen, wird es auch schon früh mit konstruktivem Feedback und Leistungsbewertung umgehen müssen. In der ersten Klasse gibt es in der Regel zwar noch keine Noten, aber dennoch wird die Lernentwicklung eures Kindes von Beginn an beobachtet, und es erfolgen entsprechende Rückmeldungen. Das ist eine der Kernaufgaben unseres Berufes als Lehrkräfte. Unabhängig davon, wie die Lehrkraft eures Kindes dabei vorgeht, habt ihr als Eltern die freie Entscheidung, wie ihr zu Hause mit der schulischen Leistungsbewertung eures Kindes umgehen wollt. Welche Worte ihr dabei wählt und wie viel Gewicht solche Bewertungen bekommen. Auch dieses Kapitel soll euch aufzeigen, an wie vielen Stellen ihr positiven Einfluss auf den Schulalltag und den Lernweg eures Kindes nehmen könnt.

Das Buch schließt mit einem kleinen Ausblick auf die weitere Grundschulzeit eures Kindes. Das, was Kinder für eine möglichst positiv erlebte Schulzeit brauchen, verändert sich nämlich gar nicht allzu sehr. Im Schulstart geht es um die Weichen für das künftige Leben als Schüler*innen und damit um Grundlagen, auf die ihr und euer Kind immer wieder zurückgreifen könnt. Es kann sich also lohnen, auch nach gelungenem Übergang in die Schule hin und wieder in den einzelnen Kapiteln zu stöbern und sich manches noch einmal zu vergegenwärtigen.

Kapitel 1

Plötzlich Schulkindeltern – und nun?

Mit der Einschulung wechselt nicht nur euer Kind in einen neuen Lebensabschnitt, auch für euch beginnt etwas Neues. Auch ihr seht euch plötzlich einer bisher unbekannten Aufgabe gegenüber. Ihr werdet Schulkindeltern. Und es ist wichtig, dass ihr nicht nur im Blick habt, euer Kind für diesen Übergang zu stärken, sondern euch auch Zeit nehmt, um euch selbst auf diese neue Rolle vorzubereiten. Denn, wie schon gesagt, der Schulstart eures Kindes wird auch in euch so einiges aufrütteln oder alte Erinnerungen wecken. Er kann dafür sorgen, dass ihr euch mitunter unangenehmen Gefühlen stellen müsst. Denkt in der Schulvorbereitung also auch ausreichend an euch. Wenn wir Kinder in möglicherweise herausfordernden Situationen wie dem Übergang in die Schule sicher begleiten möchten, ist es zunächst einmal unheimlich wichtig, dass wir uns mit uns selbst beschäftigen. Dass wir unser Mindset überprüfen und uns stabilisieren. Dass wir Ängste bearbeiten, damit es uns gelingen kann, im richtigen Moment loszulassen. Denn das wird eine eurer zentralen Aufgaben beim Schulstart eures Kindes sein – das Loslassen. Und ganz besonders bei diesem großen Übergang ist das nicht unbedingt etwas, was euch leichtfallen wird. Es ist eine herausfordernde Aufgabe, die viel Zuversicht, Vertrauensvorschuss und Geduld von euch verlangt.

Ängsten, Sorgen und Schreckgespenstern aktiv begegnen

Ich selbst habe es als Mutter als sehr wertvoll empfunden, mich schon im Vorfeld der Einschulung meines Sohnes damit zu befassen, wie ich das Loslassen bewältigen kann.

Da war zum einen die Erkenntnis, dass die Einschulung nicht das erste Mal ist, dass wir es als Eltern schaffen müssen, loszulassen. Elternschaft bedeutet schon von Beginn an das ständige Aushalten und Begleiten von Loslösungsprozessen. Manchmal sind es kleine Schritte und Augenblicke, in denen das Kind seiner individuellen Selbstständigkeit und Unabhängigkeit entgegengeht. Und manchmal sind es große Sprünge, die große Veränderungen und damit auch große Emotionen mit sich bringen.

Erinnert euch zurück – vermutlich habt ihr und euer Kind schon viele dieser Momente geschafft. Das erste Mal allein aufs Klettergerüst, die erste Nacht im eigenen Bett, der erste Tag im Kindergarten, die erste Übernachtung bei den Großeltern, die erste Kindergeburtstagseinladung ohne eure Begleitung. Wie auch immer diese Augenblicke bei euch genau ausgesehen haben – ihr wisst eigentlich schon, wie sich das anfühlt. Ihr kennt diese Mischung aus Zuversicht, Sorge, ein bisschen Trennungsschmerz, Stolz, Abenteuer und Sentimentalität.

Wie habt ihr euch bisher in solchen Situationen verhalten? Ihr habt eurem Kind vermutlich gut zugesprochen. Es wahrscheinlich vorbereitet auf diesen Schritt, mit ihm geredet und erklärt. Ihr habt deutlich gemacht, dass ihr fest daran glaubt, dass euer Kind diese Herausforderung meistert. Ihr habt den Blick auf das Gute gelenkt. Darauf, was alles Wunderbares wartet. Und ihr habt eurem Kind zu spüren gegeben, dass ihr da seid, um es aufzufangen, wann immer es nötig werden sollte. Ihr habt an eure Beziehung appelliert.

Die Einschulung als Moment des Loslassens fühlt sich nicht wirklich anders an. Nur die Dimension mag vielleicht eine etwas größere sein, weil dieser Schritt so viele Veränderungen auf einmal mit sich bringt. Das Sorgengefühl geht vermutlich etwas tiefer, weil ihr als Eltern weniger Einblick in den Tag eures Kindes haben werdet, als ihr das bis jetzt gewöhnt seid. Eure eigene Lebensgeschichte macht euch diesen Übergang eventuell schwerer, weil ihr selbst eure Schulzeit vielleicht nicht in allzu guter Erinnerung habt. Und dennoch sind die dazugehörigen Emotionen nicht neu. Ihr und auch euer Kind seid ihnen schon oft begegnet, und im Grunde wisst ihr auch schon, worauf es ankommt, um mit diesen Gefühlen umgehen zu können. Eigentlich habt ihr bereits eine gute Vorstellung davon, wie das geht – *vorbereiten, loslassen, sicherer Hafen bleiben.*

Als Eltern in die neue Rolle finden

An dieser Stelle möchte ich damit beginnen, euch zur Unterstützung ein paar Leitsätze an die Hand zu geben, die euch helfen sollen, mit noch mehr Zuversicht und sortierten Gedanken diesem großen Schritt entgegenzugehen.

»Ich schließe Frieden mit meinen eigenen schulischen Erfahrungen.«

Die Entwicklungsschritte unserer Kinder können plötzlich auch unsere eigenen Kindheitserfahrungen wieder präsent werden lassen. Und das kann zu einer großen Herausforderung werden, weil wir einerseits die Emotionen unserer Kinder sicher begleiten wollen und gleichzeitig mit unseren eventuell auch negativen Erinnerungen umgehen müssen. Und ich erwähnte es schon – häufig erfahren Eltern diesen Zwiespalt besonders intensiv in der Einschulungsphase ihrer Kinder. Die eigene Schulbiografie holt sie wieder ein und die damit aufkeimenden Sorgen überschatten möglicherweise den spannenden und aufregenden Schulstart.

Es ist daher ungemein wichtig, sich den eigenen Schulerfahrungen ganz bewusst zu stellen und Frieden mit ihnen zu schließen, damit ihr möglichst offen und vertrauensvoll in dieses Kapitel im Leben eures Kindes starten könnt. Ihr habt so die Chance, euch mit hemmenden Ängsten auseinanderzusetzen und euch davon zu befreien. So lauft ihr auch weniger Gefahr, den Schulalltag permanent durch eine angstvolle, skeptische Brille zu prüfen.

Das erschwert nämlich die unvoreingenommene Zusammenarbeit mit den künftigen Lehrkräften, weil ihr unterbewusst eigentlich ständig darauf wartet, dass sich diese Bezugspersonen eurem Kind gegenüber negativ verhalten. Das habt ihr ja selbst als Schüler*in schließlich allzu oft erfahren müssen. Da ein vertrauensvoller Austausch mit den Lehrkräften aber ein zentrales Element für einen gelungenen Schulstart darstellt und auch langfristig die Chance einer positiv erlebten Schulzeit für euer Kind erhöht, sollte dies ein Anreiz für euch sein, eure eigenen Erfahrungen aufzuarbeiten.

Ein weiterer Grund, mit der eigenen Schulbiografie ins Reine zu kommen, ist die Wahrscheinlichkeit, dass ihr durch eure anhaltende Sorge und Unsicherheit schnell dazu verleitet werdet, vielleicht doch ein bisschen stärker an eurem Kind festzuhalten, als dies entwicklungsförderlich wäre.

Und letztlich können sich diese negativen Gefühle auch auf das Kind übertragen. Für Kinder ist die elterliche Emotionslage evolutionsbedingt auch ein gewisser Kompass, an dem sie sich orientieren. Das heißt, ein Ort oder ein Schritt, vor dem die eigenen Eltern Angst haben und dem sie mit Sorge gegenüberstehen, an dem muss irgendetwas faul sein. Wenn ihr euer Kind also stärkend auf die bevorstehende Schulzeit vorbereiten möchtet, ist es wichtig, sich auflösend mit den eigenen Schulerfahrungen zu beschäftigen. Und sich in einem zweiten Schritt von der ständigen Furcht, das eigene Kind werde mit denselben schulischen Krisen und Herausforderungen konfrontiert, zu befreien.

Es gibt dabei sehr unterschiedliche und individuelle Wege, persönliche Erfahrungen aufzuarbeiten. Ihr könnt euch in Gesprächen mit Freund*innen, dem Partner/der Partnerin oder anderen Eltern ehrlich und jenseits von Schultüteninspiration austauschen. Ihr könnt kreative Prozesse nutzen und zum Beispiel Erinnerungen, Sorgen und Ängste aufschreiben. Oder ihr nehmt sogar professionelle Unterstützung in Anspruch. Letzteres ist oft mit Scham oder anderen unangenehmen Gefühlen verbunden und wirkt vielleicht bei einem banalen Schritt wie einer Einschulung etwas überzogen. Aber Elternschaft bringt so viel in uns in Bewegung und lässt so viel aus Kindertagen wieder an die Oberfläche kommen, dass professionelle Hilfe in meinen Augen eine unheimlich verantwortungsbewusste und wertvolle Investition in uns und unser Elternsein darstellen kann.

Als unser erstes Kind geboren wurde, holten meinen Mann einige Themen seiner Kindheit wieder ein. Auch wenn es sich dabei nicht um schwerwiegende Dinge handelte, hat ihn das als jungen Vater immer wieder stark blockiert. Nach einigem Zögern entschied er sich schließlich, sich therapeutische Unterstützung zu suchen. Durch diese Begleitung wurde er in seinem Vatersein so stabilisiert, dass mich sein tiefes Vertrauen in das Aufwachsen unserer mittlerweile drei Kinder selbst immer wieder beeindruckt.

Wenn ihr also merkt, dass die Erlebnisse der eigenen Schulzeit euch als Eltern regelrecht verfolgen und besonders dann, wenn ihr sogar mit traumatischen Erfahrungen wie beispielsweise Mobbing konfrontiert wart, kann es ein absolut sinnvoller und legitimer Weg sein, diese mit professioneller Unterstützung aufzuarbeiten. Das ist eine oft unterschätzte, aber besonders unterstützende Komponente in der Schulvorbereitung und in der späteren Begleitung.

Und zuletzt kann es sehr befreiend sein, eure Sorgen auch einfach vor den künftigen Lehrkräften eures Kindes ehrlich zu benennen. Das ist einerseits ein wertvoller, authentischer Beziehungsmoment und andererseits auch eine gute Möglichkeit, die nagenden »*Was wäre, wenn …*«-Gedanken ein wenig zu beruhigen. Vielleicht habt ihr an der Schule eures Kindes bereits vor Schulstart die Möglichkeit zu einem Gespräch. Spätestens aber nach den ersten Wochen finden in den Grundschulen auch die ersten offiziellen Sprechtage statt. Nutzt die Gelegenheit und sagt offen, was euch belastet: »*Ich selbst habe keine so guten Erfahrungen während meiner Schulzeit machen können und habe jetzt ehrlicherweise Angst, wie es meinem Kind ergehen wird.*«

Dieser Satz kann im besten Fall nicht nur euch entlasten, er ist auch für uns Lehrkräfte ungemein nützlich. Wir können auf eure Ängste eingehen, haben die Chance, euch zu ermutigen und euer Vertrauen zu gewinnen, und können vor allem auch eventuelle Reaktionen eurerseits künftig besser einordnen und zielführender darauf reagieren. Natürlich kann ich nicht versprechen, dass sich jede Lehrkraft sensibel auf diese Gesprächsinhalte ein lässt, aber ich mache häufig so gute Erfahrungen damit, dass es allemal einen Versuch wert ist.

»Meine negativen Erfahrungen machen mich zum Begleitungsprofi.«

Wenn es nun aber so gar nicht gelingen will, eigene negative Schulerfahrungen hinter sich zu lassen, dann kann man auch einfach mal den umgekehrten Weg gehen. Nehmt euer Erinnerungspäckchen ganz bewusst an die Hand. All die vergangenen Augenblicke, so herausfordernd sie auch waren, lassen euch jetzt nämlich zu einem besonders empathischen und kompetenten Begleitungsprofi für euer Kind werden. Ihr wisst genau, wie es sich anfühlt. Und wenn euer Kind nach der Schule nach Hause kommt – erschöpft, weil es Lernbedingungen aushalten musste, die nicht zu ihm passen, frustriert, weil es eine negative Rückmeldung bekommen hat, oder traurig, weil es einen heftigen Streit gab – dann erinnert euch bewusst zurück: *»Wie ging es mir damals? Was hätte ich gebraucht? Welche Worte hätte ich gern gehört?«*

Ihr könnt jetzt für euer Kind der Mensch sein, den ihr selbst vor vielen Jahren gebraucht hättet. Ein wunderbarer ermutigender Gegenpol für das unterschwellig belastende Gefühl der Hilflosigkeit, das man schnell empfindet, wenn sich die Schultür hinter dem eigenen Kind schließt.

»Mein Kind ist nicht ich. Es ist ein ganz eigenständiger Mensch.«

Wenn ihr dafür sorgen möchtet, dass eure eigenen Schulerfahrungen euch bei der Schulvorbereitung eures Kindes nicht im Weg stehen, ist es hilfreich, sich vor Augen zu führen, dass euer Kind seinen ganz eigenen Lebensweg beschreitet. Die Erfahrungen, die es in der Schule machen wird, werden sich von denen, die ihr selbst einst gemacht habt, auf jeden Fall unterscheiden. Euer Kind wird mit absoluter Sicherheit nicht einfach eure Erfahrungen wiederholen. Und obwohl dieser Satz auch ein wenig Unsicherheit mit sich bringt, so hat er doch auch etwas sehr Tröstliches.

Ich zum Beispiel verbinde mit meiner eigenen Schulzeit das ständige Gefühl von Anderssein, von Anecken, Abtauchen und Ausgrenzung. Die Sorgen in Bezug auf den Schulstart meines neurodivergenten Kindes waren also genau von diesen Gedanken geprägt. Sah ich doch bei ihm so viele Verhaltensweisen und Entwicklungsfelder, die ich von mir selbst nur allzu gut kannte. Die Einschulung kam, die ersten Wochen vergingen, und mein Kind durfte entgegen meinen großen Befürchtungen in eine wunderbare Klassengemeinschaft hineinwachsen und stützende Freundschaften aufbauen. Es waren einfach ganz andere Mitschüler*innen, ganz andere Begleitpersonen und eine ganz andere Zeit. Und nicht zuletzt ist mein Kind, trotz eventueller Verhaltensparallelen, eben doch ein ganz anderer Mensch als ich und ein eigenständiges Individuum.

Meine Sorgen waren diesbezüglich also völlig unbegründet. Mein Kind machte seine gänzlich eigenen Erfahrungen. Nein, natürlich nicht immer nur gute, aber in jedem Fall ganz andere als ich. Was mich direkt zum nächsten Leitsatz bringt:

»Besteige Berge erst, wenn sie da sind!«

Dieser kluge Satz stammt – sinngemäß – aus der Feder der Autorin Nicole Staudinger. Sie musste bereits mit diversen Schicksalsschlägen umgehen und hat unter anderem zwei ernsthafte Erkrankungen überstanden. Mit dieser Aussage erzählt sie davon, dass die ständige Angst vor negativen Erlebnissen uns nicht im Geringsten davor bewahrt, diese irgendwann durchleben zu müssen. Sie hatte ihr Leben lang große Angst, ernsthaft zu erkranken. Diese Angst habe aber kein bisschen verhindert, dass ihr letztlich genau das passiert ist. Ihre Sorge habe nur dazu geführt, dass sie ihre gesunden Tage nie ganz gelöst genossen habe. Etwas, das sie nun für sich gänzlich anders lebe. Herausforderungen kommen, und dann kann man sich ihnen widmen. Bis dahin dürfen wir zuversichtlich sein und uns von Herzen über das Hier und Jetzt freuen.

Diese Ansicht hat mich, meines Zeichens eher sorgenvoll als zuversichtlich, sehr beeindruckt und geprägt. Und nach vollbrachter Einschulung kann ich sie nur noch mehr bestätigen. Angst ist selten eine gute Beraterin, und sie bereitet auch nur sehr bedingt auf Krisen vor, denn ich habe in acht Jahren als Mutter eines gelernt: Es ist nahezu unmöglich, sich in Bezug auf die eigenen Kinder emotional abzuhärten. Es kostet uns Energie und schlaflose Nächte. Und das für Ereignisse, die vielleicht so nie eintreten werden. Trübt und vermiest euch also nicht die aufregende Zeit des Schulstarts durch ständige Angst vor Bergen, die ihr eventuell niemals besteigen müsst. Und was wäre gewesen, wenn mein Sohn tatsächlich schulisch die gleichen Ausgrenzungserfahrungen hätte machen müssen wie ich einst? Hätte mich meine Angst, dass er so etwas vielleicht erleben muss, darauf vorbereitet? Hätte es deswegen weniger geschmerzt? Mir als Mutter weniger wehgetan? Wäre es für mich leichter gewesen? Oder für ihn? Vermutlich nicht. Meine vorherige Angst und meine Sorge wären letztlich jedenfalls nicht die Werkzeuge gewesen, die mich diesen Berg sicher hätten erklimmen lassen.

Dass ihr euch beim Schulstart eures Kindes nicht von Ängsten leiten lassen sollt, heißt aber nicht, dass ihr euch nicht sehr wohl auf kommende Herausforderungen vorbereiten dürft. Ganz im Gegenteil: Wer einen Berg besteigen möchte, braucht die passende Ausrüstung. Eine gewisse Ehrfurcht vor dem großen Schritt der Einschulung ist durchaus erlaubt, denn im Schulleben eures Kindes werden Schwierigkeiten auftauchen, und es ist gut, sich darauf einzustellen. Wenn ihr wirklich ganz konkrete Befürchtungen habt, die ihr einfach nicht aus dem Kopf bekommt, dann verschafft euch diesbezüglich einmal Sicherheit. Spielt den

»Was-wäre-wenn«-Fall ganz bewusst durch. Und dann legt euch, vielleicht auch nur rein gedanklich, entsprechende Anlaufstellen oder Handlungsstrategien bereit. Wahrscheinlich werdet ihr diese niemals benötigen, oder es sind am Ende dann doch nicht die passenden Vorgehensweisen. Aber manchmal hilft es, wieder ruhiger und sicherer Richtung Einschulung zu blicken, wenn ihr das Gefühl habt, für den Notfall vorbereitet zu sein. Und da euer Kind beim Übergang in die Schule auf eure Zuversicht angewiesen ist, kann das eine gute Möglichkeit sein, sich als Eltern auf diese Weise zu stabilisieren.

Es geht in der Vorbereitung also darum, sich in eine aktive Rolle zu bringen und zu überlegen: »*Was kann ich konkret tun, um selbst zuversichtlich zu bleiben, und was kann ich tun, damit mein Kind gut gestärkt in diesen Lebensabschnitt startet?*« Und das ist eine äußerst passende Überleitung zum nächsten Leitsatz:

»Mein Kind darf Herausforderungen erfahren und daran wachsen.«

Habt ihr schon einmal von »Schneepflug-« oder »Rasenmähereltern« gehört? Damit werden umgangssprachlich Eltern beschrieben, die es sich zur Aufgabe gemacht haben, ihr Kind vor jeglicher Auseinandersetzung, vor jedem Misserfolg, jedem Rückschlag und jedem Problem zu schützen. Ich bin keine Freundin solcher leicht humorvoll verpackten Umschreibungen. Sie haben etwas Abwertendes, Belächelndes und Kategorisierendes. Und meiner Erfahrung nach aktivieren sie im Gegenüber eher eine Abwehrhaltung und verhindern so die durchaus wichtige, reflektierte Auseinandersetzung mit dem eigenen Elternsein.

Als Mutter, die eine ganze Weile dieser Rasenmäherschublade ganz problemlos hätte zugeordnet werden können, möchte ich daher nicht urteilend den Finger heben, sondern einfach zu einer Geschichte einladen: Als mein zweites Kind geboren wurde, war mein Sohn gerade erst zwei Jahre alt geworden. In sämtlichen Rat gebenden Büchern und Artikeln las ich, dass uns unter Umständen eine gefühlsintensive Entthronungsphase bevorstehe. Ich aber nahm mir vor, ihn vor dieser Krise zu bewahren. Denn das war mein damaliger Anspruch an mich: mein Kind vor allem Unglück zu schützen. Also notierte ich mir unzählige Tipps und Ideen, überlegte, wie ich dafür sorgen könnte, dass er sich zu keinem Zeitpunkt zurückgedrängt fühlte, und wie ich es anstellen sollte, stets beiden Kindern gerecht zu werden. Ihr ahnt vielleicht schon, wie diese Geschichte weiterging. Nach nur zwei Monaten mit einem Baby und einem Kleinkind, das ich unter allen Umständen vor den negativen Emotionen der Entthronung schützen wollte, war ich völlig am Ende meiner Kräfte. Ich war so erschöpft, dass mich meine Hebamme an eine Familienpsychologin weiterleitete. Ein wichtiger Wendepunkt in meinem Elternsein. Nach dem ersten Kennenlernen und einem Einblick in die Problematik saß mir die Psychologin gegenüber und sagte: *»Frau Niechzial, ich erlebe Sie als liebevolle und sehr zugewandte Mutter. Vertrauen Sie auf dieses Fundament und diese Beziehung. Lösen Sie sich von dem Anspruch, Ihrem Kind alle Steine aus dem Weg räumen zu wollen. Es mag ein nobles Anliegen und der verständliche Wunsch sein, Ihr Kind vor Unglück zu schützen, aber langfristig wird das keinem Mitglied Ihrer Familie guttun. Die Herausforderungen und Krisen für Ihr Kind werden mit der Zeit komplexer und vielfältiger. Der Versuch, alle diese Hürden zu beseitigen, würde Sie als Eltern immer wieder an Ihre Belastungsgrenzen bringen. Und wissen Sie, was besonders fatal wäre? Sie nähmen Ihrem Kind fundamental wichtige Lernchancen. Sie helfen Ihrem Kind nicht, indem Sie seinen Weg stets begradigen. Denn so versäumt es, auch die Kurven sicher zu nehmen.«*

Die Glühbirne, die nach diesen Sätzen über meinem Kopf aufleuchtete, hätte größer nicht sein können. Wie hatte mir dieser Blickwinkel entgehen können? Es war so einleuchtend. Unser menschliches Leben birgt zwangsläufig so viele Herausforderungen und Krisen. Das lässt sich schlichtweg nicht vermeiden und ist ein wertvoller Teil authentischer und nachhaltiger Lernprozesse. Und es ist unheimlich wichtig, Kindern von Anfang an das Meistern (entwicklungsgerechter) Hürden zuzutrauen. Nur so haben sie die Möglichkeit, sich wichtige Kompetenzen im Umgang mit den Anforderungen des Lebens anzueignen. Versäumen Kinder das Durchlaufen solcher Entwicklungsmomente, gehen sie diesbezüglich deutlich unvorbereiteter in ihre Zukunft. Sie kommen auf diese Weise seltener mit negativen Emotionen wie Wut, Trauer und Frustration in Berührung und haben damit auch weniger Chancen, den Umgang mit solchen Gefühlen zu trainieren. Und gerade das ist für den Schulstart enorm wichtig und hilfreich. Gleichzeitig können Kinder ohne zugestandene Hürden auch weniger Bewältigungsstrategien erlernen. Die Vorgehensweise, die sie so vorrangig erleben und erlernen, lautet: *»Meine Eltern regeln das für mich!«*

Zum Zeitpunkt der Einschulung müsst ihr als Eltern eure Kinder wieder ein weiteres Stück loslassen. Ihr werdet nicht immer anwesend sein, um Probleme stellvertretend zu lösen. Euer Kind wird herausfordernde Situationen im Schulalltag erleben. Das ist unvermeidbar und nicht ohne Grund einer der Punkte, der euch als Eltern im Hinblick auf den Schulstart so manches Sorgenfältchen bereitet. Aber die Wahrscheinlichkeit, dass euer Kind gute Wege findet, mit diesen Situationen kompetent umzugehen, ist deutlich höher, wenn es bereits früh lernen durfte, sich Problemen eigenständig zu stellen. Es hat so nämlich die Chance, eine Art innere Widerstandskraft aufzubauen. In Fachkreisen spricht man von Resilienz. Und genau diese Fähigkeit ist eine entscheidende Komponente, wenn es um das Meistern großer Übergänge wie beispielsweise die Einschulung geht.

Es geht also weniger um den unhaltbaren Anspruch, eurem Kind einen komplett sorgenfreien Schulstart zu bescheren, als vielmehr darum, es für die bevorstehenden Herausforderungen, die dieser Schritt in jedem Fall mit sich bringen wird, zu stärken.

Daher bin ich besagter Psychologin bis heute von Herzen dankbar für ihren Wege verändernden Impuls. Auf diese Weise blieb noch viel Zeit, um das Loslassen und Zutrauen zu üben. Letztlich ist es immer ein Akt der Balance, gerade auch als Mutter neurodivergenter Kinder, aber ich hatte Zeit, ein Gleichgewicht zu finden und Platz zu machen für mehr Tränen, Wut und Schürfwunden. Ich hatte Zeit, mein Kind da hindurchzubegleiten und Lösungen anzubieten. Ich hatte Zeit, um zuzuschauen, wie es selbst welche fand. Zu sehen, wie es Hürden nahm, Hindernisse überwand oder sich sogar manchmal aus einem Gefühlstornado befreite, war am Ende die beste Vorbereitung für mich als künftiger Elternteil eines Schulkindes. Es hat mein Vertrauen tief gestärkt, dass mein Sohn kommenden Herausforderungen nicht völlig hilflos gegenübersteht. Das über die Jahre in kleinsten Situationen immer wieder beobachten zu können hat mich unheimlich beruhigt. Und heute habe ich tatsächlich lieber ein Päckchen Pflaster im Rucksack als ein Bündel Sorgen.

»Mein Kind hat mich immer als sicheren Hafen.«

Erinnert ihr euch an die ersten Zeilen des Buches? Sie beschreiben in wenigen Worten die Gefühlswelt, in der sich Eltern baldiger Schulkinder bewegen. Auch mit aller Zuversicht und allem Vertrauen, das man sich mühsam zusammensammelt, bleibt oft die diffuse Angst: »*Wenn unser Kind erst einmal die Schultüren passiert, dann war's das. Dann kriegen wir gar nichts mehr mit. Dann ist unser Kind den Widrigkeiten dieses Systems ausgeliefert. Dann müssen wir hoffen, dass wir es ausreichend gestärkt haben. Dann können wir nichts mehr tun.«*

Ein Gefühl von Machtlosigkeit macht sich breit, und darüber kann schnell in Vergessenheit geraten, dass ihr als Eltern trotz dieses großen Entwicklungsschrittes auch weiterhin die wichtigsten Personen im Leben eures Kindes sein werdet. Und wenn ihr bisher eine stabile, vertrauensvolle Beziehung und sichere Bindung hattet, so ist die mit all ihrem positiven Einfluss nicht plötzlich gelöscht. Im Gegenteil, sie ist das mal mehr oder weniger sichtbare Fundament, das euer Kind durch sein Schulleben tragen wird.

Nein, ihr könnt nicht verhindern, dass euer Kind Misserfolge erlebt, dass es in Konflikte gerät oder dass es auch mal mit weniger zugewandten Menschen umgehen muss. Aber ihr seid die Personen, die euer Kind nach einem anstrengenden Schultag, einer schlechten Note oder einem großen Streit zu Hause empfangen. Ihr seid die Personen, die ein offenes Ohr haben und trösten. Die Mut zusprechen und ablenken. Ihr seid die Personen, die auffangen und unterstützen. Erinnert ihr euch an meine vorherigen Worte? Ihr seid schon durch dieses System gegangen. Ihr seid Begleitungsprofis im Umgang mit negativen Schulerfahrungen. Und ja, euer Kind wird einer Menge Herausforderungen gegenüberstehen. Aber es wird dabei nicht allein sein. Denn es hat euch als sicheren Hafen.

»Loslassen passiert nicht einfach so. Loslassen ist Arbeit.«

»Und was, wenn ich aber doch verzage? Was, wenn ich die Sorgen nicht ganz wegwischen kann?« Auch wenn meine Leitsätze

eine grundlegende Hilfestellung geben und hoffentlich für zuversichtliche Gedanken sorgen, werden sie nicht jede Unsicherheit in Luft auflösen. Sie können ein Kompass sein, aber der Start in die Schule ist und bleibt ein ganz besonders großer und aufregender Schritt, der viel Veränderung mit sich bringt. Und wie das mit großen Schritten so ist – sie bergen eben auch große Gefühle. Ganz egal, wie sehr ihr euch darum bemüht, der Einschulungszeit eures Kindes möglichst positiv und aufgeschlossen gegenüberzustehen, werden sich zu all dem Stolz und dem Zutrauen auch herausfordernde Emotionen wie Angst und Besorgnis mischen. Und auch diese Gefühle dürfen ihren Raum bekommen. Zu versuchen, sich im Hinblick auf den Schulstart optimistisch zu halten, bedeutet nicht, dass ihr deshalb über jede negative Empfindung hinweggehen und jede Sorge einfach weglächeln sollt. Verzagt also ruhig ab und an ein bisschen. Denn Loslassen ist zwar unheimlich wichtig für den Entwicklungsweg des Kindes, aber es ist eben auch durchaus schmerzhaft. Nach außen lassen sich viele Eltern das nicht anmerken, schließlich wollen sie stark sein für ihr Kind. Sie wollen Vertrauen zeigen. Das ist auch durchaus sinnvoll, aber natürlich bekommt man dadurch schnell den Eindruck *»Für alle anderen Eltern scheint das Loslassen so einfach. Nur ich stehe hier und würde am liebsten für die ersten paar Schulwochen mit meinem Kind gemeinsam die Schulbank drücken. Nur vorsichtshalber«*. Mir bewusst zu machen, dass Loslösung auch eine sehr anstrengende, eine schmerzliche Seite haben kann und dass ich damit nichts falsch mache, hat mir im Einschulungsprozess meines Kindes wirklich Druck genommen.

Denn als ich Mutter wurde, hatte ich das hollywoodnahe Bild in meinem Kopf, wie ich mich weise lächelnd an den häuslichen Türrahmen anlehne und voll tiefstem Zutrauen meinem Kind von Weitem dabei zuschaue, wie es seinen Weg geht und diese Welt weiter und weiter erkundet. Eine ruhige, friedliche

Szene ohne Zweifel und negative Gedanken. So ist der wunderbare Lauf der Dinge. Ich dachte damals wirklich, Loslassen ergebe sich einfach so.

Drei eigene Kinder und viele Erfahrungen später weiß ich sehr genau, dass diese Vorstellung mit der Realität nicht viel zu tun hat. Loslassen ist zwar ein natürlicher, aber kein passiver Prozess. Kinder signalisieren meist durchaus deutlich, wann sie bereit sind, einen weiteren Schritt allein zu gehen. Gleichzeitig ist es aber für euch als Eltern oft mit harter Arbeit und aktivem Bemühen verbunden, genau dann auch zu vertrauen und abzugeben. Immer wieder geistern die Fragen, ob die Zeit schon reif ist, ob man sie vielleicht sogar verpasst hat oder ob es eher noch zu früh ist, im Kopf herum. Ihr steht zwischen dem tiefen Vertrauen in euer Kind und der Angst, ob die Welt ihm wohlgesonnen begegnet. Ihr versucht, euer Kind als eigenständigen Menschen zu sehen, und doch schleichen sich hier und da die unschönen Erinnerungen eurer eigenen Biografie dazwischen. Und immer wieder hängt ihr zwischen eurem Beschützerinstinkt, der vor allem in den prägenden ersten Lebensjahren des Kindes so wertvolle Arbeit geleistet hat, und dem Stolz und der Freude über neue kindliche Meilensteine. Ja, Loslassen ist ambivalent. Loslassen fühlt sich nicht nur gut an. Loslassen kann auch ein bisschen wehtun. Das ist nur verständlich, wenn man bedenkt, was ihr zu verlieren glaubt. Und wisst ihr, warum euch das mit Blick auf die Einschulung ganz besonders schwerzufallen scheint? Weil ihr diesmal müsst. Weil ihr und euer Kind diesmal nicht allein entscheiden könnt, wann der richtige Zeitpunkt für diesen Schritt ist. Das bestimmt vorrangig ein festgeschriebener Stichtag. Und es ist absolut begreiflich, dass euch das nervös macht. Wer lässt sich schon gern drängen? Aber auch wenn es sich so anfühlt, als wäre man diesem Prozess einfach ausgeliefert, möchte ich euch in diesem Buch verschiedene Möglichkeiten an die Hand geben, euer Kind gut auf diese Entwicklungsaufgabe und diesen Übergang vorzubereiten.

Dass dabei aber immer ein wenig Unsicherheit bleibt, ist völlig normal. Und es ist auch nicht ungewöhnlich, dass man sich selbst immer wieder ein bisschen überwinden muss, immer wieder über den eigenen Schatten springen muss, wenn es darum geht, sein Kind seine eigenen Erfahrungen machen zu lassen. Vielen Eltern geht es so. Achtet aber darauf, nicht langfristig im negativen Gedankenkarussell festzuhängen und das eigene Verhalten nicht zu sehr dadurch bestimmen zu lassen. Das nähme euch nämlich nicht nur wertvolle Lebensfreude, sondern birgt die Gefahr, als Eltern wertvolle Loslösungsmomente nicht wahrzunehmen oder dem Kind im Hinblick auf Schule eher negative Signale zu senden. Aus der eigenen Angst heraus fallen schnell Sätze wie *»Oje, in der Schule darfst du aber nicht mehr so rumzappeln!«* oder *»Ich weiß nicht, ob dir deine Lehrerin so was durchgehen lässt«* oder *»Wie soll das mit dir erst in der Schule werden?«* oder *»Du wirst sehen, dann beginnt der Ernst des Lebens!«*. Diese können euer Kind verunsichern und auch bei ihm Ängste schüren. Und das wäre etwas, was den ohnehin aufregenden Einschulungsprozess und tatsächlich auch den Beziehungsaufbau zu uns Lehrkräften zusätzlich belasten würde.

Ein hilfreicher Weg ist es, die eigenen Gedanken mit den jeweiligen Partner*innen, Freund*innen, Erzieher*innen, anderen Eltern oder zum Beispiel auch den Kinderärzt*innen zu besprechen und zu teilen. So bekommen eure Sorgen ein Ventil und lassen sich vielleicht sogar auflösen. Gleichzeitig könnt ihr euch als Orientierung immer wieder die Leitsätze in Erinnerung rufen und euch bewusst machen, dass Selbstständigkeitsentwicklung immer ein Prozess mit vielerlei kleinen und größeren Hindernissen bleibt. Hindernisse, die euer Kind mit euch an seiner Seite meistern wird, wenn es so weit ist.

Hinweis für Eltern neurodivergenter Kinder

»Dein Kind macht das schon«, »Die Zeit regelt das«, »Du musst ihm auch mal etwas zutrauen«, »Das ist doch nur eine Phase«, »Das haben doch alle Kinder mal« oder »Du machst dir einfach zu viele Sorgen« sind Sätze, die es gut meinen und trotzdem unheimlich schmerzen. Ich kenne das gut, denn ich habe diese Sätze oft gehört. An guten Tagen kann ich freundlich lächeln und diese Worte an mir vorbeiziehen lassen. Und dann gibt es Tage, da treffen sie mich noch immer. Weil ich als Mutter neurodivergenter Kinder nach all den Jahren einfach weiß: »Nein, einfach nur abwarten, nur Zeit geben ist nicht immer die Lösung.« Ich weiß, dass es eben nicht nur eine Phase ist. Dass Vertrauen allein manchmal nicht reicht. Ich kenne die Selbstzweifel, die durch solche Sätze entstehen und die Eltern neurodiverser Kinder zum Schulbeginn ihres Kindes oft bereits tief verinnerlicht haben: »Wenn alle Kinder solche Momente haben, wieso bin ich dann der einzige Elternteil, der das eigene Kind nicht aus dieser Phase herausholen kann? Und wenn es allen so geht, wieso fühlt es sich für mich so viel herausfordernder an? Was mache ich falsch?«

Vieles scheint irgendwie anders und irgendwie anstrengender zu sein. Jeder Entwicklungsschritt ist mühevoll erarbeitet. Wie soll es da gelingen, ein stabiles Vertrauen in den Lauf der Dinge aufzubauen? Hinzu kommen die verletzenden Erfahrungen, das eigene Kind immer wieder anecken zu sehen. Zu spüren, wie es auffällt. Oder wie es sogar ausgeschlossen wird. Nein, wenn ihr als Eltern ein Kind begleitet, das immer wieder aus dem Rahmen fällt, dann sind euch Gelassenheit und Zuversicht in all den Jahren vermutlich verloren gegangen.

Und so erlebe ich als Lehrkraft oft, dass es vor allem diese Eltern sind, die dem Schulanfang mit besonders großen Sorgen entgegenblicken. Während der Kindergartenzeit gab es ja hier und da noch Freiräume, die eurem Kind individuelle Entfaltung ermöglicht haben, aber *»wie soll das jetzt bloß in der Schule werden?«*. Egal, ob euer Kind im Autismusspektrum liegt, ADHS hat oder eben eine andere Form der Neurodiversität vorliegt, ich weiß um das besondere Erfahrungssetting, das ihr und euer Kind mitbringt. Ich kenne die emotionalen Herausforderungen, vor denen ihr oft steht. Und ich verstehe gut, wie viel schwerer es fällt, die gut gemeinten Anregungen zum Schulstart anzunehmen.

Dennoch ist es auch für euch wichtig, einen Weg zu finden, eure bisherigen Erfahrungen und die daraus entstandenen Sorgen und Gefühle zu bearbeiten. Vielleicht sogar noch ein bisschen wichtiger, als dies bei anderen Eltern der Fall ist. Denn unabhängig von eurem bisherigen Weg müsst auch ihr mit dem Schulanfang eures Kindes ein ganzes Stück loslassen. Auch euer Kind muss sich, egal welches Temperament es mitbringt, diesem großen, aufregenden Schritt stellen und mit vielen neuen Anforderungen umgehen. Und wie ihr vermutlich schon selbst erfahren habt, sind gerade für neurodivergente Kinder Übergänge eine besondere Herausforderung. Eure enge elterliche Begleitung war hier wahrscheinlich schon oft gefragt, und ich erzähle euch sicherlich nichts Neues, wenn ich sage, wie wichtig dabei eure eigene Stabilität und Sicherheit sind. Euer Kind braucht euch vor allem in dieser Zeit einmal mehr als Leuchtturm. Es ist in besonderem Maße auf eure Zuversicht angewiesen, um einordnen zu können: *»Am Ende dieses Übergangs wartet vielleicht etwas Neues, aber nichts Schlimmes auf mich.«*

Letztlich sind dafür die Leitsätze aus dem vorangegangenen Kapitel auch für euch wertvolle Orientierungshilfen, um euch selbst auf den Schulstart des Kindes vorzubereiten, das eigene Mindset zu prüfen und grundlegende Sorgen zu bearbeiten. Auch für euch ist es ein hilfreicher Ansatz, Frieden mit der eigenen Schulbiografie zu schließen, nicht jedes Hindernis für euer Kind aus dem Weg zu räumen, sondern dabei zu helfen, es zu überwinden, Berge erst zu besteigen, wenn sie auch wirklich da sind, und darauf zu vertrauen, dass die enge Verbindung zu eurem Kind ein wertvoller Faktor für eine positive Schulzeit ist.

Im Laufe dieses Buches werde ich mich bemühen, eure spezielle Situation an geeigneter Stelle immer wieder zu berücksichtigen. Ich werde euch darin bestärken, dass Loslösung auch in kleinen Schritten wertvoll ist und die Entwicklung von Selbstständigkeit ein sehr individueller Prozess sein darf. Ich werde euch ermutigen, auf euer Kind zu schauen und euch von Vergleichen zu verabschieden. Ich werde darüber sprechen, warum gezielte Schulvorbereitung auf emotionaler Ebene für euer Kind einen ganz besonderen Wert hat. Ich werde euch zeigen, wie ihr für euch und euer Kind zum Schulbeginn das stärkende Bindungsnetzwerk weiter ausbaut und einen guten Kontakt zur Lehrkraft anbahnen könnt. Und ich werde euch konkrete Anregungen für die häusliche Lernsituation zur Verfügung stellen. Alles mit dem Ziel, euch an die Hand zu nehmen und euch dabei zu helfen, euch für den Schulstart eures Kindes ein Stückchen wohltuender Sicherheit zurückzuerobern.

Nochmal im Überblick

Wie gewinne ich beim Schulstart meines Kindes mehr Zuversicht?

- Erinnert euch an bisherige Übergänge und Entwicklungsschritte - Was hat euch und eurem Kind in diesen Phasen gutgetan?
- Schließt Frieden mit der eigenen Schulbiografie.
- Nutzt eigene negative Erfahrungen als Begleitungskompass (»*Was hätte ich damals gebraucht?*«).
- Euer Kind wird nicht einfach die eigenen (negativen) Erfahrungen wiederholen.
- Besteigt Berge erst, wenn sie da sind!
- Vorbereitung ist trotzdem erlaubt – Verschafft euch Sicherheit, zum Beispiel durch das Wissen um Anlaufstellen oder Handlungsstrategien.
- Betrachtet entwicklungsgerechte Herausforderungen und Hindernisse als wertvolle Lernchancen, die ihr eurem Kind zutrauen dürft.
- Loslassen ist Arbeit. Es bedeutet bewusste Überwindung, aktiven Vertrauensaufbau und das Bewältigen von Ängsten.
- Vertraut auf die Beziehung zu eurem Kind und in eure Rolle als sicheren Hafen.
- Besprecht wiederkehrende Sorgen mit Vertrauenspersonen.

Kapitel 2

Auf in die Vorschulzeit – Antworten auf Elternfragen

In diesem Kapitel widmen wir uns erst einmal den Grundfragen und den organisatorischen Abläufen des Übergangs vom Kindergarten in die Grundschule, bevor es in Kapitel 3 bis 5 um die konkrete Schulvorbereitung geht. Ich möchte euch Antworten und Denkanstöße für genau die Fragen mitgeben, vor denen so ziemlich alle Eltern im Lauf des Vorschuljahres irgendwann einmal stehen und die mir jedes Jahr wieder als Lehrkraft, aber auch in meiner Arbeit als Kolumnistin, Speakerin oder auf meinen Social-Media-Kanälen gestellt werden. Die folgenden Informationen sollen euch die Sicherheit geben, die ihr für die Begleitung eures Kindes so dringend braucht. Gleichzeitig möchte ich vor allem die Last und den Anspruch von euren Schultern nehmen, in all diesen Bereichen perfekte Entscheidungen für euer Kind treffen zu müssen. Denn das ist, sosehr wir uns das manchmal auch wünschen, schlichtweg nicht möglich. Doch dazu in wenigen Zeilen etwas mehr – starten wir zunächst erst einmal mit einer mir besonders oft präsentierten Frage.

Wann ist der beste Zeitpunkt für die Einschulung?

Je nach Bundesland und nach Geburtsmonat des Kindes beginnt die Vorschulzeit für manche Eltern tatsächlich mit der Frage nach dem richtigen Zeitpunkt für den Schuleintritt. Grundsätzlich ist es so, dass ein fester Stichtag den Zeitpunkt des Schulstarts für ein Kind festsetzt. Er bewegt sich zeitlich zwischen dem 30.06. und 30.09., das heißt, alle Kinder, die bis zu diesem jeweiligen Datum sechs Jahre alt werden, werden nach den Sommerferien desselben Jahres eingeschult. Wie viel Flexibilität es in Bezug auf diesen Stichtag gibt, ist in den Bundesländern wiederum sehr unterschiedlich geregelt. In manchen Bundesländern obliegt es zum Beispiel der Entscheidung der Eltern, ob Kinder, die zwischen dem 01.07. und 30.09. geboren wurden, um den Zeitraum des sechsten Geburtstages oder doch lieber im Folgejahr um den siebten Geburtstag herum eingeschult werden sollen. Einen solchen Einschulungskorridor gibt es etwa in Bayern oder Niedersachsen. Unter bestimmten Bedingungen ist außerdem in allen Bundesländern eine sogenannte Zurückstellung möglich. Die aufgeführten Gründe müssen allerdings absolut triftig sein, und ich erlebe in der Regel, dass den Anträgen auf Zurückstellung nur in sehr begründeten Ausnahmen stattgegeben wird.

Mich erreichen auf meinen Social-Media-Kanälen immer wieder Nachrichten und Fragen zum Thema Einschulungszeitpunkt. »*Das hätte ich nie gedacht, aber das Thema bereitet mir wirklich schlaflose Nächte, ich möchte einfach nichts falsch machen*«, schrieb mir eine Leserin erst kürzlich. Viele Eltern machen sich Sorgen, ob eine verfrühte Einschulung dem Kind langfristig schaden und seinen Bildungsweg erschweren könnte. Wieder andere befürchten, dass sich das eigene Kind langweilt, wenn es zu spät eingeschult wird. Es wird abgewogen zwischen der individuellen Reife oder beispielsweise dem Wunsch, mit den langjährigen Freund*innen eingeschult zu werden. Es wird auf potenzielle Klassenlehrkräfte spekuliert, um Zurückstellungen gekämpft und auf Spielplätzen und in Internetforen Hilfe suchend diskutiert. Schauen wir also einmal genauer hin. Auf das, was die Forschung vermeldet, und auf die Erfahrungen, die ich seit vielen Jahren als Lehrkraft sammeln durfte.

Erfolgsfaktor Schuleintrittsalter?

Eine umfassende Studie aus den Vereinigten Staaten konnte unter Erfassung der Daten von rund einer Million Kindern tatsächlich herausstellen, dass eine eher frühe Einschulung langfristig negative Auswirkungen auf die Schulleistungen eines Kindes haben kann und sich diese auch noch Jahre später bemerkbar machten.[1] So ganz einig ist man sich in Fachkreisen allerdings nicht. Die Autor*innen und Psycholog*innen Wilfried Griebel und Renate Niesel machen in ihrem Buch *Übergänge verstehen und begleiten* deutlich, dass laut empirischen Untersuchungen das Schuleintrittsalter allein nicht als ausschlaggebender Faktor für Schulerfolg dienen kann. Denn es sei erwiesen, dass die Entwicklung wertvoller Kompetenzen für den Schulstart sich weniger durch alleinige Reifung und Abwarten vollziehe, sondern auch stark davon abhänge, welche äußeren Einflüsse auf das Kind einwirken. Außerdem spiele auch der Anfangsunterricht eine entscheidende Rolle. Würde hier individuell am jeweiligen Lern- und Entwicklungsstand des Kindes angesetzt, so wären das Schuleintrittsalter oder auch Maßnahmen wie Zurückstellungen nicht wirklich ausschlaggebend. Vielmehr wäre der Schulerfolg ein Produkt aus komplexen Einflüssen.[2]

In meiner täglichen Berufspraxis erlebe ich das ähnlich. Das Alter eines Kindes allein ermöglicht mir keine pauschalen Erfolgsaussagen. Ein paar Tendenzen zeigen sich mir im Zusammenhang mit dem Schuleintrittsalter des Kindes aber dennoch. Meine Beobachtung dabei ist, dass, wenn es um kognitive, motorische oder sprachliche Kompetenzen geht, sehr früh eingeschulte Kinder in der Regel ein stabiles Fundament mitbringen, das dem Entwicklungsstand ihrer deutlich älteren Mitschüler*innen in nichts nachsteht. Das verbuchen wir also in jedem Fall auf der Habenseite.

Nun betreten die künftigen Erstklässler*innen mit dem Schulstart aber nicht nur eine Welt aus spannenden neuen Abenteuern, Lerninhalten und Projekten, sondern auch aus Vorgaben, Strukturen, Kompromissen, Erwartungshaltungen, Plänen und Zielsetzungen, die wiederum hohe Ansprüche an ihre emotionalen, sozialen und persönlichkeitsbezogenen Fähigkeiten stellen. Und ich erlebe oft, dass es vor allem die jüngeren Kinder sind, die einfach länger brauchen, um sich in diese Anforderungsumgebung hineinzufinden und in unserem Schulsystem anzukommen. Es sind Kinder, die eigentlich gerade erst begonnen haben, in ihre Zahnlücken hineinzuwachsen. Denn ungefähr mit Ende des fünften oder mit Beginn des sechsten Lebensjahres durchleben Kinder noch einmal einen deutlichen Entwicklungsschub. Umgangssprachlich wird dieser Zeitraum häufig als Wackelzahnpubertät oder Sechsjahreskrise betitelt. In pädagogischen Fachkreisen lag das Augenmerk bisher vor allem auf der kleinkindlichen Autonomiephase und später der Pubertät. Allmählich widmet man sich aber auch spezieller den dazwischenliegenden Jahren und schreibt ihnen mit dem Übergang zum Schulkind (5–7 Jahre) und der anschließenden Phase der Vorpubertät (8–10 Jahre) eine eigenständige Bedeutung zu. Kinder im Vorschulalter stecken also, auch erst einmal unabhängig vom großen Schritt der Einschulung, in einem Umbruch. Aus ihren Gesichtszügen weicht das Kindchenschema, oft kommt ein körperlicher Wachstumsschub hinzu, und die ersten Milchzähne fallen aus. Ein Moment, in dem sie ihren eigenen Veränderungsprozess wirklich sehr bildlich zu spüren bekommen. Auch das kindliche Gehirn durchläuft eine Entwicklung, und das eher »egozentrische Denken« des Kindes beginnt ganz langsam einem neuen Reflexions- und Empathievermögen zu weichen. Auch die Fähigkeit zum logischen Denken vollzieht einen deutlichen Entwicklungsschub. Diese Entwicklung zieht sich bis über das Grundschulalter hinaus, hat aber ihren Anfang in der Vorschulzeit. Wer sich genauer in die Entwicklungsprozesse dieser Jahre einlesen möchte, findet im Buch *Das gewünschteste Wunschkind treibt mich in den Wahnsinn. Die Jahre 5–10* von Katja Seide und Danielle Graf wertvolle Erklärungen und Einblicke.

Zurück zu eurem Vorschulkind und seinen körperlichen wie mentalen Veränderungen, die um den sechsten Geburtstag herum für alle Beteiligten deutlich spürbar werden können. Ihr als Eltern habt in den letzten Jahren vermutlich schon vielfach erfahren dürfen, was solche Entwicklungssprünge mit der Gesamtverfassung eures Kindes machen können. Und genau diese Komponenten können euch auch in dieser Phase ein weiteres Mal begegnen. Denn euer Kind hat ordentlich zu tun mit den vielen Eindrücken und Fähigkeiten seines neuen Entwicklungsniveaus. Es schläft vielleicht schlechter, ist in impulsiver Konflikthaltung und dann wieder extrem nähebedürftig. Es strebt nach mehr Selbstständigkeit und fordert gleichzeitig plötzlich wieder Hilfe bei Tätigkeiten, die es eigentlich schon lang allein bewältigen konnte. Wenn die Zähne wackeln, wackelt die Seele – ein Spruch, der viel Wahres enthält und der bei beiden meiner Vorschulkinder auf jeden Fall zutraf.

Kommt ein Kind nun eher zu Beginn dieser Entwicklungsphase in die Schule, potenziert sich einfach vieles. Es ist noch sehr mit seiner neuen Erkenntnisstufe und den eigenen Umbrüchen beschäftigt, fühlt sich dadurch wahrscheinlich noch instabil und unsicher und wird zur gleichen Zeit damit konfrontiert, seine vertrauten Kindergartenzelte abzubrechen und an einem völlig neuen Ort und bei oft noch nahezu unbekannten Personen wieder aufzuschlagen. Eine doppelte Herausforderung, die viel Energie beansprucht, die dann an anderer, ebenso wichtiger Stelle fehlt. Und genau das nehme ich als Lehrkraft bei meinen besonders jungen Schüler*innen deutlich wahr. Kinder, die sich, noch auf der Suche nach ihrem neuen Selbst, gleichzeitig an neue Abläufe, weniger Bewegungsmöglichkeiten, weniger Freiraum und jede Menge neuer Aufgaben gewöhnen sollen. Das ist viel auf einmal und sorgt nicht selten für eine kurzfristige Überforderung. Diese zeigt sich dann zum Beispiel in Form heftiger Emotionsentladungen wie Wutausbrüchen oder auch starker Angst, Trennungsschwierigkeiten, Rückzug, Verweigerung, Anspannung motorischer Unruhe und Erschöpfung. Das kann auf euch und euer Kind zukommen. Muss aber nicht. Denn natürlich hängt so etwas nicht immer am Alter. Es ist lediglich eine Tendenz, die ich immer wieder beobachten kann. Und ich denke, es ist sinnvoll, dieses Wissen zu haben und bei der Entscheidung über eine frühere oder spätere Einschulung berücksichtigen zu können.

Bekommt ein Kind ein weiteres, vertrautes (Kindergarten-)Jahr Zeit, um sich mit diesen Umbrüchen zu arrangieren, so steigt die Wahrscheinlichkeit, dass es bei Schuleintritt meist schon deutlich sicherer steht und im Umgang mit seinen weiterentwickelten Kompetenzen bereits erprobter ist. Nichtsdestotrotz bleibt auch hier der Schulstart in jedem Fall eine große Aufgabe. Aber das Kind kann sich den Anforderungen des Schulstarts etwas fokussierter und stabiler widmen. Daher rate ich Eltern in der Regel, sich im Zweifelsfall eher für einen späteren Schulstart zu entscheiden.

Kopf aus dem Sand!

Für Eltern, die in ihrem Bundesland Entscheidungsmöglichkeiten bezüglich des Einschulungszeitpunktes eingeräumt bekommen, liefern diese Informationen vermutlich wertvolle Impulse. Allen anderen, die aufgrund des Stichtags mehr oder weniger dazu gezwungen sind, ihr Kind kurz vor oder kurz nach dem sechsten Geburtstag einzuschulen, lässt das vermutlich den Puls in die Höhe schnellen und das Herz in die Hose rutschen: »*Na klasse, ist der Bildungsweg meines Kindes etwa schon zum Scheitern verurteilt, noch bevor die Schule überhaupt begonnen hat?*«

Natürlich nicht. Ihr dürft weiter zuversichtlich bleiben. Auch wenn das Schuleintrittsalter sicherlich einen Einfluss auf den Übergang und eventuell auch den weiteren schulischen Weg hat, so gibt es doch so viel mehr Faktoren, die dabei ebenfalls eine Rolle spielen. Es ist nicht allein das biologische Alter eines Kindes, das hier als bestimmender Parameter dienen kann. Das legt ja auch die Forschung deutlich dar. Da sind beispielsweise die individuelle Persönlichkeit oder das Temperament des jeweiligen Kindes und vor allem auch sein Entwicklungstempo. Denn letztlich hat euer Kind keinen der gängigen Forschungsartikel und auch keine geltende Normtabelle gelesen und entwickelt sich am Ende doch in seiner ganz eigenen Geschwindigkeit. Neben aller Tendenz erlebe ich darum selbstverständlich auch früh eingeschulte Kinder, die in ihrer Entwicklung bereits deutlich vorangeschritten und gut stabilisiert sind und den Übergang in die Schule mit einer ganz energischen Selbstverständlichkeit bewältigen.

Ein weiterer sehr entscheidender Aspekt ist außerdem die Lehrkraft und ihr Anfangsunterricht. In der Transitionsforschung (das ist der Forschungsbereich zum Thema Übergänge) wird klar betont, dass die jeweiligen Unterrichtsbedingungen und die schulischen Bezugspersonen einen zentralen Einfluss darauf haben, die unterschiedlichen Startbedingungen wie beispielsweise das Eintrittsalter ihrer Schüler*innen aufzufangen. Ein positiver Beziehungsaufbau zwischen Lehrkraft und Kind und vor allem ein Erstunterricht, der an den individuellen Lern- und Entwicklungsständen der Kinder ansetzt, gelten mittlerweile als gesicherte Faktoren, wenn es darum geht, die jeweiligen kindlichen Übergangshürden abzufedern. Für euch als Eltern ist dies ein wichtiger Anstoß, die Beziehung zwischen der künftigen Lehrkraft und eurem Kind zu fördern und der Lehrkraft in ihrem Tun unterstützend zu begegnen. Mehr dazu findet ihr in Kapitel 7.

Und damit kommen wir zu einem weiteren wichtigen Punkt, wenn es um das schulische Ankommen eures Kindes geht. Ihr als Eltern seid bedeutende Begleitpersonen dieses gesamten Schulanfangsprozesses. Das wurde bereits im vorherigen Kapitel deutlich. Verlässliche Bezugspersonen sind ein Schlüssel für erfolgreich erlebte Übergänge. Und es ist ungemein hilfreich, dass ihr euch auf eure Möglichkeiten besinnt, wenn durch festgeschriebene Stichtage ein Gefühl von Ohnmacht und Hilflosigkeit aufkommen sollte. Das ist ohnehin ein ganz wichtiger Impuls für eure Rolle als Schulkindeltern:

»Ich schaue auf das, was möglich ist, nicht auf die Dinge, die ich ohnehin nicht beeinflussen kann.«

Euer Kind braucht euch. Gerade dann, wenn es vergleichsweise früh eingeschult wird und damit eventuell vor einer ganz besonders anspruchsvollen Entwicklungsaufgabe steht. Nehmt das Wissen um die speziellen Herausforderungen eines eher frühen Schulstarts also nicht zum Anlass, den Kopf in den Sand zu stecken, sondern vielmehr als wertvollen Hinweis darauf, was genau für euer Kind in der Schulvorbereitung und in der konkreten Übergangsphase besonders wichtig sein wird. Am Ende haben alle Kinder je nach Alter, Charakter, bisheriger Biografie und persönlichem Umfeld nämlich ganz eigene Anforderungsschwerpunkte und müssen ganz unterschiedliche Kurven nehmen. Natürlich gibt es übergeordnete Themen im Schulbeginn, denen letztlich alle Schulanfänger*innen gegenüberstehen. Aber was ihnen dabei leichter und was ihnen schwerer fallen wird, das ist sehr individuell. Und auf euer Kind kann durch den frühen Einschulungszeitpunkt eben eventuell die Aufgabe zukommen, mit sehr vielen Entwicklungssprüngen auf einmal konfrontiert zu sein. Darauf könnt ihr mit dem Wissen darum ganz gezielt eingehen. Individuelle Vorbereitung – auch das ist ein zentraler Leitgedanke für das sichere Bewältigen von Übergängen.

Elternfrage

»Wie kann ich einen frühen Schulstart auffangen?«
Wir kommen in den folgenden Kapiteln noch ganz ausführlich dazu, was Kinder speziell beim Übergang in die Schule unterstützen kann. An dieser Stelle folgen aber schon einmal ein paar gezielte Impulse für Eltern, deren Kind vergleichsweise früh eingeschult wird oder deren Kind einfach vor der Herausforderung steht, innerliche Umbrüche und Einschulung zeitgleich bewältigen zu müssen. Denn obwohl ich diese Tendenz eher bei den jüngeren Kindern beobachte, kann das natürlich auch bei einer späteren Einschulung der Fall sein, je nach individuellem Entwicklungstempo.

Zuversicht, Zuversicht und noch mal Zuversicht

Ich erwähnte ja, dass Kinder, die sich gerade noch frisch in der Sechsjahreskrise befinden, mit vielen Umbrüchen gleichzeitig konfrontiert werden und diese erst einmal verarbeiten müssen. Die spürbaren körperlichen Veränderungen wie das Verlieren der Milchzähne bringen sicherlich eine Menge Stolz mit sich, aber eben auch Unsicherheit. Das Vertraute gerade in dieser Phase verlassen und zu neuen Ufern aufbrechen zu müssen kann

Angst machen. Darum ist einmal mehr wichtig, als Eltern diese Ängste nicht noch weiter zu nähren, sondern dem Ort Schule positiv gegenüberzustehen und Sätze wie »*Warte nur ab, bis du in der Schule bist. Da geht das aber nicht mehr*« dringend zu vermeiden. Euer Kind sollte grundlegend das Gefühl haben, dass es einer schönen Zeit entgegengeht, auf die es sich freuen darf.

Nähe und Ermutigung

Mit Schuleintritt beginnt auch eine neue Selbstständigkeit. Gleichzeitig kann dieser Schritt für Kinder auch ganz schön einschüchternd sein und zu einem erhöhten Nähebedürfnis führen. Das kann sich bei jüngeren Kindern, die zeitgleich noch sehr mit ihren Entwicklungssprüngen beschäftigt sind, ganz besonders ausgeprägt zeigen. Wichtig ist, das Kind nicht auf Distanz zu halten, weil man vielleicht glaubt, so das Loslassen zu unterstützen, sondern als sicherer Hafen diese Nähe zuzulassen und Vertrauen in die neue Situation aufzubauen. Von dort aus kann das Kind aber immer wieder ermutigt werden, sich den Herausforderungen des Schulstarts zu stellen.

Brücken bauen

Je größer und herausfordernder der Übergang, desto stabiler sollte die Brücke sein, die euer Kind sicher über diese Veränderungsphase führt. Manchen Kindern reicht eine fix aufgespannte Hängebrücke. Sie freuen sich auf das, was am Ende auf sie wartet, und wollen wenig Zeit dabei verlieren, drüben anzukommen. Sie wissen, dass es bei der Überquerung wackelig werden kann, und ihnen reicht ein greifbares Führungsseil als dezente Orientierung. Sie verweilen nicht lang, schauen kaum zurück und gehen selbstständig zügigen Schrittes dem sicheren Boden auf der anderen Seite entgegen.

Und dann gibt es Kinder, die brauchen aufwendigere Brückenbauten. Sie brauchen mehr Zeit, um (gemeinsam mit Bezugspersonen) ein tragendes Fundament aufzubauen. Sie brauchen breite, massive, schützende Wege mit ausreichend Platz, um auch Hand in Hand hinübergehen zu können. Sie brauchen die Möglichkeit, jederzeit auf festem Grund innehalten zu können, den bereits geschafften Weg zu betrachten und einen kurzen Moment zu pausieren, bis sie weitergehen. Und genau das beobachte ich vermehrt bei noch eher jungen Kindern. Ihr Alter bedeutet nämlich keinesfalls, dass sie diesen Umbruch nicht auch gut bewältigen. Auch sie können am Ende sicher auf der anderen Seite ankommen. Sie brauchen dabei einfach stabilere Stützen, vielleicht eine sichernde Hand und etwas mehr Zeit. Im Übrigen ist dies auch direkt ein ganz wertvolles Bild für Eltern neurodivergenter Kinder.

Solch eine Brücke könnt ihr mit eurem Kind aufbauen, wenn …

- ihr zuversichtlich und in gemeinsamer Vorfreude auf die gegenüberliegende Seite schaut: »*Es lohnt sich, darüberzugehen. Und du wirst so stolz sein, wenn du es geschafft hast.*«
- ihr euer Kind auf die Überquerung und das, was danach kommt, gut vorbereitet. Wenn ihr Freund*innen mit einbezieht, die euer Kind begleiten. »*Selenay kennt den Weg zum Klassenraum schon sehr gut. Du wirst gut ankommen, wenn du mit ihr gehst.*«
- ihr selbst ein Stück mitgeht und dann in guter Kommunikation und Vertrauen zu der Bezugsperson steht, die euer Kind auf der anderen Seite in Empfang nimmt. »*Schau, dort an der*

Tür wartet schon Frau Hirmer auf euch. Guck, sie lächelt dir zu.«

- ihr eurem Kind Pausen zum Durchatmen gewährt, denn es geht nicht darum, möglichst schnell drüben anzukommen.
- ihr ruhig und bestärkend bleibt, falls euer Kind am liebsten wieder umdrehen möchte: *»Ich kann verstehen, dass du deinen Kindergarten vermisst. Du hattest dort ja auch eine sehr schöne Zeit. Aber du wirst sehen, bald wirst du dich in der Schule genauso gut auskennen und sehr stolz darauf sein, ein Schulkind zu sein.«*

Druck rausnehmen

Die vielen Umbrüche um die Sechsjahresmarke herum können sich fast so anfühlen, als würde euer Kind erst einmal ein paar Schritte rückwärts gehen. Und wenn das mit dem Schulstart zusammenfällt, kann das nicht nur für euer Kind herausfordernd sein, sondern auch euch als Eltern verunsichern: *»Mein Kind fordert plötzlich bei allem wieder Hilfe ein. Ausgerechnet jetzt, wo die Schule anfängt. Gerade dann, wenn es darauf ankommt. Was soll das nur werden?«* Ihr glaubt nicht, wie oft sich mir Eltern mit diesen Worten anvertrauen. Ich erlebe dann oft, dass aus dieser Unsicherheit heraus ein gewisser Tatendrang entsteht. Man möchte dem eigenen Kind dringend helfen. Möchte stärken und üben. Möchte zur Selbstständigkeit ermuntern. Das ist ja auch mehr als verständlich. Dennoch ist es wichtig, den eigenen Eifer zu bremsen und dem Kind und seinem Ankommensprozess Zeit zu geben. Gerade jüngere Kinder haben oft das diffuse Gefühl, aufholen und mithalten zu müssen. Das baut ungünstigen Druck auf und lenkt den Fokus anhaltend auf das Alter, als wäre dies ein ständig begrenzender Faktor. Schulisch habt ihr da vielleicht nicht viel Einfluss, aber zu Hause könnt ihr Raum geben, Ausgleich schaffen und beispielsweise auch außerschulische Stärken in den Blick nehmen.

Elternfrage

»Was ist, wenn ich mein Kind doch zu spät einschule und es sich langweilt?«

An dieser Stelle ein Blick ins Nähkästchen: Mein ältestes und mein mittleres Kind sind beide im September geboren und gelten in unserem Bundesland Niedersachsen daher als sogenannte Flexi-Kinder. Das heißt, wir durften als Eltern selbst über eine frühere oder spätere Einschulung entscheiden. Beide Kinder konnten bereits deutlich vor dem sechsten Geburtstag lesen und im Zahlenraum bis 20 (und darüber hinaus) rechnen. Und ich möchte an dieser Stelle betonen, dass das nicht durch mein Zutun als Grundschullehrkraft passierte. Sie waren einfach so weit. Wir haben uns bei beiden Kindern dennoch bewusst für den späteren Einschulungszeitpunkt entschieden, weil wir das Gefühl hatten, der emotionale Entwicklungsstand war zu diesem Zeitpunkt ähnlich wackelig wie ihre Zähne. Wir wollten ihnen Zeit geben, um sich erst einmal etwas zu stabilisieren und lieber ein bisschen »überbereit« zu sein. Eine Entscheidung, die wir bei unserem Schulkind bisher nicht einmal bereut haben. Bei uns war weniger der Gedanke präsent, dass sich unser Kind aufgrund seines Lernstandes langweilen könnte. Wir waren vielmehr entspannt und beruhigt, dass wir uns um den fachlichen Bereich eher keine Sorgen machen müssen und sich unser Kind in Ruhe den vielen anderen Anforderungsbereichen widmen kann. Zu spüren: *»Hey, ich kann das, was von mir gefordert wird, schon ziemlich gut«* ist ja erst mal nichts Schlimmes. Und es gibt kindliche Charaktere, so wie zum Beispiel unseren einen Sohn, denen das die nötige

Sicherheit für viele andere Entwicklungsaufgaben gibt. Problematisch wird es dann, wenn Kinder aufgrund ständiger Unterforderung großen Lernfrust entwickeln, der dann zu herausfordernden Verhaltensweisen führt. In meinen bisherigen Jahren als Lehrkraft habe ich das allerdings eher selten erlebt. Aber ja, das gibt es natürlich auch. Und wenn ihr das bei eurem Kind über einen gewissen Zeitraum beobachtet, sollte selbstverständlich entsprechend reagiert werden. Möglichst in Zusammenarbeit mit der Lehrkraft, der es ja durchaus auch ein Anliegen ist, die schulische Lernfreude ihrer Schüler*innen lang zu erhalten. Aber auch außerschulisch gibt es Wege des Ausgleichs. Sport, Musik, künstlerische Angebote, Kinderuniversitäten, Lern-Apps und Co. Mein Mann und ich haben nach reiflicher Überlegung entschieden, dass wir bei unserem Sohn mit dem potenziellen Langeweileszenario häuslich besser umzugehen wüssten als damit, ihn immer wieder auffangen zu müssen, wenn er in seiner Entwicklung gedrängt wird. Eine Entscheidung, die sich sehr am individuellen Charakter unseres Kindes orientiert hat und die für andere Kinder entsprechend anders ausfallen kann.

Zu früh, zu spät, genau richtig – letztlich hält alles seine Hürden bereit. Und egal, wie sehr wir uns auch bemühen, sorgsam abwägen und immer wieder überdenken, wir können leider nicht in die Zukunft blicken und voraussagen, wie sich eine Entscheidung auf das Leben unserer Kinder letztlich auswirkt. Das ist es ja, was uns oft so nervös werden lässt, schließlich wollen wir unseren Kindern doch das Beste ermöglichen und nicht dafür verantwortlich sein, dass sie ins Stolpern geraten. Und darum möchte ich euch an dieser Stelle Mut machen und euch den nächsten Leitsatz an die Hand geben:

»Ich muss keine perfekten Entscheidungen auf Lebenszeit treffen!«

Es gibt kein Leben ohne Lebensthemen. Ohne herausfordernde, einschneidende und prägende Erfahrungen. Auch unser Kind wird seine Päckchen einsammeln und im besten Fall daran wachsen. Natürlich treffen wir Entscheidungen für unsere Kinder nicht leichtfertig. Wir überlegen sorgfältig und nach bestem Gewissen. Nur die erleuchtende Glaskugel, die haben wir leider nicht. Die ist aber auch überhaupt nicht notwendig. Denn, wisst ihr, was viel zu oft vergessen wird? Dass ein einmal eingeschlagener Weg durchaus auch wieder verlassen werden darf. Die späte Einschulung entpuppt sich tatsächlich als Langeweile-Lernfrust-Falle? Dann darf ans Überspringen gedacht werden. Die Herausforderungen einer frühen Einschulung schleppen sich schon viel zu lang und kratzen gehörig am Selbstbild? Dann kann ein Wiederholen sinnvoll sein. Wird das für unser Kind erst einmal eine große Bewältigungsaufgabe sein? Vermutlich schon. Hätten wir ihm das Ganze anders und leichter gewünscht? Natürlich. Wird es dadurch für das Leben gezeichnet sein? Ein wenig geprägt sicherlich. Aber aus ungünstigen und belastenden Situationen auszusteigen kann gleichzeitig etwas sehr, sehr Heilsames sein. Es kann die Erfahrung bereithalten, dass wir uns Dingen, die uns schaden, nicht unendlich lang aussetzen müssen. Dass wir etwas verändern dürfen. Und dass das etwas Gutes sein kann. In meinen Jahren als Lehrkraft sind immer wieder Kinder in meine Klasse gekommen, die ein Schuljahr wiederholt haben. Das waren stets fundierte und über die Zeit gereifte Entscheidungen, und mit meiner und der Begleitung der Eltern hat sich das Einschlagen dieses neuen Weges eigentlich immer sehr deutlich gelohnt. Ich würde mir an dieser Stelle das Schulsystem natürlich trotzdem grundlegend anders wünschen. Ohne Gleichschritt und mit ausreichend Zeit für jedes Kind, sodass Entscheidungen wie diese gar keine Frage mehr wären. Aber solange ihr Eltern noch Wege wählen müsst, möchte ich euch ermutigen, sie zu verändern, wenn es die Situation einmal erfordern sollte.

Ist mein Kind überhaupt bereit für die Schule?

Diese Frage könnte im Grunde einzig durch den Satz *»Mit allergrößter Wahrscheinlichkeit schon«* beantwortet werden. Aber ich möchte euch natürlich dennoch mit ein wenig mehr Hintergrundinformationen und Impulsen zum Thema Schulreife versorgen.

Es ist so: Die ersten Jahre gedeihen unsere Kinder recht frei vor sich hin. Sie haben Interessen. Haben Talente. Sie entwickeln sich. Manche schneller, manche gemütlicher. Können dies. Können das. Und haben einfach Zeit. Ja, ich weiß, dass mittlerweile schon früher verglichen wird. Und ja, ich weiß, dass auch im Kleinkindalter schon Normtabellen unter Druck setzen können. Es herrscht immer früher die tiefe Angst, etwas an Entwicklungs- und Förderpotenzial zu versäumen. Seinem Kind schon Chancen und potenzielle Karrieren verbaut zu haben, noch bevor es sein erstes Wort lesen kann. Ein unschönes Resultat unserer Leistungsgesellschaft und des enormen Drucks, der auf Eltern lastet. Und trotzdem bekommt all das im Hinblick auf die Einschulung noch einmal eine ganz neue Dimension.

Denn plötzlich werden aus Kindern Vorschulkinder. Und spätestens jetzt werden alle ein bisschen nervös. Die Eltern, die Kinderärzt*innen, der Kindergarten, die Großeltern, die Nachbarin – jede*r schaut auf einmal sehr genau hin. *»Wie hält das*

Kind denn da seinen Stift? Wieso will es eigentlich nie auf Mauern balancieren? Müssten wir mehr malen? Wir schneiden auch irgendwie zu wenig aus. Jetzt noch schnell ein Musikinstrument lernen? Geht das Kind abends nicht doch zu spät ins Bett? Nicht mal beim Vorlesen sitzt es ruhig. Sollten wir das üben? Und wo bringe ich in den paar verbleibenden Monaten denn noch das Seepferdchen unter?« Schlagartig beginnt die Zeit zu rennen. Mit Überschreiten der magischen Vorschulgrenze ist da auf einmal kein Abwarten mehr, sondern vielmehr das pochende Gefühl, die Dinge nicht mehr von allein kommen lassen zu können. Wir schauen auf unsere Kinder, und zu unserem bisherigen wohlwollenden Blick auf Temperament und Sosein gesellt sich nun die Angst, ob in jedem Persönlichkeitszug und in jedem individuellen Entwicklungsfeld nicht vielleicht auch eine potenzielle Hürde steckt. Etwas, was in der Schule zu Problemen führen könnte. Etwas, was wir bis zur Einschulung lieber irgendwie noch hinkriegen sollten. Bisher war die Bewegungsfreude des eigenen Kindes ein energiegeladener Wesenszug voll sportlichem Potenzial? Mit Blick auf die Einschulung wird daraus schnell die Sorge um motorische Unruhe und die fehlende Fähigkeit, längere Zeit still zu sitzen.

Ach, ich kann gestehen, bei näher rückender Einschulung meines Sohnes schlich sich auch bei einer gestandenen Pädagogin wie mir ein Sorgenfältchen auf die Stirn. War mein Kind mit all seinem Wesen, seinen Fähigkeiten und seinem Entwicklungsstand wirklich gut gerüstet für die Schule? War es bereit? Hatte es aus Elternhaus und Kindergarten alles Wichtige mitbekommen? Hatten wir genug getan? Ja, wenn es um die Zeit vor der Einschulung, den Entwicklungsstand des Kindes und die damit verbundene Vorbereitung geht, dann stehen Eltern ziemlich zwischen den Stühlen. Und Kinder auch. Dabei sollen sie doch lernen, möglichst lang drauf zu sitzen.

Schauen wir also einmal genauer, was es mit dieser Schulbereitschaft auf sich hat. Wann gilt ein Kind denn überhaupt als schulreif? Und oh, wie schön wäre jetzt eine kleine, übersichtliche Liste mit ein paar ausgewählten Kompetenzen und Fähigkeiten und vor allem dem Versprechen: »*Wenn euer Kind das kann oder ihr hier entsprechend fördert, dann ist euer Kind bereit, und es kann gar nichts mehr schiefgehen.*« Aber so einfach ist das leider nicht.

Natürlich, diese Listen und damit auch die Versuche, vorauszusagen, ob ein Kind den Anforderungen der Schulwelt gewachsen ist, die gibt es. Denn tatsächlich knüpft sich das klassische Konzept der Schulreife genau an die Vorstellung einer solchen Checkliste. Und vor nur wenigen Jahrzehnten glaubte man sogar noch, Kinder würden sozusagen automatisch einen biologischen Reifeprozess durchlaufen und hierbei alle nötigen Kompetenzen quasi ganz von allein miterwerben. Man müsse nur warten, bis diese natürlichen Vorgänge abgeschlossen und die Kinder somit bereit für die Einschulung seien. Der allgemeingültige Stichtag entstand genau aus dieser Idee und besiegelte sozusagen den Zeitpunkt, zu dem man diesen inneren kindlichen Reifeprozess als vollendet ansah.[3] Gleichzeitig begann man, von allen künftigen Schulkindern erwartbare Eigenschaften und Fähigkeiten in Form einer Kontrollliste einzugrenzen. Je mehr Häkchen, desto schulreifer. Und genau diese Vorstellung von Schulfähigkeit hat über die Jahre hartnäckige Ansichten etabliert, die sich in meinen Augen für die Vorschulzeit und die damit verbundene Vorbereitung auf den Schulstart als problematisch und vor allem unhaltbar erweisen:

1. Annahme: »*Alle Kinder durchlaufen den gleichen Reifeprozess bis zur Einschulung und weisen mit einem bestimmten Alter einen vergleichbaren Entwicklungsstand auf.*«

Wie schon angedeutet, suggerieren das klassische Konzept von Schulreife und der dazugehörige Stichtag, dass Schulanfänger*innen sich auf einem ähnlichen Entwicklungsniveau bewegen und mit Schulbeginn über ein vergleichbares Kompetenzrepertoire verfügen sollten. Nicht ohne Grund wird das in standardisierten Schuleingangsuntersuchungen überprüft, um eventuell gegensteuern zu können, wenn künftige Schulkinder dem Kompetenzniveau vermeintlich hinterherhinken. Ich finde es durchaus sinnvoll, dass vor der Einschulung einmal geschaut wird, wo ein Kind in seiner Entwicklung überhaupt steht. Und auch ein paar fokussierte Hinweise auf Unterstützungs- und Vorbereitungsschwerpunkte können sehr wertvoll sein, versteht mich hier bitte richtig. Nur die Grundvorstellung, das Kind könne nur verlässlich als schulreif gelten und überhaupt erfolgreich in die Schule starten, wenn es einen einheitlichen Erwartungshorizont erfüllt, die möchte ich doch deutlich hinterfragen. Ich empfinde diese Idee von Schulbereitschaft als nicht mehr zeitgemäß und vor allem keinesfalls als inklusiv.

Ihr seid nun schon einige Jahre Eltern und habt vermutlich längst feststellen können, wie individuell sich kindliche Entwicklung vollzieht. Es gibt sicherlich übergreifende Meilensteine, aber wann diese erreicht werden, in welcher Intensität sie sich zeigen und wo der Stärkenfokus letztlich liegt, kann von Kind zu Kind eben sehr unterschiedlich sein.

Ich kann euch als Lehrkraft versprechen, dass wir am ersten Schultag eine Klasse voller Individuen vor uns haben. Kein Kind gleicht in seinem Entwicklungsstand dem anderen. Schulfähig sind sie bis auf ganz seltene Ausnahmen trotzdem. Sie alle bringen bereits gut ausgeprägte genauso wie gerade erst angebahnte

Fähigkeiten aus den verschiedensten Bereichen mit. Ihre Entwicklungsfelder werden sie manchmal vor Herausforderungen stellen, während ihre Stärken sie gut tragen. Wir Erstklasslehrkräfte wissen um die Heterogenität unserer Schulanfänger*innen. Wir rechnen damit, und dementsprechend ist besonders der Anfangsunterricht stark darauf ausgerichtet. Ihr dürft also erst einmal ganz entspannt bleiben, wenn das Nachbarskind bereits erste Wörter liest, während euer Kind noch keinerlei Interesse an Buchstaben zeigt. Das sagt nichts über die jeweilige Schulfähigkeit aus.

2. Annahme: *»Der Reifeprozess ist mit Schulbeginn abgeschlossen.«* Allzu schnell hinterlassen Normtabellen und Kompetenzlisten zum Abhaken bei vielen Eltern den Eindruck, das eigene Kind müsse das alles zum Schulstart bereits beherrschen und ein fertig geformtes Schulkind sein. Ihr lest vielleicht die vielen Artikel mit den zehn wichtigsten Fertigkeiten für einen gelungenen Schulstart. Ihr hört die Empfehlungen von Schulärzt*innen, Erzieher*innen und Lehrkräften zu all dem, was wichtig ist, um im Schulalltag bestehen zu können. Ihr stolpert über lange Listen an Ratschlägen, und am Ende sitzt ihr völlig verunsichert da und könnt nur noch denken: *»Oh mein Gott, das bedeutet Schulreife? Das soll mein Kind zum Schulstart alles können? Es ist doch bisher sogar noch völlig überfordert, wenn der Kakaobecher die falsche Farbe hat …«* Auch wenn ich diese Sorge sehr gut nachvollziehen kann, möchte ich euch an dieser Stelle einladen, ganz tief durchzuatmen. Ja, es gibt Kompetenzbereiche und Fähigkeiten, bei denen es sich durchaus lohnt, diese auch schon vor Schuleintritt bewusst zu stärken. Welche das genau sind, dazu kommen wir in den nachfolgenden Kapiteln. Aber kein Kind soll nach sechs Jahren seinen Entwicklungsweg abgeschlossen haben. In der VORschulzeit und auch in der GRUNDschule geht es nämlich

erst einmal um genau das – die Grundlagen. Um Vorläuferkompetenzen. Um das Schaffen eines Fundaments. Um das Anbahnen. Um das Bereitmachen. Nicht um das Fertigwerden. Und das führt uns direkt zum nächsten Leitsatz.

»Ich schaue vor allem auf den Prozess, nicht nur auf den Abschluss.«

Diese Variante von »Der Weg ist das Ziel« ist mit Blick auf die Einschulung für Eltern wie für Lehrkräfte gleichermaßen wertvoll. Längst überholte Sätze wie »Was Hänschen nicht lernt, lernt Hans nimmermehr« haben sich in unserem Bewusstsein verankert und sorgen im Bereich der Schulvorbereitung und auch in den ersten Schulwochen für die Vorstellung, man habe nur ein begrenztes Zeitfenster, das Kind in seinem Verhalten auf die derzeitigen schulischen Anforderungen vorzubereiten. Verpasste man dieses, seien die Schulprobleme quasi vorprogrammiert. Ein diffuser Gedanke, der leider tief sitzt und der bei Eltern für jede Menge Druck sorgt.

Dabei ist der Prozess, ein Schulkind zu werden, natürlich nicht durch die Einschulung abgeschlossen. Dieser Tag markiert vielleicht den konkreten Wendepunkt und den damit verbundenen Rollenwechsel. Der Übergang vom Kindergarten in die Schule und das Hineinfinden in das Leben als Schüler*in dauern weit darüber hinaus an. Es braucht Monate, wenn nicht sogar das gesamte erste Schuljahr, in die neuen Anforderungen hineinzuwachsen. Kein Kind muss schon zu Schulbeginn in der Lage sein, über viele Minuten still zu sitzen, einen Konflikt selbstständig zu lösen, erste Wörter zu schreiben oder einen Stift perfekt zu halten, um sich schulbereit nennen zu dürfen. Kinder kommen in die Schule, um zu lernen und sich weiterzuentwickeln. Nicht, um schon alles zu können. Ihr als Eltern dürft dabei in der Schulvorbereitung mitunter wertvolle Weichen setzen, aber auch gleichzeitig auf den Prozess vertrauen.

3. Annahme: *»Das Kind muss auf die Schulanforderungen hin angepasst werden.«*

Bei der Frage nach der Schulreife eines Kindes fehlt mir persönlich noch zu sehr die Gegenfrage: Sind unsere Schulen eigentlich kindreif? Denn wir überprüfen zwar unsere Kinder, um sagen zu können: *»Bist du so weit?«* Aber wer überprüft das Bildungssystem auf seine Eignung? Wie weit bewegt sich denn Schule mit den veränderten gesellschaftlichen Anforderungen mit? Wie weit passt sich denn Schule an das an, was nachhaltiges, kindliches Lernen wirklich braucht? Wie viel Raum ist da für die in den Schulgesetzen verankerte Individualisierung und Differenzierung? Wie viel Raum für Inklusion? Denn für Eltern von Kindern mit Behinderung müssen die normierten Eigenschafts- und Kompetenzlisten der Vorschulzeit fast wie Hohn wirken. Wieso hängt so viel Erwartung an Elternhäusern und Kindergärten, die Kinder in ein System zu formen, das selbst so wenig bereit für Veränderung und Entwicklung ist? Es gilt mittlerweile als gesichert, dass ein kompetenter und vom individuellen Kind ausgehender Schulanfangsunterricht eine große Rolle für den jeweiligen Schulerfolg spielt. Das nimmt das Schulsystem für einen gelungenen Übergang deutlich selbst in die Verantwortung. Ein Aspekt, dem im Hinblick auf den Schulstart noch deutlich mehr Aufmerksamkeit geschenkt werden muss als der reinen Diskussion um das Schuleintrittsalter und der Schulfähigkeit. Ein Aspekt, der sich beispielsweise im verstärkten Bemühen um zeitgemäße Schuleingangsmodelle zeigen sollte.

»So weit, so nachvollziehbar, aber woran lässt sich denn nun die Schulreife eines Kindes überhaupt festmachen?« Heutzutage zeigen unzählige Studien, dass Schulreife kein Zustand ist, des-

sen Erreichung man einfach abwarten kann. Man weiß heute, dass die Entwicklung von Schulfähigkeit oder auch Schulbereitschaft – beides Begriffe, die in der aktuellen Fachliteratur bevorzugt an Stelle von Schulreife verwendet werden – ein komplexer Vorgang ist, der durch viele innere, aber vor allem auch durch äußere Faktoren beeinflusst wird:[4]

- Wie sind die jeweiligen finanziellen, kulturellen, sozialen Lebensumstände des Kindes?
- Wie gestaltet sich das Elternhaus (Bindung, Rollenbeziehungen, Bildungsgrad, Erziehungsstile, Wohnsituation etc.)?
- Welches Temperament und welche Persönlichkeitsstruktur bringt das Kind mit?
- Zeigt das Kind Lernfreude und hat Lust auf die Schule?
- Wie bereiten die jeweiligen Kindertagesstätten den Übergang vor?
- Welche Anforderungen stellt die zukünftige Schule schwerpunktmäßig an ihre Schulanfänger*innen?
- Wie wird die Phase des Ankommens in der Schule gestaltet?
- Wie viel Kooperation findet zwischen Schule und Familie, Familie und Kindergarten oder Schule und Kindergarten statt?

Wilfried Griebel und Renate Niesel haben sich in vielen ihrer Bücher eingehend mit dieser ganzheitlichen Betrachtung von Schulfähigkeit auseinandergesetzt und kritisieren sehr deutlich, dass Schulfähigkeit fälschlicherweise viel zu sehr als eine Art Selektionskriterium oder Vorhersageinstrument benutzt werde und vor allem zu sehr auf die Verantwortungsseite des Kindes geschoben werde.[5] Statt *»Liebes Kind, du musst aber dringend noch lernen still zu sitzen«* müsste es doch vielmehr heißen: *»Liebes Schulsystem, du musst aber dringend eine schulische Lernumgebung ge-*

stalten, die Kindern bewegtes Lernen und Ruhephasen selbstverständlich ermöglicht.«

Die Schulbereitschaft eines Kindes darf nicht mehr nur als prognostischer Eigenschafts-Check-up verstanden werden, sondern vielmehr als ein gemeinsamer Entwicklungsprozess von Kindern, Eltern, Erzieher*innen und Lehrkräften. Die Diskussion um Schulfähigkeit kann sich nicht darin erschöpfen, welche Fähigkeiten das Kind zum Schulstart mitbringen soll. Es muss auch darum gehen, inwieweit es dabei durch seine Umgebung und die jeweiligen Bezugsmenschen unterstützend begleitet wird. Ich kann als Lehrkraft nur bestätigen, dass, wenn eine gute Kooperation zwischen allen am Übergang beteiligten Institutionen gelingt, sich das beim Kind sehr positiv auf ein gutes Ankommen und Einfinden auswirkt.

Griebel und Niesel betonen übrigens auch, dass die Beurteilung von Schulfähigkeit eigentlich etwas ist, was erst nach einer gewissen Schulerfahrung des Kindes endgültig aussagekräftig ist. Vorher bleibe es schlichtweg bei Mutmaßungen. Ein ganz wichtiger Aspekt, den ich im Zuge der nächsten Frage noch einmal ausführlicher beleuchten werde.

So schön es also auch wäre, es lassen sich einfach keine pauschalen Aussagen und vor allem keine Vorhersagen über die individuelle Schulbereitschaft von Kindern treffen. Der Sorge, ob euer Kind bereit für die Schule ist, möchte ich allerdings noch einmal mit den Worten »sehr, sehr wahrscheinlich schon« begegnen. Gleichzeitig möchte ich euch den wichtigen Gedanken an die Hand geben, dass »für etwas bereit« sein nicht heißt, dass alles fröhlich pfeifend, ohne Anstrengung und ohne Frust passiert. Egal, wie schulfähig ein Kind auch sein mag, die ersten Wochen holpern meist trotzdem. Dazu aber an späterer Stelle mehr.

In jedem Fall seid ihr als Eltern ein wichtiger Faktor in Bezug auf die Schulfähigkeit eures Kindes und den Übergang in die Schule, und genau auf diesen Part dürft ihr euch vertrauensvoll konzentrieren. Wie ihr unterstützen könnt, welche Kompetenzen es sich tatsächlich zu stärken lohnt und an welcher Stelle ihr auch auf den Prozess und die Zeit vertrauen könnt, das werde ich in den nachfolgenden Kapiteln genauer auflösen. Kommen wir aber erst einmal zu einer nächsten grundlegenden Frage der Vorschulzeit.

Was passiert bei der Schuleingangsuntersuchung?

Obwohl Schulerfolgsprognosen mittlerweile durchaus kritisch gesehen werden, versucht man trotzdem seit Jahren, anhand standardisierter Schuleingangstests und Sprachstandsüberprüfungen verlässliche Aussagen über die Schulfähigkeit zu treffen. Sie sollen Anhaltspunkte dafür liefern, ob ein Kind für die Schule gerüstet ist oder nicht und ob es dort erfolgreich ankommen wird. Das ist bisher die noch gängige Praxis, auf die ihr Eltern zusammen mit eurem Kind trefft. Wie ihr euer Kind darauf vorbereitet, was ihr für euch aus diesen Untersuchungen mitnehmen könnt und was ihr getrost auch ein bisschen zur Seite schieben dürft, möchte ich mit diesem Kapitel klären.

Inhaltlich bestehen diese Untersuchungen aus einem kurzen Gesundheitscheck, der Aufnahme von Größe und Gewicht sowie einem Hör- und Sehtest. Mit euch als Eltern wird außerdem (meist anhand des gelben U-Heftes) über die gesundheitliche Vorgeschichte eures Kindes gesprochen und der Impfstatus abgeklärt. Anschließend werden in vielen kleinen spielerischen Übungen die sprachlichen, motorischen und geistigen Fähigkeiten des Kindes überprüft, und dabei wird auch darauf geachtet, wie sich das Kind diesen Aufgaben nähert und sich bei der Bearbeitung verhält.

Wenn euer Kind auf neue und unbekannte Situationen und fremde Menschen sehr zurückhaltend reagiert, ist es sinnvoll, das Kind auf diesen Moment vorzubereiten. Erklärt eurem Kind einfach, was auf es zukommen wird:

- *»Bei der Untersuchung wirst du eine neue Ärztin kennenlernen. Sie ist Kinderärztin, genau wie Frau/Herr …, bei der/dem wir sonst zu Untersuchungen gehen.«*
- *»Es kann sein, dass du auch mal kurz ohne mich im Raum bist, weil ich etwas ausfüllen muss. Aber ich bin trotzdem immer in der Nähe.«*
- *»Du darfst eine Menge kleiner Lernspiele machen. Ich bin mir sicher, das wird dir Spaß machen.«*
- *»Am Ende bekommen wir vielleicht noch ein paar Tipps, damit du so richtig fit in die Schule starten kannst.«*

Ich erlebe manchmal, dass bei den künftigen Schulanfänger*innen die Vorstellung vorherrscht, bei dieser Untersuchung würde entschieden, ob sie ein Schulkind werden dürfen oder nicht. Und wenn ihnen die Übungen nicht gelängen, dann würden sie nicht eingeschult. Solche Sätze werden zum Beispiel schnell im Freundeskreis aufgeschnappt. Bei uns wurde genau das tatsächlich im Kindergarten ganz wunderbar thematisiert und aus der Welt geschafft. Beobachtet ihr, dass bei eurem und anderen Kindern diese Idee präsent ist, könntet ihr dies auch von euch aus an den Kindergarten weitergeben und fragen, ob gerade Kapazitäten bestünden, das mit den Kindern zu besprechen. Ansonsten sprecht selbst mit eurem Kind darüber, und nehmt ihm unbedingt diese Sorge.

An dieser Stelle ist ebenso wichtig, dass auch ihr als Eltern diesen Termin nicht unnötig mit Druck aufladet. Sätze wie »*Du musst dich da unbedingt gut konzentrieren. Die Ärztin guckt ganz genau, ob du das schon kannst*« sind eher ungünstig. Setzt auf Zuversicht, und macht eurem Kind diesen Termin schmackhaft.

Am Ende der Untersuchung werden Empfehlungen zum Einschulungszeitpunkt und je nach Bedarf zur weiteren Vorbereitung ausgesprochen. Manchmal kann es sein, dass daraus Prognosen über den potenziellen Schulerfolg abgeleitet und euch als Eltern mit auf den Weg gegeben werden. Je nach Formulierung dieser Voraussage kann das Ängste befeuern und Druck machen. Das erlebe ich in meiner Berufspraxis sehr häufig. Besorgte Eltern, denen mitgeteilt wurde, mit dieser oder jener Verhaltensweise sei bei ihrem Kind mit einem schwierigen Schulstart zu rechnen. Ich habe sogar schon erlebt, dass bereits bei der Schuleingangsuntersuchung Sätze fielen wie: »*Stellen Sie sich darauf ein, mit dieser Auffassungsgabe wird Ihr Kind über die Hauptschule nicht hinauskommen.*«

Mal abgesehen davon, dass es nicht förderlich ist, eine bestimmte Schulform mit solidem Abschluss fast wie eine Mitleidsbekundung klingen zu lassen, brennen sich solche Sätze in die Köpfe von Eltern ein und schaffen Unsicherheit, wo eigentlich Sicherheit und Orientierung wichtig wären.

Nun möchte ich auf keinen Fall die Beobachtungskompetenz oder die medizinische Beurteilungskompetenz der jeweiligen Fachkräfte infrage stellen. Kinder- und Schulärzt*innen haben schon viele zukünftige Schulanfänger*innen gesehen. Und ihre Eindrücke und Feststellungen sind durchaus wertvolle Anhaltspunkte für die weitere Schulvorbereitung. Mein Sohn jedenfalls zeigte sich sehr authentisch in der Untersuchungssituation, und in dem, was mir über den derzeitigen Entwicklungsstand zurückgemeldet wurde, erkannte ich ihn absolut wieder.

Mir ist einfach wichtig, hier zu differenzieren: Nicht die Beobachtungen sind das Problem, sondern der Versuch, damit valide Aussagen über die tatsächliche Schulfähigkeit oder gar eine Prognose über den weiteren Schulerfolg zu treffen. Auch in Fachkreisen wird die Zuverlässigkeit solcher Voraussagen mittlerweile deutlich kritisiert. Die bereits erwähnten Psycholog*innen Wilfried Griebel und Renate Niesel vertreten klar die Position, dass das sogenannte eigenschaftsbasierte Konzept von Schulfähigkeit viel zu kurz greife. Die Idee, dass »eine Reihe von Eigenschaften über die Zeit hinweg ziemlich stabil sind und dass man deshalb aufgrund dieser Eigenschaften relativ genaue Vorhersagen über das Verhalten von Menschen treffen kann«, sei zwar eine schöne Vorstellung, aber tatsächlich nicht haltbar. In den letzten Jahrzehnten wurde immer wieder überprüft, inwieweit die Vorhersagen von Schulfähigkeitstests letztlich richtiglagen. In der Augsburger Längsschnittstudie beispielsweise zeigte sich, dass mehr als die Hälfte der Kinder, die bei ihrem Schulstart eigentlich als nicht schulfähig galten, die Grundschulzeit ohne größere Schwierigkeiten meisterten.[6] Bei dieser Fehlerquote lässt sich nur schwer von »valide« sprechen. Und man stelle sich die unnötigen Sorgen und Ängste der Eltern vor, die ihr Kind mit dieser Einschätzung durch die erste Schulzeit begleiten mussten. Es zeigt sich also erneut, dass Schulbereitschaft schlichtweg nicht allein an den Kompetenzen und Fähigkeiten des jeweiligen Kindes festzumachen ist, denn es lässt einfach die äußeren Einflüsse außen vor.

Zusätzlich stellt eine Schuleingangsuntersuchung am Ende auch einfach nur kurze Momentaufnahmen dar und eignet sich daher auch aus diesem Blickwinkel nur bedingt für handfeste langfristige Einschätzungen über die Entwicklung eines Kindes. Das kennt ihr als Eltern vermutlich auch bereits aus eigener Erfahrung. Manchmal zerbrecht ihr euch den Kopf über mögliche

Entwicklungswege eures Kindes, und dann überrascht es euch quasi über Nacht mit einer völlig neuen Reifestufe.

Solltet ihr also während der Schuleingangsuntersuchung mit wenig erbaulichen Prognosen konfrontiert werden, könnt ihr Ruhe bewahren. Seht die Beobachtungen als wertvolle Hinweise, wo ihr bei Bedarf im Laufe der Schulvorbereitung euer Kind weiter stärken könnt. Nehmt auch die Empfehlung für weiterführende Untersuchungen bei beispielsweise Augenärzt*innen oder Orthopäd*innen ernst. Aber lasst euch gleichzeitig nicht durch vage Voraussagen verunsichern. Konzentriert euch auf die aktuelle Phase, versucht, mit eurem Kind weiter zuversichtlich Richtung Schulstart zu blicken, und denkt daran, dass ihr die Berge erst besteigen müsst, wenn sie auch wirklich auftauchen.

Ist die Untersuchung geschafft, kann es sinnvoll sein, das Erlebte noch einmal mit dem Kind zu besprechen. Kinder schnappen in Gesprächen viele Begrifflichkeiten auf, die sie eventuell nicht einordnen können. Erklärt eurem Kind, was besprochen wurde und welche hilfreichen Tipps ihr eventuell bekommen habt.

Welche Schule ist die richtige für mein Kind?

In vielen Bundesländern gilt klassischerweise die sogenannte Sprengelpflicht. Jede staatliche Grundschule hat dabei ein klar abgegrenztes Einzugsgebiet, den Schulsprengel. Wohnt ein schulpflichtiges Kind in diesem Bezirk, ist es grundlegend erst einmal verpflichtet, diese Regelschule zu besuchen. Möchtet ihr euer Kind aber an der benachbarten Regelschule einschulen, so könnt ihr versuchen, dies durch einen Gastschulantrag zu erwirken. Eure aufgeführten Gründe müssen aber eine gewisse Dringlichkeit aufweisen, und nicht selten werden diese Anträge abgelehnt.

Darüber hinaus besteht in Deutschland die Möglichkeit, für euer Kind eine alternative Schulform in Betracht zu ziehen. Inwiefern das für euch eine Option ist, wird sicherlich von dem regionalen Angebot, euren finanziellen und zeitlichen Ressourcen und eurer eigenen pädagogischen Haltung abhängen. Nicht zuletzt spielen auch die persönlichen Faktoren eures Kindes wie etwa sein Temperament eine entscheidende Rolle.

Es würde sicherlich den Rahmen dieses Buches sprengen, euch alle Alternativschulen vorzustellen, die Vor- und Nachteile abzuwagen oder mit den Möglichkeiten von Regelschulen zu vergleichen. Daher werde ich einen ganz knappen Überblick über staatliche Regelschulen und die bekanntesten alternativen Schulformen geben und im Anschluss vor allem darauf schauen, welche Aspekte euch in eurer individuellen Entscheidung unterstützen können.

Regelschulen

Als Regelschulen werden hierzulande all jene allgemeinbildenden Schulen bezeichnet, deren Trägerschaft öffentlich ist. Dazu gehören zum Beispiel ganz klassisch die staatlichen Grundschulen. Im Laufe der Vorschulzeit wird euer Kind entsprechend dem Schulsprengel behördlich dieser Schule zugewiesen und irgendwann (meist von der Schule selbst) zur Anmeldung eingeladen. Wie sich dieser Prozess dann ganz genau gestaltet, das ist von Region zu Region sehr unterschiedlich. Nun haben Regelschulen dieser Tage nicht mehr unbedingt den besten Ruf. Starre Stundentafeln, der 45-Minuten-Takt, übervolle Lehrpläne, miserable

Ausstattungen, Lehrkraftmangel, riesige Lerngruppen – das alles formt das gesellschaftliche Bild dieser Lernorte und hinterlässt vielleicht auch bei euch Eltern kein allzu gutes Gefühl. Je nach (digitaler) Elternblase, in der man sich bewegt, kann sogar fast der Eindruck entstehen, man schicke das Kind in seinen sicheren Untergang, würde man den Weg der Regelschule wählen. Eine Vorstellung und Angst, von der ihr euch lösen dürft. Ich arbeite täglich mit so vielen Lehrkräften zusammen, und ich spüre dabei unendlich viel Engagement und beste Intentionen. Und damit ihr nicht nur meine als Lehrkraft vielleicht etwas gefärbte Überzeugung an die Hand bekommt, möchte ich hier die Autorin und vierfache Mutter Nora Imlau zitieren, die in ihrem Buch *In guten Händen* schreibt: »Die Chancen stehen gut, in der ganz normalen Grundschule bei uns um die Ecke auf aufgeschlossene, weltoffene Lehrkräfte zu stoßen, die vielleicht manchmal noch veraltete Methoden verwenden, aber grundsätzlich eine positive Lernatmosphäre schaffen, auch weil ihnen ihre Schulkinder wirklich am Herzen liegen.«[7]

Schule hat sich verändert. Noch zu wenig zugegebenermaßen, aber dennoch bieten Grundschulklassenzimmer mittlerweile oft schon eine gänzlich andere Lernumgebung, als dies noch zu meinen Grundschulzeiten vor 30 Jahren der Fall war. Ich erlebe in meiner Öffentlichkeits- und Beratungsarbeit so viele Schulen, die sich auch ohne politische Reformen auf den Weg machen, die versuchen, zeitgemäße Wege zu gehen. Nein, wir dürfen uns wirklich vom pauschalen Negativbild der staatlichen Schulen verabschieden, denn es ist ein herber Schlag für all jene Lehrkräfte, die sich täglich darum bemühen, den unterschiedlichen (Lern-)Persönlichkeiten ihrer Schüler*innen gerecht zu werden, und schürt bei Eltern, die bei der künftigen Schule ihres Kindes eben keine Wahlmöglichkeiten haben, unnötige Ängste.

Alternative Schulformen

Montessorischulen, Waldorfschulen, demokratische Schulen, freie Alternativschulen, internationale Schulen – die Auswahlmöglichkeiten können je nach örtlichem Angebot und persönlicher finanzieller Situation groß sein. Jede dieser Schularten hat ihre eigenen pädagogischen und didaktischen Konzepte, ein individuelles Wertesystem und eigene Organisationsformen und Strukturen. Der Umgang mit Noten, die Nähe oder Ferne zum gängigen Lehrplan, die räumliche Aufstellung, das Menschenbild – alternative Schulformen können sich sehr unterschiedlich gestalten. Vielen gemeinsam ist, dass sie kostenpflichtig sind und – von eventuellen Stipendien abgesehen – oft nur einer bestimmten Elterngruppe zur Verfügung stehen. Von vielen Eltern werden solche Schulen in der Regel als Gegengewicht zum tradierten und als einengend empfundenen Schulsystem ausgewählt. Entweder weil man hofft, dort auf zeitgemäßere Lerninhalte und Methoden zu treffen, oder weil man sich eine offenere Lernkultur mit mehr individuellen Entfaltungsmöglichkeiten und alternativer Leistungsbewertung wünscht. Diese pauschale Gegenüberstellung, dass dies nur an solchen Schulformen, nicht aber an der staatlichen Schule möglich ist, begegnet mir sehr oft. Solch stark vereinfachte Bilder entsprechen aber nicht unbedingt der Realität und sollten darum keinesfalls die Entscheidungsgrundlage bei der Schulwahl sein. Da braucht es doch deutlich differenzierte und fundiertere Überlegungen, zu denen wir jetzt kommen wollen.

Elternfrage

»Wie finde ich die richtige Schule für mein Kind?«
Ein weiterer Grund, warum ihr in diesem Buch keine detailliert ausgearbeitete Vorstellung der einzelnen Schulformen findet, ist

mein dringender Rat, euch lieber direkt persönlich vor Ort zu informieren. Natürlich kann es euch erste Hinweise geben, sich mit einem der zahlreich vorhandenen Artikel beispielsweise erst einmal einen Überblick über die grundlegende Idee der Montessoripädagogik zu verschaffen, aber letztlich ist es wirklich wichtig, dass ihr einen ganz konkreten Eindruck gewinnt. Lasst euch nicht von Spielplatzgesprächen, medialen Kommentarspalten oder reißerischen Presseartikeln verunsichern. Klickt euch durch die Webseiten der für euch infrage kommenden Schulen, und nehmt Angebote wie Informationselternabende oder den Tag der offenen Tür wahr. Macht euch ein eigenes Bild von der Atmosphäre vor Ort, von den Personen und Räumlichkeiten. Sehr wahrscheinlich seht ihr danach direkt etwas klarer.

Die eigene Haltung

Alternative Schulformen bringen eigene Wertesysteme und eigene pädagogische Konzepte mit, die ihr als Eltern im besten Fall natürlich mittragen solltet. So haben mein Mann und ich uns vor Schulbeginn unseres Kindes beispielsweise mit der Waldorfschule als möglicher Option befasst. Auf einer entsprechenden Informationsveranstaltung wurde das Thema Medien angesprochen und die Skepsis diesen gegenüber sehr eindringlich kundgetan. Außerdem wurde deutlich gemacht, dass man dem häuslichen Medienkonsum von Kindern im Grundschulalter nicht sonderlich positiv gegenüberstehe. Später würden Medien sehr wohl einen Einzug in den Schulalltag finden, aber Medienkompetenz fuße in ihrem Konzept darauf, die sehr frühen Schuljahre medienfrei zu halten, die entsprechende Reife abzuwarten und erst dann in die direkte Nutzung zu gehen. Natürlich darf man diesen Ansatz verfolgen, aber wir als Eltern haben uns in dieser Idee einfach nicht wiedergefunden. Andere Eltern haben ebenjene Waldorfschule ganz bewusst ausgewählt und sich aus nachvollziehbaren Gründen gegen das Regelschulsystem, in dem ich selbst von Herzen gern arbeite, entschieden. Und das ist völlig in Ordnung so. Wieder gilt: Lasst euch nicht verunsichern, macht euch ein eigenes Bild und entscheidet euch für das, was euch am meisten zusagt.

Äußere Faktoren

Die Entscheidung für die passende Schule wird auch durch äußere Faktoren beeinflusst. Was ist finanziell für euch überhaupt möglich? Wie weit sind die jeweiligen Alternativschulen entfernt? Wären nachmittags Verabredungen möglich? Könnte sich trotzdem ein ortsnaher Freundeskreis bilden? Welche schulischen Anschlussmöglichkeiten bestehen nach der vierten Klasse? Und kommt mein Kind damit zurecht, eventuell als einzige Person aus dem bisherigen Freundeskreis auf diese Schule zu wechseln? All das sind wichtige Fragen, die ihr im Vorfeld für euch werdet klären müssen. Durch die vielen Nachrichten, die mich auf meinen Social-Media-Kanälen täglich erreichen, weiß ich, wie viel Unsicherheit bei dieser Entscheidung mitschwingt. Erinnert euch darum an den Leitsatz, dass ihr keine in Stein gemeißelten Entscheidungen treffen müsst. Beschrittene Wege dürfen auch wieder verlassen werden. So empfange ich immer wieder Kinder in meiner Klasse, für die sich die Alternativschule letztlich doch nicht bewährt hat, weil beispielsweise das hohe Maß an Eigenverantwortung doch nicht zur Lernpersönlichkeit des Kindes passte oder weil die erhoffte individuellere Begleitung nicht eintrat, während das Kind einer engen Freundin nach einem sehr, sehr holprigen Schulstart und ausufernden Hausaufgabenkonflikten die Möglichkeit bekam, an die örtliche Montessorischule zu wechseln. Ein Schritt, der für alle mehr als heilsam war, auch wenn das Eingewöhnen in eine neue Schule und Lerngruppe natürlich erst einmal ein großer Schritt ist.

Elternfrage

»Ist es ein Problem, wenn mein Kind niemanden aus seiner zukünftigen Klasse kennt?«

Natürlich ist es schön, in der unsicheren und aufregenden Situation des Schulstarts eine vertraute Person an seiner Seite zu wissen. Wie ein Halt gebender Orientierungspunkt bei all den neuen Eindrücken. Das heißt aber keinesfalls, dass Kinder, die ohne andere bekannte Kinder oder Freund*innen eingeschult werden, hier im langfristigen Nachteil wären. Schule ist von Beginn an ein Ort voller sozialer Interaktion. So ergeben sich den ganzen Tag über viele kleine und größere Situationen, in denen die Kinder Kontakt zueinander knüpfen können. Und genau dafür sind die ersten Schulwochen da. Je nach individuellem Temperament schließen manche Kinder bereits am ersten Schultag die nächste Freundschaft fürs Leben, während andere ihre Zeit brauchen, um sich zu öffnen. Manchmal kann es das ganze erste Schuljahr über dauern. Das erlebe ich sehr regelmäßig. Und auch wenn das allen beteiligten Personen und vor allem Eltern viel Geduld und Vertrauen abverlangt, so bauen auch diese Kinder irgendwann stabile Freundschaften auf. Ich selbst habe als Schülerin immer lang gebraucht, um Freund*innen zu finden. Ich hatte stets einen sehr überschaubaren, dafür sehr stabilen, langfristigen und bis heute bestehenden Freundeskreis. Ich habe das nicht als etwas Negatives empfunden und war auch sehr zufrieden damit, erst einmal in Ruhe zu beobachten. Wenn ihr aber das Gefühl habt, euer Kind leidet unter noch fehlenden Freundschaften und äußert das auch konkret, sucht unbedingt den Kontakt zur Lehrkraft. Wir Erstklasslehrkräfte haben besonders zu Anfang einen sehr genauen Blick darauf und auch die notwendige Zeit, um zum Miteinander zu ermuntern und eine Klassengemeinschaft aufzubauen. Außerdem könnt ihr als Eltern, wenn euer Kind diese Unterstützung möchte, auch aktiv Verabredungen für den Nachmittag anfragen.

Im Übrigen kann ich euch versichern, dass sich die Konstellationen von Freund*innen im Laufe des ersten Schuljahres und auch darüber hinaus ständig neu formen. Zum Schulstart bestehende Freundschaften sind vielleicht zu Beginn ein kleiner Ankerpunkt, aber nicht selten kann ich beobachten, dass sich die Kinder sehr schnell auch in Richtung anderer Klassenkamerad*innen orientieren.

Die (Lern-)Persönlichkeit und andere Faktoren aufseiten des Kindes

Im Grunde genommen hat dieser Aspekt in der Entscheidung für die passende Schule die größte Bedeutung für euer Kind. Denn am Ende ist es euer Kind, das täglich in die Schule geht und dort grundlegend gut aufgehoben sein sollte. Es ist aber gar nicht so leicht zu erkennen, welche Persönlichkeitszüge und welche Lernbedürfnisse man hier am besten berücksichtigt. Am Ende wird, egal in welcher Schulform, auch Herausforderndes auf euer Kind warten. Es bleibt immer ein Wechselspiel aus Entfaltung und Anpassung. Betrachtet man einmal nur die Konzepte, könnte man vielleicht sagen, dass konzeptuell bei alternativen Schulen die Entfaltungskomponente etwas mehr Gewicht hat, während es im Regelschulsystem doch eher darum geht, Kinder in die bestehenden Strukturen hineinwachsen zu lassen. Wie das vor Ort tatsächlich gelebt wird, das steht auf einem ganz anderen Blatt.

Wenn ihr unsicher seid, ob euer Kind zum jetzigen Zeitpunkt beispielsweise überhaupt der Typ für selbstgesteuertes Lernen ist, dann tauscht euch unbedingt mit den Erzieher*innen eures Kindes aus. Sie erleben das Kind in einem anderen Rahmen als ihr, haben eine professionelle Distanz und können auch so spannende Bereiche wie das Gruppenverhalten einschätzen. Auf den Informationsveranstaltungen der künftigen Schule wiederum könnt ihr dann einen Eindruck davon gewinnen, ob dieser Ort gut zur Persönlichkeit eures Kindes passt. Vielleicht habt ihr dort sogar die Möglichkeit, entsprechende Fragen zu stellen. Viele alternative Schulen laden auch zu einer Art Vorstellungsgespräch ein, in dem festgestellt werden kann, ob man zueinander passt. Im Übrigen solltet ihr, wo immer möglich, gemeinsam mit eurem Kind zu diesen Informations- und Kennlernterminen gehen. Zum einen ist es wichtig, dass auch das Kind einen Eindruck von der potenziell zukünftigen Schule bekommt und seine Meinung äußern darf, und zum anderen ist es für euch Eltern ein hilfreicher Moment, euer Kind in dieser Umgebung zu erleben.

Hinweis für Eltern neurodivergender Kinder

Elternfrage

»Ist mein neurodivergentes Kind mit seinen Lernbedürfnissen besser an einer Alternativschule aufgehoben?«

Häufig lese ich die Empfehlung, dass Alternativschulen besonders für neurodivergente Kinder geeignet seien, weil dort der Rahmen deutlich größer und mehr Entfaltung möglich sei. Sicherlich ist das ein Gedanke, mit dem es sich zu beschäftigen lohnt. Gleichzeitig ist es wichtig, sich auch hier nicht von pauschalen Vorstellungen leiten zu lassen. Lernen ist eine hochkomplexe und sehr individuelle Angelegenheit, und auch wenn es viel zu wenig im Blickfeld ist, hält die Regelschule durchaus Komponenten bereit, die neurodivergenten Kindern in ihrer Lernpersönlichkeit entgegenkommen. Nehmen wir beispielsweise Kinder, bei denen ADHS vorliegt. Der tägliche, häufige Fächerwechsel ist für viele Schüler*innen eher anstrengend, kann aber für Kinder mit ADHS tatsächlich anregend sein. Nicht selten brauchen ihre Gehirne schneller wechselnde Aufgaben und Inhalte, um motiviert zu bleiben. Gleiches gilt für adäquate Leistungserwartung. Diese kann Kinder mit ADHS sehr positiv herausfordern. Natürlich warten auf diese Kinder in der Regelschule auch deutliche Herausforderungen, das möchte ich gar nicht verharmlosen. Man denke nur an die oft zu begrenzten Bewegungsmöglichkeiten oder die Bewertung des Arbeits- und Sozialverhaltens nach häufig sehr eng gefassten Parametern. Ich möchte aber unbedingt dafür sensibilisieren, wirklich auf das eigene Kind zu schauen und dabei jeder infrage kommenden Schulform eine Chance zu geben, völlig unabhängig von landläufigen Meinungen.

Auf die Lehrkraft kommt es an

Immer wieder belegen Studien wie zum Beispiel die sehr bekannte Hattie-Studie[8], dass es weniger die Konzepte sind, die bei einem Kind für ein positives Schulerleben, Lernfreude und Lernerfolg sorgen, sondern vielmehr die Lehrkräfte, die diese Konzepte leben und umsetzen. So kann ein Kind auch an der traditionellen staatlichen Schule nebenan auf eine moderne, zugewandte, stabile Lehrkraft treffen und sein Entfaltungspotenzial trotz konservativer Strukturen komplett ausleben, während ein Kind an einer offenen und kindorientierten Alternativschule ebenso eher weniger engagierte Lehrkräfte haben kann wie überall sonst auch. Mein Mann beispielsweise war während seiner Grundschulzeit auf einer Montessorischule. Ein Konzept, von dem ich persönlich sehr angetan bin. Dort traf er auf eine Lehrkraft, die die Montessori-Idee allerdings wie folgt verstand: *»Hier habt ihr eine anregungsreiche Lernumgebung, den Rest sollt ihr alleine machen. Ich gucke zu.«* Für meinen Mann ist die Erinnerung an seine Grundschulzeit daher geprägt von ständiger Überforderung und Wochenplänen, denen er so hinterherhinkte, dass er sie in stundenlanger Arbeit zu Hause fertigstellen musste. Solche Einzelpersonen machen das Modell der Montessorischulen nicht weniger wertvoll, aber es zeigt einfach, dass es auch bei den schönsten Konzepten auf die Menschen ankommt, die sie umsetzen. Das gilt letztlich für jede Schulform.

Um einen Eindruck zu gewinnen, könnt ihr natürlich auch hier versuchen, euch bei entsprechenden Veranstaltungen ein Bild der Fachkräfte vor Ort zu machen. Letztlich werdet ihr die Lehrkraft eures Kindes aber erst wirklich in der direkten Interaktion kennenlernen. Wie man dann als Eltern aber durchaus Einfluss hat und unterstützend zusammenarbeiten kann, dazu kommen wir in Kapitel 7.

Am Ende solltet ihr eure Entscheidung nach bestem Gewissen treffen und trotzdem damit rechnen, dass in jeder Schulform auch Herausforderndes warten wird. Vertraut darauf, dass euer Kind diesen Aufgaben gewachsen ist und im Falle des Falles immer euch an seiner Seite hat. Und sollte sich eine Entscheidung letztlich doch als starke Belastung herausstellen, dann gibt es immer Möglichkeiten, den ursprünglichen Weg zu verlassen.

Nochmal im Überblick

Die Grundfragen der Vorschulzeit

- Habt ihr die Wahl, ist es im Zweifelsfall sinnvoll, sich eher am späteren Einschulungstermin zu orientieren, um die Anforderungen der Sechsjahreskrise zu entzerren.
- Entscheidungen sind nicht in Stein gemeißelt. Eingeschlagene Wege dürfen verlassen oder verändert werden.
- Auch sehr früh eingeschulte Kinder können gut in der Schule ankommen. Sie brauchen dabei je nach persönlichem Temperament vielleicht etwas mehr Zeit und Begleitung.
- Lasst euch bei der Schuleingangsuntersuchung nicht durch vage Erfolgsprognosen verunsichern.
- Die Schulfähigkeit eines Kindes lässt sich nicht wirklich an einer Eigenschafts-Checkliste festmachen.
- Macht euch bei der Entscheidung für eine passende Schulform selbst ein möglichst konkretes Bild der jeweiligen Schulen vor Ort.
- Auch ein Kind, das als einzige Person des Freundeskreises auf eine Schule wechselt, kann dort wunderbar ankommen und Freundschaften knüpfen.
- Zugewandte Lehrkräfte finden sich in allen Schulformen.

Kapitel 3

Die klassische Schulvorbereitung – worauf zum Schulstart geachtet wird

Die Schulvorbereitung sollte, egal in welcher Form und mit welchem Schwerpunkt, immer das vorrangige Ziel haben, dem Kind den Übergang vom Kindergarten in die Schule zu erleichtern und es für die kommenden Anforderungen zu stärken. Aber welche Kompetenzen sind denn nun wirklich hilfreich? Was braucht das Kind, um möglichst stabil in der Schule anzukommen? Was sollte es mitbringen, um den vielfältigen Herausforderungen des Schulalltags etwas entgegensetzen zu können?

Auch wenn eine eindeutige Auslegung des Begriffs Schulfähigkeit, wie wir mittlerweile wissen, nicht möglich ist, so lassen sich doch Bereiche eingrenzen, die im Anforderungsprofil vieler Schulen eine Rolle spielen und die für Übergänge allgemein hilfreich sind. Und genau diese möchte ich in den folgenden Kapiteln genauer vorstellen. Ich zeige euch, vor allem basierend auf meiner langjährigen Erfahrung als Grundschullehrkraft, aber auch auf aktuellen Forschungserkenntnissen, welche Kompetenzen und Fähigkeiten für den so wichtigen Start ins Schulleben ein sinnvolles, unterstützendes Fundament bilden können. Einer meiner persönlichen Schwerpunkte ist dabei die emotionale Vorbereitung. Natürlich spielen auch sprachliche oder kognitive Fertigkeiten eine nicht unwichtige Rolle, aber auf ihnen liegt bereits seit vielen Jahren ausreichend Fokus, es gibt jede Menge Übungsmaterial, und genau diese Kompetenzen sind es auch, die in Schuleingangsuntersuchungen weitgehend beleuchtet werden. Über die emotionalen Voraussetzungen eines Kindes werden zwar hin und wieder (mahnende) Aussagen getroffen wie *»In der Schule kann er aber nicht mehr wegen allem gleich weinen«* oder *»So ein schüchternes Kind wird in der Klasse schnell untergehen«*, aber nur selten werden Eltern hier wirklich an die Hand genommen. Wie kann das Selbstbewusstsein eines Kindes gestärkt und Vertrauen in sein individuelles Temperament aufgebaut werden? Wie unterstütze ich die Selbstkompetenz? Wie schaffe ich Resilienz und Frustrationstoleranz? Und was davon muss ich bei meinem Kind wirklich noch fördern?

Darum sind die konkreten Inhalte der Schulvorbereitung in diesem Buch in zwei Bereiche aufgegliedert. In diesem Kapitel wird es zunächst um die ganz klassischen Kompetenzen gehen – Motorik, kognitive Fähigkeiten, Sprache –, bevor sich dann im anschließenden Kapitel alles um die Vorbereitung auf emotionaler Ebene dreht.

»Für die Schulvorbereitung gibt es kein Rezept.«

Erschreckt nicht beim Umfang der kommenden Aufzählungen und versteht diese Kapitel bitte nicht als Zutatenliste, die ihr nach und nach abarbeiten müsst, weil euch sonst das Gericht misslingt. Es geht darum, einen Überblick zu bekommen, was in der Schulvorbereitung überhaupt sinnvoll sein kann, um dann individuell zu überlegen: »*Was ist bei meinem Kind vielleicht längst angebahnt? Was ergibt sich ohnehin im Alltag meines Kindes? Welche Schwerpunkte sind für mein Kind überhaupt passend? Wie ist der individuelle Entwicklungsstand? Was geben unsere eigenen Ressourcen her? Was darf in die Hände anderer Bezugspersonen? Worauf legen wir als Eltern selbst Wert? Wie ist die Erwartungshaltung unserer zukünftigen Schule?*« Erinnert euch beim Lesen bitte regelmäßig daran: Schulvorbereitung ist kein Trainingsprogramm, das euer Kind nach Plan durchlaufen muss. Das entspräche kaum seiner individuellen Persönlichkeit oder einem sinnvollen und nachhaltigen Lernprozess und führt im schlimmsten Fall mit der Zeit zu Frust und Abwehrhaltungen bei eurem Kind, bevor es überhaupt einen Fuß in die Schule gesetzt hat.

Bei den aufgeführten Fertigkeiten geht es außerdem auf gar keinen Fall darum, dass euer Kind diese bereits komplett verinnerlicht haben soll oder beherrschen muss. Wie bereits im vorigen Kapitel besprochen, geht es um das Anbahnen und das Schaffen von Grundlagen, auf denen in den kommenden Schuljahren aufgebaut werden kann.

Und schließlich ist es wichtig, sich von dem Anspruch zu lösen, Vorschulkinder in jedem einzelnen Bereich gezielt vorbereiten zu können oder zu müssen, denn das wäre überhaupt nicht leistbar. Alle Kinder kommen mit persönlichen Stärken in die Schule, aber auch mit Bereichen, in denen noch ein längerer Entwicklungsweg vor ihnen liegt. Beziehungsorientierte Schulvorbereitung bedeutet vielmehr, das eigene Kind genau wahrzunehmen und sich auf ein paar wenige individuelle Schwerpunkte zu konzentrieren: *»Was beherrscht es schon gut? Wo liegen bereits Stärken? Was kann ich ganz getrost laufen lassen? Und wo kann ich mein Kind ganz gezielt im Schulstart noch unterstützen?«*

Widmen wir uns nach diesem wichtigen Leitsatz den Bereichen, die beim Übergang vom Kindergarten in die Schule grundlegend eine Rolle spielen.

- die körperliche Entwicklung
- die kognitive Entwicklung
- der sprachliche Entwicklungsstand
- die sozioemotionale Entwicklung

Ich werde jeweils aufzeigen, worauf Kinderärzt*innen, Kindertagesstätten und Schulen in den jeweiligen Bereichen achten, wie ihr euer Kind in dieser Entwicklung unterstützen könnt (oder bereits längst unterstützt) und wohin ihr euch wenden könnt, wenn ihr das Gefühl habt, zusätzliche Unterstützung zu benötigen.

Motorik

Der körperliche Entwicklungsstand wird meist ohnehin regelmäßig von den jeweiligen Kinderärzt*innen beobachtet und eingeschätzt. In der sogenannten Schuleingangsuntersuchung wird hier noch einmal explizit auf die Bereiche der Motorik und der visuellen sowie auditiven Wahrnehmung geschaut.

- entwicklungsgerechter Gleichgewichtssinn
- die Fähigkeit, zu balancieren
- einfaches Fangen und Werfen eines Balles
- mehrfach hintereinander auf einem Bein hüpfen
- Hüpfen mit geschlossenen Beinen
- rückwärts laufen
- einfache Koordinationsübungen wie z. B. ein Hampelmann
- selbstständiges An- und Ausziehen
- der Umgang mit Schere und Besteck
- die Stifthaltung im Dreipunkt- oder Pinzettengriff
- möglichst sichere Händigkeit (links- oder rechtshändig)

Wie könnt ihr vorbereiten?

Im Bereich der Grobmotorik geht es nicht darum, mit dem eigenen Kind ein spezielles Programm zu absolvieren und damit gezielt die Beweglichkeit oder den Gleichgewichtssinn zu trainieren. Natürlich spricht nichts gegen Sportkurse, aber wichtiger ist es, eurem Kind von Beginn an vielfältige Bewegungserfahrungen zu ermöglichen. Ein Garten mit Trampolin, Bäumen oder Klettergerüst, ein Spielplatz, das Laufen auf verschiedenen Untergründen, im Wasser planschen, in Pfützen springen, auf Mauern balancieren, barfuß über die Wiese rennen, ein Tretroller, das Rutschauto, Fahrrad fahren, Ball spielen, mit anderen Kindern über den Hof toben, schaukeln, Stopptanz beim Kindergeburtstag – all diese Bewegungsformen festigen spielerisch und quasi nebenbei die grobmotorischen Fähigkeiten eures Kindes. Und wenn ihr dem natürlichen Bewegung- und Erkundungsdrang eures Nachwuchses entsprechend Raum gebt, werden sich viele dieser Bewegungssituationen fast wie von selbst einstellen.

Ähnlich sieht es im Bereich der Feinmotorik aus. Auch in diesem Fall kommen euch die natürliche Neugierde und der Wunsch eures Kindes entgegen, die Dinge zu be-»greifen«. Das konntet ihr vermutlich schon während des Babyalters beobachten. Das Fühlen, Ertasten, Greifen, Drehen, Wenden, Benutzen und Ausprobieren hat bei Babys einen hohen Stellenwert in der Erkundung ihrer Umwelt. Das hinzukommende Autonomiebestreben sorgt außerdem dafür, dass ein Kind bereits in jungen Jahren in eine gewisse Selbstständigkeit finden möchte. Wenn ihr dem nachgebt und das entsprechende Werkzeug (Gabel, Löffel, kindgerechte Bastelscheren und anderes Bastelmaterial) bereitstellt, dann ergeben sich häufig sehr authentische und vom Kind ausgehende Übungsmomente. Folgende alltagsnahe Übungen sind für die Entwicklung der feinmotorischen Fertigkeiten förderlich:

- mit Knete spielen
- mit Lego bauen
- selbstständiges Anziehen (vor allem Socken, Strumpfhosen oder Reißverschlüsse fordern das feinmotorische Geschick heraus)
- mit verschiedenen Geräten malen (Buntstifte, Filzstifte, Tusche, Wachsmaler etc.)
- spielerisch in den Haushalt einbinden (Wäsche zusammenlegen, den Tisch decken, die Gurke für das Abendbrot schneiden)

- Kekse backen (kneten, ausrollen, ausstechen, verzieren)
- Haustür mit dem Schlüssel aufschließen
- Fädelspiele und Schleife binden
- mit Besteck essen

Eine lange und natürlich längst nicht vollständige Liste an Übungsmöglichkeiten, aber ihr erkennt, wie viele dieser Aktivitäten sich im Grunde genommen direkt im Alltagsverlauf ergeben können. Und auch die Kindertagesstätten widmen sich regelmäßig der Förderung feinmotorischer Fähigkeiten. Geht ruhig ganz aktiv in diese frühkindliche Bildungspartnerschaft. Das hat nichts mit »abwälzen« zu tun. Wir haben für unsere Kinder das Anbahnen solch wichtiger Fertigkeit immer auch als wertvolle gemeinsame Aufgabe wahrgenommen und uns regelmäßig für dieses vorschulische Angebot bei den Erzieher*innen unserer Kinder bedankt.

Immer wieder werden der kindliche Medienkonsum und der frühe Gebrauch digitaler Endgeräte als Ursachen für einen möglichen Mangel an Fertigkeiten in der Feinmotorik genannt. Denn das Wischen und Tippen allein decken natürlich nicht die Bandbreite feinmotorischer Bewegungsabläufe ab. Letztlich ist aber die heutige Kindheit schlichtweg digital geprägt, und Berührungspunkte mit Medien sind kaum vermeidbar. Stresst euch deswegen also weniger mit übermäßigen Verboten und Einschränkungen, sondern setzt auf eine kompetente familiäre Begleitung und gleichzeitig auf den motorischen Ausgleich. Wenn ihr euch im Zuge der Schulvorbereitung weiter in diesen Bereich einlesen möchten, kann ich euch das Buch *Begleiten statt verbieten* von Leonie Lutz und Anika Osthoff empfehlen.

Wohin wenden bei Unterstützungsbedarf?

Noch einmal zur Erinnerung: Habt bei aller Schulvorbereitung immer im Blick, dass Kinder Individuen mit ganz persönlichen Stärken und Entwicklungsfeldern sind. Auch ihr Entwicklungstempo kann sehr unterschiedlich sein. Nicht jedes Kind wird zu Schulbeginn eine perfekte Stifthaltung vorweisen oder bereits in der Lage sein, millimetergenau auf Linien zu schneiden. Vertraut hier grundlegend dem Lernprozess eures Kindes und versucht erst einmal, entspannt zu bleiben. Es darf in der Vorschulzeit wirklich um das Anbahnen gehen. Die Grundschulzeit ist, wie der Name schon verrät, die Zeit, in der euer Kind die schulischen Grundlagen erwirbt. Das gilt ganz besonders für die ersten zwei Jahre und ist auch in den Lehrplänen so verankert.

Und auch wenn das mit dem Linienschneiden nach zwei Jahren immer noch nicht haargenau klappt, so wird euer Kind dennoch grundlegend gelernt haben, auszuschneiden. Seine Stärken wird es dann eben eher in anderen Bereichen unter Beweis stellen. Natürlich dürft ihr Möglichkeiten der Förderung und Stärkung nutzen, aber überhöht gleichzeitig vermeintliche Defizite nicht allzu sehr, sondern seht euer Kind ganzheitlich. Das ist eine wichtige Grundlage auch für den weiteren Schulverlauf und eure Beziehung. Manche Dinge wird euer Kind nahezu problemlos meistern, andere wiederum werden mehr Anstrengung und Unterstützung beanspruchen. Und dabei ist es für Kinder ein wichtiges Gefühl, zu wissen, dass das so sein darf. Sich der bedingungslosen Akzeptanz seiner elterlichen Bezugspersonen sicher zu sein, ganz egal, was schon gelingt und was noch nicht, ist das Sicherheitsnetz, das Kinder durch ihre Schulzeit trägt.

Wenn ihr nun aber das Gefühl habt, die motorischen Fähigkeiten eures Kindes entsprechen deutlich nicht dem altersgerechten Entwicklungsstand, euer Kind entwickelt keine klare

Händigkeit oder ist vor allem selbst regelmäßig frustriert, weil fehlende motorische Fertigkeiten die eigene Selbstständigkeit stark beeinträchtigen, tauscht euch vor dem Schulstart beispielsweise mit den Erzieher*innen aus. Es hilft sehr, eine zweite Meinung einzuholen und dabei auch Sorgen besprechen zu können. Anschließend habt ihr die Möglichkeit, euch vertrauensvoll an die jeweiligen Kinderärzt*innen zu wenden. Außerdem könnt ihr eure Beobachtungen auch ganz direkt bei der ärztlichen Schuleingangsuntersuchung nennen. Nach gemeinsamer Absprache und Beratung wäre dann beispielsweise eine Überweisung in die Ergotherapie eine Handlungsoption. Im Fall eines festgestellten Unterstützungsbedarfs bemüht euch je nach individueller Ausprägung und Situation ruhig zeitnah um entsprechende therapeutische Unterstützung. Die Wartelisten können recht lang sein.

Kognitive Voraussetzungen

Der kognitive Entwicklungsstand ist oft der Schwerpunkt von Schuleingangsuntersuchungen und wird dort durch verschiedenste Übungen eingeschätzt. Dabei stehen vor allem die Wahrnehmungsfähigkeiten, die Merk- und Speicherfähigkeit, das Konzentrationsvermögen, die Begriffsbildung und auch das schlussfolgernde Denken im Vordergrund.

Visuelle Wahrnehmung

- Wiedererkennung und Abgrenzung von Farben und Formen
- Größenunterschiede erkennen
- Muster nachspuren (= Visuomotorik)

Im freien Spiel und in einer entsprechend anregenden Umgebung entwickeln Kinder ihre visuelle Kompetenz in der Regel völlig ohne eine gezielte Förderung. Simple Alltagstätigkeiten wie das Eingießen von Milch in eine Tasse sind wunderbare Momente für das Festigen der visuellen Wahrnehmung. Wenn ihr aber das Gefühl habt, dass es für euer Kind sinnvoll ist, diese Fähigkeiten bewusst ein wenig zu stärken, könnt ihr beispielsweise auf ganz klassische Gesellschaftsspiele wie Memory zurückgreifen. Hier werden das optische Differenzieren und ganz nebenbei auch die Merkfähigkeit spielerisch trainiert. Aber auch Puzzles, das Bauen mit Legosteinen, Malen, Basteln oder Kneten eignen sich, um diesen Wahrnehmungsbereich zu fördern. Die Schulung der visuellen Wahrnehmung wird etwa in Form von Schwungübungen auch in vielen der gängigen Vorschulhefte aufgegriffen. Hat euer Kind Interesse an solchen Heften, spricht nichts dagegen, diese anzubieten.

Elternfrage

»Muss ich mit meinem Kind das Schreiben von Buchstaben oder seinem Namen gezielt üben?«

Nein. Das darf Lerninhalt der ersten Klasse sein, und kein Kind muss das vor Schuleintritt beherrschen. Hat euer Kind beispielsweise keine Lust auf derartige spielerische Übungen oder möchte seinen Namen noch nicht schreiben, würden gezielte Förderungssituationen vermutlich eher zu Abwehr und Frust führen. Wenn euer Kind allerdings großes Interesse daran zeigt, dann sollte das wiederum auch Raum bekommen. Ich halte nicht viel davon, kindliche Neugier und Lernbereitschaft zurückzuhalten, um schulischen Lernprozessen nicht vorzugreifen. Es würde vermutlich auch niemand auf die Idee kommen, einem zehn Monate alten Baby zu sagen, es solle bitte aufhören, die ersten Schritte zu laufen und lieber noch ein paar Monate krabbeln. In dieser Frage möchte ich auch meine Kolleg*innen ermutigen, sich von dem Bild zu lösen, der gänzliche Schriftspracherwerb müsse allein in unseren Händen liegen. Eine Vielzahl von Kindern kennt bereits Buchstaben, wenn sie in die Schule kommen, und damit müssen wir umgehen können.

Eltern würde ich allerdings davon abraten, auf Vorschulhefte zurückzugreifen, in denen gezielte Schreibrichtungen der Buchstaben eingeübt werden. Unterscheiden sich diese nämlich von den an der jeweiligen Schule gängigen Bewegungsabläufen der dort gewählten Schriftart, muss das Kind sich hier mühevoll umgewöhnen. Natürlich schafft es das durchaus, aber es ist einfach vermeidbare Zusatzarbeit im Schulstart. Das freie Erproben von Buchstabenformen ist in der Regel erst einmal ausreichend. Unser Vorschulkind schreibt beispielsweise mit Vorliebe frei Geschichten in seine Notizbücher. Diese Geschichten bestehen nur aus einzelnen Buchstaben oder ganz kurzen Wörtern. Es nutzt dabei keine feste Schreibrichtung, sondern schreibt kreuz und quer und probiert sich aus. Darauf kann in der Schule dann mit dem begleiteten Einüben von Bewegungsabläufen aufgebaut werden.

Auditive Wahrnehmung

- Richtungen hören und benennen
- akustische Signale unterscheiden
- bei Störquellen zuhören
- Aufforderungen hören, verarbeiten und umsetzen

Zuzuhören und Gehörtes verarbeiten zu können sind im schulischen Bereich unheimlich wichtige Fähigkeiten, wird dort doch vieles auch in mündlicher Form präsentiert. Die entsprechenden Fertigkeiten bilden sich meist durch ganz alltägliche Situationen aus. Allen voran unsere stetige Kommunikation. Gespräche, die nebenbei auch wertvolle Beziehungsmomente sind, einfache Aufforderungen oder Erklärungen – wann immer wir mit unseren Kindern sprechen oder, ebenso wichtig, ihnen gut zuhören, wird auch ihre auditive Wahrnehmungsfähigkeit geschult und differenziert sich weiter aus. Zusätzlich ist es wertvoll, schon bereits sehr junge Kinder Geräusche durch Klappern, Rasseln oder Auf-etwas-Klopfen ausprobieren zu lassen. Und schließlich sind auch Hörspiele, Hörbücher oder das Vorlesen ungezwungene Momente der auditiven Wahrnehmungsschulung.

Merk- und Speicherfähigkeit

- gesehene oder gehörte Inhalte wiedergeben
- Nachsprechen von kleinen Versen/Reimen
- Gegenstände erfassen und aus der Erinnerung wiedergeben können
- sich eine kurze Anweisung merken

Über Erlebtes noch einmal sprechen, sich beim Vorlesen über den Inhalt austauschen, Bilderbücher mit gereimten Texten anschauen, Kinderlieder hören und mit- oder nachsingen, Gesellschaftsspiele – auch die für die Schulzeit so wichtige Merk- und Speicherfähigkeit von Kindern entwickelt sich in vielen alltagsnahen Momenten sozusagen »nebenbei«. Meist braucht es gar kein weiteres Zutun. Viele Kinder entwickeln im Kindergarten- oder Vorschulalter besondere Spezialinteressen, in denen sie Wissen förmlich aufsaugen und auch mit großer Freude auswendig wiedergeben wollen. Unser ältestes Kind war zum Beispiel den berühmten Pokémon verfallen und über Wochen damit beschäftigt, jedes dieser über tausend Wesen mit seinem Namen benennen zu können. Unsere Tochter wiederum ist eine große Pferdeliebhaberin, erkennt jede Pferderasse zielsicher und kann sie auswendig nennen. Bei anderen Kindern sind es Sportwagen, Nutzfahrzeuge, Hunderassen, Flaggen, Dinosaurier, Fußballspieler*innen, Planeten, die Figuren der Lieblingsbücher oder -serien, über die sie jedes Detail aus dem Kopf wiedergeben können. Ein wunderbares, motivierendes und vom Kind ausgehendes Training der Merkfähigkeit.

Konzentrationsvermögen

- sich einer Tätigkeit für einen Moment fokussiert zuwenden
- altersgerechte Konzentrationsspanne von 10–15 Minuten

Im Bereich der kognitiven Voraussetzungen von Vorschulkindern ist das Konzentrationsvermögen meiner Erfahrung nach die Komponente, auf die sich die meiste elterliche Aufmerksamkeit richtet und die besonders sorgenvoll betrachtet wird. Darum schauen wir hier genauer hin.

Elternfrage

»Kann mein Kind sich eigentlich schon lang genug konzentrieren, und wie kann ich das schon vor dem Schulstart unterstützen?«
Konzentration meint die Fähigkeit, sich einer isolierten Aufgabe oder einem bestimmten Gegenstand über einen längeren Zeitraum fokussiert zu widmen und dabei in der Lage zu sein, Umgebungsreize weitgehend auszublenden und sich von diesen nicht ablenken zu lassen. Diese Fähigkeit ist im Übrigen nicht angebo-

ren, sondern ein jahrelanger Entwicklungsprozess, der allerdings schon früh beginnt.[1]

Vor diesem Hintergrund kann ich als erfahrene Lehrkraft ganz klar sagen: »Jedes Kind kann sich konzentrieren.« Beobachtet eure Kinder einmal im Umgang mit ihren Lieblingsbeschäftigungen. Mein Sohn schafft es kaum, sich auf eine Mahlzeit zu konzentrieren, aber wenn es darum geht, seine heiß geliebten Sammelkarten zu sortieren oder ein Legoset aufzubauen, kann er sich mit kurzen Pausen dieser Aufgabe nahezu stundenlang hingeben.

Eventuelle Schwierigkeiten im Konzentrations- und Aufmerksamkeitsbereich drehen sich also nicht unbedingt darum, dass ein Kind nicht in der Lage wäre, sich einer Sache fokussiert zuzuwenden. Oft ist vielmehr das Problem, Konzentration beispielsweise auf Knopfdruck abzurufen oder das auch bei Aufgaben zu schaffen, für die das eigene Interesse fehlt. Auch die Konzentration über einen deutlich längeren Zeitraum aufrechterhalten zu müssen, als dies im momentanen Entwicklungsstand möglich ist, kann sehr herausfordernd sein. Es ist wichtig, diesbezüglich in der Kommunikation mit dem eigenen Kind sensibel zu sein. Lenkt eure Aufmerksamkeit auch sprachlich eher auf die Momente, in denen eurem Kind der Fokus gelingt, als auf die Situationen, in denen Konzentration noch schwerfällt: *»Du hast dein neues Legoset schon komplett aufgebaut. Du hast dich wirklich darauf konzentriert und gar nicht ablenken lassen.«* Einerseits beruhigt dieser Blick euch als Eltern, denn ihr seht, dass euer Kind sich durchaus konzentrieren kann. Gleichzeitig gibt es auch dem Kind wichtiges Feedback darüber, was Konzentration eigentlich ist, wie sie sich anfühlt, und macht erlebbar, warum sie wichtig ist: *»Ist ja toll, was ich schaffe, wenn ich mich gut konzentriere.«* Löst euch außerdem zumindest zu Hause schon von dem tradierten Bild, Konzentration sei das

Gleiche wie still zu sitzen. Konzentration kann auch in starker Bewegung erfolgen. Euer Kind hängt kopfüber vom Sofa und baumelt mit den Füßen in der Luft? Auch so kann starke Konzentration aussehen.

Das Konzentrationsvermögen lässt sich übrigens tatsächlich bewusst trainieren. Und auch wenn ich sonst eher zurückhaltend bin, solche Kompetenzen so ganz gezielt zu üben, sehe ich im Bereich der Aufmerksamkeit und Konzentration durchaus einen besonderen Nutzen. Unsere Welt dreht sich zunehmend schneller, unsere Umgebung wird immer reizintensiver, und das Ablenkungspotenzial nimmt stetig zu. In der Lage zu sein, das im entsprechenden Moment ausschalten zu können und die eigene Aufmerksamkeit zu lenken und zu kanalisieren, ist nicht nur für die Schulzeit eine entscheidende mentale Fähigkeit, sondern kann für die Zukunft eine immense Rolle spielen. Es lohnt sich also, diese früh zu stärken. Das sollte natürlich dennoch altersgerecht und möglichst spielerisch erfolgen. Um das Konzentrationsvermögen im Vorschulalter alltagsnah und ungezwungen zu stärken, eignen sich ebenfalls die bereits genannten Ideen aus den anderen Bereichen:

- vorlesen, Hörbuch oder Hörspiel hören
- Wimmelbücher ansehen
- Gesellschaftsspiele spielen
- Lego bauen
- puzzeln
- malen oder basteln
- sich mit Spezialinteressen beschäftigen
- freies Spiel
- Haushaltstätigkeiten ausführen und zu Ende bringen (z. B. den eigenen Becher nach dem Essen in die Spülmaschine stellen)

Bei all dem immer wichtig: eine ausgewogene Ernährung, genügend Schlaf, ausreichend Bewegung und freie Phasen, um im kindlichen Körper überhaupt einen konzentrationsfähigen Zustand zu ermöglichen. Und auch unser elterliches Vorbild ist hier nicht unwichtig. Nehmt euch immer wieder Zeit, euch eurem Kind fokussiert zuzuwenden, ohne nebenbei noch andere Arbeiten zu erledigen. Das ist im stressigen Familienalltag nicht immer möglich, das weiß ich als berufstätige Dreifachmutter selbst sehr gut. Es kommt wirklich nicht auf jeden Tag an. Aber versucht, diese Momente zumindest regelmäßig einzurichten. Außerdem ist es gut, das Kind so selten wie möglich aus konzentrierten Situationen zu reißen, soweit das im Alltag umsetzbar ist.

Schlussfolgerndes Denken

- Zusammenhänge verknüpfen
- Probleme lösen
- vorausdenken und planen

Die für die schulischen Anforderungen sehr wichtige Fähigkeit zum schlussfolgernden Denken und das logische Denkvermögen prägen sich laut dem Entwicklungspsychologen Piaget je nach individuellem Entwicklungstempo erst ungefähr ab dem Schulalter aus.[2] Wenn wir uns an das zweite Kapitel erinnern, dann ist das ohnehin ein Zeitraum, in dem das kindliche Gehirn intensive Entwicklungssprünge macht. Für das logische Denken sind außerdem andere Bereiche wie die Merkfähigkeit, eine gewisse sprachliche Ausdrucksfähigkeit oder eine innere Vorstellung entscheidend. Stärken wir diese, fördern wir gleichzeitig auch die Fähigkeit, logisch zu denken.

Für die weitere Festigung dieser Komponente der kognitiven Entwicklung ist ganz besonders entscheidend, dass Kinder von Beginn an der Freiraum für selbstständiges Erkunden der Umwelt zur Verfügung steht und das eigentätige Erproben von Dingen ermöglich wird. So können sie, ihrer natürlichen Neugier nachgehend, beispielsweise Ursache-Wirkung-Zusammenhänge erkunden. Gleichzeitig werden sie in vielen kleinen authentischen (Spiel-)Situationen herausgefordert, Lösungen für eventuell auftauchende Hürden zu finden: »*Wieso hält meine Legokonstruktion nicht? Was muss ich verändern?*« Diese Momente fördern nicht nur das logische Denken, sondern stärken auch das Gefühl von Selbstwirksamkeit und trainieren den Umgang mit herausfordernden Gefühlen wie Wut. All das sind ebenfalls wertvolle Aspekte für das Bewältigen von Übergängen.

Schlussfolgerndes und vorausplanendes Denken können auch etwas gezielter, zum Beispiel wieder mithilfe von Gesellschaftsspielen, unterstützt werden. Spiele, die für das Vorschulalter und darüber hinaus konzipiert sind, ermöglichen oft, Zusammenhänge zu überblicken und ein bis zwei Spielzüge vorauszudenken.

Diese Ideen und Impulse klingen in ihrer Summe vielleicht erst einmal nach vielen Maßnahmen, aber wenn ihr euren Alltag und Tagesablauf betrachtet, werden sehr wahrscheinlich viele dieser Elemente längst vorhanden sein. Gleichzeitig geht es nicht darum, sich wirklich jeden Tag fokussiert der klassischen Schulvorbereitung zu widmen, sondern eher darum, sie immer mal wieder im Blick zu haben und zu schauen, wo sich entsprechende Situationen und Übungen regelmäßig gut integrieren lassen oder eben bereits umgesetzt sind. Und wenn ihr das Gefühl habt, euer Kind ist hier prinzipiell total fit, dann dürft ihr natürlich völlig darauf vertrauen, dass es auch ohne gezielte Förderung in seinem täglichen Umfeld ausreichend Anregung für die Entwicklung dieser Kompetenzen findet.

Mathematische Kompetenzen

- Grundlegendes (intuitives) Mengenverständnis (»viel – wenig«, »größer – kleiner«)
- beim Zählen die korrekten Zahlwörter nennen und eventuell bereits das dazugehörige Schriftbild (die Ziffer) erkennen
- eine Menge von Dingen anhand konkreter Zahlen (durch Abzählen) ausdrücken: »Das sind viele Kastanien« vs. »Das sind sieben Kastanien«.

Auch in diesem Bereich gilt, dass gezielte Übungen im Vorschulbereich sich als sinnvoll erweisen können, wenn sie nicht unter Frust erfolgen und wirklich auf die in der Schule relevanten Inhalte hinführen. Natürlich ist es für euch als Eltern schwierig, das entsprechend einzuschätzen, zumal sich die Anforderungen ja auch von Schule zu Schule unterscheiden. Darum empfehle ich hier bei alltagsnahen, sich ohnehin anbietenden Situationen zu bleiben (beim Einkaufen helfen: »Leg bitte sechs Äpfel in unseren Einkaufswagen«) und weniger auf gezielte Übungen beispielsweise in Form von Vorschulheften zu setzen.

Wie kann ich unterstützen?

Alltagsnahe Situationen wie das gerechte Aufteilen von Süßigkeiten unter Geschwistern oder das Decken des Tisches (»*Stell bitte für jedes Familienmitglied einen Teller auf den Tisch. Wie viele Teller brauchst du dafür?*«) bieten dem Kind einen ganz natürlichen und spielerischen Zugang in die Welt der Mathematik. Außerdem sind auch mathematische Kompetenzen wieder mit anderen Kompetenzbereichen wie zum Beispiel der visuellen Wahrnehmung oder der Merkfähigkeit verbunden, die es gleichzeitig zu stärken lohnt. Und schließlich möchte ich euch an dieser Stelle von Herzen Dr. Hendrik Simon empfehlen. Er ist Universitätsdozent für Mathematikdidaktik in der Grundschule und stellt vor allem auf seinem Instagramkanal @hendriks_mathewerkstatt und auch auf seiner Internetseite www.hendrik-simon-dyskalkulie.de unzählige und vor allem fachlich fundierte Impulse für eine gute Schulvorbereitung im mathematischen Bereich zur Verfügung.

Wohin wende ich mich bei Unterstützungsbedarf?

Wenn ihr euch unsicher seid, ob euer Kind in Bereichen der kognitiven Kompetenzen, beispielsweise bei der auditiven Wahrnehmung oder der Aufmerksamkeit, auf zusätzliche Unterstützung angewiesen sein könnte, so wendet euch auch hier vertrauensvoll an die jeweiligen Erzieher*innen und Kinderärzt*innen. Austausch und eine zweite Meinung können bei solchen Sorgen unheimlich wertvoll für Eltern sein. Gemeinsam kann dann überlegt werden, ob tatsächlich Unterstützungsmaßnahmen wie etwa eine Ergotherapie sinnvoll sind.

Hinweis für Eltern neurodivergender Kinder

Elternfrage

»Sollte ich eine eventuelle Neurodiversität schon vor Schulbeginn abklären oder diagnostizieren lassen?«

Diese Frage wird mir tatsächlich sehr häufig gestellt, und ich kann sie weder mit Ja noch mit Nein beantworten. Besprecht euch auch hier unbedingt mit den Kinderärzt*innen und euren Erzieher*innen. Wir sind mit unseren beiden Vorschulkindern jeweils einmal vor und einmal nach Schuleintritt in die Diagnostik gegangen, und beides war in der jeweiligen Situation sinnvoll. Es hilft, sich zu fragen, welchen Wert wir uns von einer eventuellen Diagnose erhoffen. Ermöglicht es dem Kind und uns als Familie Erklärung, Entlastung und neue Unterstützungswege? Ist es etwas, worauf schulisch von Beginn besonders eingegangen werden muss, wie beispielsweise eine auditive Wahrnehmungsstörung? Oder ist das Kind so stabil und vielleicht bereits durch entsprechende Maßnahmen gut getragen, dass eine Diagnostik derzeit keine Dringlichkeit hat und weiter beobachtet werden kann? Ich weiß, wie schwer solche Entscheidungen sind, vor allem, wenn man Angst hat, sein Kind damit schulisch in Schubladen zu stecken, aus denen es nicht mehr herauskommt. Erinnert euch auch hier daran, dass es nicht möglich ist, in die Zukunft zu schauen und entsprechend perfekte Entscheidungen zu treffen. Entscheidet nach bestem Gewissen, und passt Wege an, wenn es notwendig wird. In jedem Fall, egal ob bereits gesicherte Diagnose oder nicht, ist ein früher aufgeschlossener Kontakt zur Lehrkraft sehr ratsam. Wertvolle Impulse dafür findet ihr in Kapitel 7.

Sprache

Letztlich gehören diese Kompetenzen im weitesten Sinne auch in den Bereich der kognitiven Voraussetzungen, da sie aber in der Schulvorbereitung oft einen sehr eigenen Stellenwert einnehmen, seien sie auch hier gesondert aufgeführt. In Fachkreisen werden diese Fertigkeiten als sogenannte lernzielnahe Kompetenzen bezeichnet, weil sie als Vorläuferfähigkeiten auf direkte unterrichtliche Lernprozesse wie Lesen, Schreiben und Rechnen hinführen.

Sprachliche Entwicklung: Worauf wird zum Schulstart geachtet?

- aktiver Wortschatz
- passives Sprachverständnis
- Fähigkeit zur Begriffsbildung
- phonologische Bewusstheit
- kommunikative Fähigkeiten

In manchen Bundesländern gibt es neben den Schuleingangsuntersuchungen im Vorschuljahr auch gezielte Sprachstandsüberprüfungen, die meist entweder im Kindergarten oder in den Schulen selbst durchgeführt werden. Das Ziel dabei ist, eventuelle Sprachschwierigkeiten zu erkennen und im Hinblick auf die zentrale Bedeutung von Sprache in der Schule diese noch vor der Einschulung fördern zu können. Die Frage, wie effektiv und nachhaltig diese Förderung ist, beschäftigt die Forschung bereits seit einigen Jahren. Studien zeigen dabei bisher, dass diese Förderung nur dann sinnvoll ist, wenn sie passgenau am individuellen Sprachstand des Kindes ansetzt, mit einer gewissen Motivation passiert, stabil über einen längeren Zeitraum erfolgt und vor allem in der Schule aufbauend weitergeführt wird.[3] Solange also ein gewisses Interesse des Kindes vorhanden ist und die jeweiligen Übungen nicht völlig vom darauffolgenden Anfangsunterricht losgelöst sind oder in eine gänzlich andere Richtung führen, kann es hilfreich sein, diese Vorläuferfähigkeiten der unterrichtlichen Lernziele spielerisch zu stärken.

Wie kann ich unterstützen?

Vor allem die sogenannte phonologische Bewusstheit gilt als wichtige Grundlagenkompetenz, wenn es um den folgenden Schriftspracherwerb geht. Gemeint sind damit das (bei jungen Kindern zunächst noch eher intuitive) Wissen über die Struktur einer Sprache (Wörter, Silben, Laute, Klänge, Reime etc.) und der sichere Umgang damit. Diese Bewusstheit wird bereits im Babyalter angebahnt. In der Vorschulzeit setzen gezielte Vorschulprogramme, die in vielen Kindergärten zum Einsatz kommen, genau bei dieser Kompetenz an. Doch auch wenn euer Kindergarten hier kein explizites Konzept nutzt oder euer Kind eventuell auch gar keinen Kindergarten besucht, könnt ihr als Eltern diesen sprachlichen Entwicklungsprozess im Alltag fördern. Kinderverse, Kinderlieder oder auch Kinderbücher in Reimform unterstützen beispielsweise bereits früh den Aufbau einer phonologischen Bewusstheit. Auch regelmäßiges Vorlesen, die ganz gewöhnliche tägliche Kommunikation oder Hörspiele leisten hier wertvolle Dienste. Unsere Kinder beispielsweise haben eine ganze Zeit lang gern Bibi-Blocksberg-Geschichten gehört. Inspiriert von den gereimten Eene-meene-Hexsprüchen feuerten sich beide Geschwister über Wochen hinweg kreativste Sprüche entgegen und fanden dabei selbst immer neue Reimpaare. Und selbst das simple Memoryspiel kann vielfältige Übungsmöglichkeiten für den Bereich der phonologischen Bewusstheit bieten und gleichzeitig Kompetenzen trainieren, die ebenfalls für die sprachliche Entwicklung eine Rolle spielen. Dazu gehören beispielsweise auditive Wahrnehmungsfähigkeiten oder die Merkfähigkeit. Manche Memoryspiele sind auch so konzipiert, dass Reimpaare gefunden werden müssen.

Und übrigens – die Stärkung der phonologischen Bewusstheit darf in der Erstsprache erfolgen, auch wenn diese nicht Deutsch ist. Es gibt Untersuchungen, die stark vermuten lassen, dass die dort erzielten Übungseffekte dann von den Kindern auf die deutsche Sprache transferiert werden.[4]

Die Rolle von Apps und Lernsoftware im Vorschulbereich

Unser Leben digitalisiert sich zunehmend, und auch Kinder kommen immer früher mit vielfältigen Medien in Berührung. Wie schon im Abschnitt zur Grob- und Feinmotorik erwähnt, lassen sich viele kritische Stimmen darüber finden, dass kindlicher Medienkonsum in Konkurrenz zur soliden Ausbildung schulischer Grundfähigkeiten stehe. Ich selbst stehe als Elternteil und als Pädagogin den Chancen digitaler Medien sehr offen gegenüber, plädiere aber für einen gut begleiteten Umgang. Im Bereich der Schulvorbereitung spricht nichts dagegen, hin und wieder auch bewusst auf den Einsatz anregender, motivierer Apps oder anderer Lernsoftware zurückzugreifen. Diese bieten dem Kind durchaus auch Inhalte, die wir als Eltern sonst gar nicht zur Verfügung stellen könnten, und stärken außerdem schon vor Schuleintritt die immer wichtiger werdende Medienkompetenz. Eine Liste hilfreicher Auswahlkriterien für Apps und Lernsoftware findet ihr in Kapitel 8.

Elternfrage

»Mein Kind hat keine Lust auf klassische Vorschulübungen. Was sollte ich tun?«

Kurzantwort: Gar nichts. Die ausführlichere Antwort lautet: Zum Lernen gehören Motivation, Interesse, Reife und Kontinuität. Fehlt es grundlegend an diesen Dingen oder auch nur an einer Komponente, wird sich ein wenig nachhaltiger Lerneffekt einstellen, auch wenn ihr euch mühsam mit eurem Kind durch die Übungsformate kämpft. Empirische Forschungen zeigen, wie erwähnt, auch immer wieder, dass klassische Vorschulübungen nur dann wirklich sinnvoll sind, wenn die Motivation des Kindes stimmt, der Entwicklungsstand passt und die Übungen wirklich so gezielt vorbereiten, dass die schulischen Inhalte darauf direkt aufbauen. Ansonsten verläuft der Vorbereitungsversuch oft ins Leere und hat im ungünstigsten Fall schon zu Lernfrust oder Misserfolgsgefühlen geführt, noch bevor die Schule begonnen hat.[5] Vertraut in diesem Fall darauf, dass euer Kind erst einmal ausreichend Anregungen und Förderung durch spielerische und eher alltagsnahe Situationen erfährt. Ideen dafür habt ihr ja nun einige an der Hand.

Nochmal im Überblick

Auf welche Kompetenzen kommt es in der klassischen Schulvorbereitung an, und wie kann ich diese stärken?

- Grob- und Feinmotorik werden vor allem durch vielfältige Bewegungserfahrungen und eigenständiges Tun unterstützt.
- Der kognitive Kompetenzbereich kann durch Gesellschaftsspiele, durch Vorlesen oder Hörspiele, durch die tägliche Kommunikation, durch Wimmelbücher, Lego bauen, puzzlen und vor allem auch durch das freie Spiel gestärkt werden.
- Vorschulprogramme im Kindergarten und Lernhefte widmen sich vorrangig mathematischen und deutschunterrichtlichen Vorläuferfähigkeiten.
- Zu Hause können diese wiederum durch Vorlesen von Büchern in Reimform, Kinderlieder, aber auch durch alltägliche Situationen wie gemeinsame Gespräche oder das Abzählen der benötigten Teller beim Tischdecken unterstützt werden.
- Apps und Lernsoftware können die klassischen Schulvorbereitung sinnvoll ergänzen.
- Möglichst ungezwungene Alltagssituationen nutzen, um wertvolle Kompetenzen sozusagen »nebenbei« zu stärken
- Wendet euch bei Zweifeln und Sorgen vertrauensvoll an Erzieher*innen und Kinderärzt*innen.

Kapitel 4

Schul-vorbereitung auf emotionaler Ebene

Die Verhaltensbiologin Dr. Gabriele Haug-Schnabel hat in ihrem Artikel »Übergänge spürbar machen. Wie Krisen stärken können«[1] sehr anschaulich dargelegt, welche immensen Entwicklungsanreize und Chancen gut begleitete Übergänge bieten und worauf es ankommt, damit ein Kind aus den Anforderungen eines Übergangs erfolgreich und gestärkt hervorgeht. Aufbauend darauf und unter Einbeziehung meiner eigenen Erfahrungen als Lehrkraft habe ich acht Faktoren herausgestellt, die als Leitgedanken und Fundament für eine sinnvolle und am Kind orientierte Schulvorbereitung auf emotionaler Ebene dienen können:

1. Entwicklungsreife: *»Ich bin in meinem derzeitigen Entwicklungsstand grundlegend bereit für Anforderungen des Übergangs.«*
2. Transparenz: *»Ich habe eine (ungefähre) Vorstellung davon, was mich während und nach des Übergangs erwartet, und kann mich darauf einstellen und vorbereiten.«*
3. Selbstbild und Eigenwahrnehmung: *»So, wie ich bin, bin ich richtig und wertvoll. Daran verändert eine neue Situation nichts.«*
4. Kontrollüberzeugung und Selbstwirksamkeit: *»Mit dem, was ich kann und was ich weiß, werde ich diesen Übergang schaffen, auch wenn ich dabei vielleicht Schwierigkeiten begegne.«*
5. Bisherige Erfahrungen: *»Ich habe schon andere größere Veränderungen erlebt. Ich habe so etwas schon einmal bewältigt. Das gelingt mir auch diesmal.«*
6. Verlässliche Bezugspersonen: *»Ich muss das nicht alleine schaffen. Es gibt Menschen in meinem Leben, die mich immer lieben, egal, was passiert, und die mich unterstützen, wenn ich Hilfe brauche.«*
7. Individuelle Begleitung und Vorbereitung: *»Mir wird zugehört, und es wird darauf geachtet, was ich wirklich brauche, um diesen Übergang zu meistern. Ich werde gesehen.«*

8. Veränderung als Herausforderung, aber Entwicklungspotenzial: *»Ich weiß, dass Veränderungen sehr anstrengend sein können, aber ich weiß auch, dass ich dabei etwas Neues lernen und richtig wachsen kann.«*

Es wird hier schnell deutlich, dass neben den klassischen Kompetenzen der Schulfähigkeit vor allem emotionale und motivationale Fähigkeiten eine zentrale Rolle beim Übergang in die Schule spielen. Lange Zeit waren sie allerdings eher weniger im Fokus der Schulvorbereitung. Mittlerweile ist dies einer der Bereiche, für den sich Eltern im Hinblick auf den Übergang vom Kindergarten in die Schule am meisten Unterstützung und Impulse wünschen. Das spüre ich in meiner täglichen Beratungsarbeit sehr deutlich. Denn der emotionale Entwicklungsstand ihres Kindes ist in der Regel das Feld, in dem viele Eltern die meisten Schwierigkeiten zwischen der Persönlichkeitsstruktur des eigenen Kindes und den Anforderungen der Schule vermuten. Im freieren Umfeld des Kindergartens ergeben sich mehr individuelle Entfaltungsmöglichkeiten, und oft befürchten Eltern, dass damit in der Schule Schluss ist. Dass das Kind dann einem festen Verhaltensbild entsprechen muss, das eventuell nicht unbedingt zu seinem Temperament passt. *»Mein Kind widmet sich nicht so gern neuen Aufgaben, wie soll es da schulische Lernfreude entwickeln?«*, *»Mein Kind ist sehr sensibel, wie soll es bloß mit den vielen Reizen des Schulalltags umgehen?«* oder *»Mein Kind ist unheimlich schnell frustriert und wird dann richtig wütend, wie soll das in der Schule bloß werden?«* – Als Lehrkraft habe ich auf diese und ähnliche Fragen zwei Antworten. Eine, die ihr vielleicht erst mal nicht so gern hört, und eine, die euch hoffentlich Mut macht.

Der Bereich der emotionalen und motivationalen Entwicklung ist tatsächlich oft der, der schulisch einige Probleme mit sich bringen kann. Wenn wir uns die Aspekte anschauen, die den emotionalen Entwicklungsstand formen, wird vermutlich auch schnell klar, warum.

Emotionaler/motivationaler Entwicklungsstand: Worauf wird beim Schulstart geachtet?

- allgemeine psychische Stabilität
- Selbstkompetenz
- Selbstständigkeit
- entwicklungsgerechte Anstrengungsbereitschaft und Wachstumsdenken
- Resilienz
- entwicklungsgerechte Frustrationstoleranz
- Neugierde, Lernfreude und Leistungsmotivation

Wie ihr seht, geht es hier um das emotionale Fundament des Lernens und die grundlegende Art, wie sich das Kind als lernendes Individuum wahrnimmt und verhält. Begegnet es neuen Aufgaben offen? Traut es sich etwas zu? Welche Erwartungen hat es an sich und seine Leistungen? Wie sieht es mit dem Durchhaltevermögen aus? Wie selbstständig bewältigt das Kind die ihm gestellten Anforderungen? Wie geht es mit Fehlern oder Misserfolgen um? Wie weit kann es erkennen, was es dabei braucht, und das auch äußern?

Kinder mit geringer Impulskontrolle, negativem Selbstbild oder wenig Anstrengungsbereitschaft lernförderlich zu begleiten ist natürlich auch für uns Lehrkräfte eine große Aufgabe. Denn es führt zu konfliktreichen Verhaltensweisen, für deren Umgang es viel pädagogisches Fingerspitzengefühl braucht. Es erschwert das Lernen des Kindes und ist eine Herausforderung für die vertiefte Vermittlung von fachlichen Lerninhalten. Hinzu kommt, dass wir Lehrkräfte auf diese Aufgabe in unserer Ausbildung viel zu wenig vorbereitet werden. Ich kann euch versichern, dass sich Grundschullehrkräfte hier unheimlich bemühen, dieser Anforderung gerecht zu werden, aber in einer Lerngruppe aus 20 bis 30 Individuen hat das sicherlich auch seine Grenzen.

Wie kann ich die emotionale Entwicklung unterstützen?

Nun aber die gute Nachricht: Ihr habt als Eltern viele Möglichkeiten auf die emotionale Entwicklung eures Kindes positiven Einfluss zu nehmen. Und wenn ihr mich fragt, ist das der Bereich, mit dem ihr bei eurem Kind so viel mehr tragende Grundlagen für das gesamte (Schul-)Leben stärkt als durch die reine Bearbeitung von Vorschulheften. Denn wenn euer Kind im Grunde genommen von Lebensbeginn an die Chance bekommt, seine emotionalen Kompetenzen zu erproben und zu stärken, dann hat es nicht nur für den Schulstart, sondern auch für seinen weiteren Bildungsweg einen unheimlich hilfreichen Werkzeugkoffer an der Hand. Agiert ihr dabei auf Augenhöhe, achtet die Bedürfnisse eures Kindes, helft ihm, diese in Einklang mit denen seiner Umwelt zu bringen und zeigt an gegebener Stelle liebevoll, aber bestimmt Grenzen auf, dann ist die Wahrscheinlichkeit groß, dass ihr damit einen wunderbaren und völlig ausreichenden Grundstein für eine stabile emotionale Entwicklung legt. Ausgehend von diesem Fundament könnt ihr euer Kind im Aufbau eines Selbstbildes und Mindsets, das die Weichen für eigenständiges und selbstkompetentes Lernen stellt, unterstützen.

Selbstkompetenz stärken

Eine zentrale Basisfähigkeit für schulische Lernprozesse, das schulische Leben überhaupt und gleichzeitig eine entscheidende Grundlage für gelingende Übergänge ist die sogenannte Selbstkompetenz. Ihre Entwicklung dauert letztlich ein Leben lang an, beginnt aber bereits im frühesten Kindesalter. Und wenn wir einmal darauf schauen, welche Bestandteile die Selbstkompetenz umfasst, erklärt sich schnell ihre fundamentale Bedeutung für den Schulstart und damit auch der Wert, diese Komponente ganz bewusst zu stärken.[2]

Das Urvertrauen

Das Urvertrauen beschreibt ein grundlegendes emotionales Sicherheitsgefühl, ein stabiles Vertrauen in die Welt, die Mitmenschen und sich selbst. Aufgebaut wird es im Grunde bereits im Mutterleib, spätestens aber ab der Geburt eines Kindes durch verlässliche, sichere und zugewandte Beziehungen und Bindungen. Es ist das stützende Fundament, auf dem sich ein Kind der Welt offen und vertrauensvoll zuwendet, neue Räume erkundet und unbekannten Situationen aufgeschlossen begegnet. Und das ist natürlich eine wünschenswerte Haltung, wenn wir an das Bewältigen eines Übergangs denken.

Eltern können das Urvertrauen stärken …

- durch das zuverlässige Erfüllen kindlicher Grundbedürfnisse.
- durch das uneingeschränkte und bedingungslose Annehmen ihres Kindes.

- durch liebevolle Zuwendung und körperliche Nähe.
- durch einen sicheren Rahmen wie etwa Rituale, Routinen und das Aufzeigen eigener Grenzen.
- durch genaues Zuhören und das Ernstnehmen sowie Begleiten kindlicher Gefühle.

Selbstwahrnehmung und Selbstausdruck

Die Fähigkeit, eigene Emotionen und Gefühlszustände wahrzunehmen, ist ein weiterer wichtiger Bestandteil der Selbstkompetenz. Sie ist die Grundlage für das Erkennen eigener Bedürfnisse. Damit eng verbunden ist das Vermögen, die eigenen Gefühle und Bedürfnisse auch verbal wie nonverbal entsprechend ausdrücken und kommunizieren zu können. Dabei ist es eine langfristige Entwicklungsaufgabe, dies auf eine Weise zu tun, die dem jeweiligen Gegenüber zum einen nicht schadet und ihm zum anderen möglichst unmissverständlich zeigt, wie der eigene Gefühlsstatus aussieht und was gerade gebraucht wird. Während sich Kleinkinder für den Ausdruck eines Bedürfnisses beispielsweise auch mal auf den Boden schmeißen und um sich treten, können Kinder Richtung Schulstart zunehmend auf eine andere kommunikative Ebene zurückgreifen. Eine Entwicklung, die vor allem in der Sechsjahreskrise deutlich zu beobachten ist. Aufgrund der vielen Umbrüche dieser Phase haben uns zwar einerseits auch hin und wieder kleinkindähnliche Wutanfälle ereilt, gleichzeitig waren meine Kinder aber plötzlich immer häufiger in der Lage, ihre Gefühle auf einem völlig neuen Erkenntnis- und Kommunikationsniveau wahrzunehmen und zu benennen. Das ist für den Schuleintritt eine extrem förderliche Fähigkeit. Denn Eltern reicht oft ein einziger Blick, um zu wissen, wie es ihrem Kind geht und was es gerade benötigt. Die Lehrkraft wiederum, die das Kind noch nicht so gut kennt und gleichzeitig auch auf 25 weitere Kinder achten muss, ist deutlich mehr darauf angewiesen, dass ein Kind konkret mitteilen kann, wie es sich fühlt und ob es etwas braucht. Ein weiterer Aspekt, der klarmacht, wie wertvoll es ist, die Förderung der Selbstkompetenz eures Kindes in den Fokus der Schulvorbereitung zu nehmen.

Eltern können die Selbstwahrnehmung und den Selbstausdruck stärken ...

- durch In-Beziehung-Sein und konstante Interaktion, um spürbar zu machen: *»Ich bin ich und du bist du.«*
- durch Rückmeldung, um als eine Art Gefühlsspiegel die Selbstreflexion zu fördern, z. B.: *»Es macht dich wütend, dass deine Lieblingsmarmelade leer ist. Das verstehe ich«*, oder: *»Du bist richtig aufgeregt und freust dich, weil Oma heute kommt, stimmt das?«*
- durch das eigene Vorbild und das Verbalisieren eigener Gefühle.
- durch entsprechende Kinderbücher oder auch Hörspiele. An dieser Stelle möchte ich euch den wunderbaren Podcast »Mira und das fliegende Haus« ans Herz legen, in dem es schwerpunktmäßig um die Auseinandersetzung mit vielfältigen Gefühlen und dem eigenen Selbstbild geht.
- durch Authentizität. Auch Eltern sind nicht immer nur gut gelaunt. Wir dürfen unsere gesamte Gefühlswelt zum Ausdruck bringen, um zu zeigen, dass alle Gefühle okay sind und wie man mit ihnen umgehen kann. Wichtig dabei ist natürlich, in unseren Emotionen unserem Kind gegenüber angemessen zu reagieren und eine kindgerechte Ebene zu wahren.

- durch Freiraum, um vielfältige Gefühlserfahrungen zu machen, auch solche, die Frust oder Enttäuschung verursachen.
- durch abwechslungsreiche Bewegungsmöglichkeiten, um die Körperwahrnehmung zu unterstützen (siehe Kapitel 3).

Selbstmotivierung und Selbstregulation

Selbstmotivierung bedeutet, dass Kinder zunehmend fähig sein sollen, selbstständig einen Antrieb zu finden, sich auch für unliebsame oder herausfordernde Aufgaben zu motivieren oder beim Erledigen einer Aufgabe ein gewisses Durchhaltevermögen aufrechtzuerhalten. Bei der Selbstregulation wiederum geht es darum, »sich selbst innerlich und äußerlich beruhigen zu können oder das eigene Spannungsniveau so regulieren zu können, dass man handlungsfähig bleibt«.[3] Auch diese beiden Kompetenzen spielen im schulischen Umfeld eine erkennbar wichtige Rolle, und es lohnt sich, diese auch in Bezug auf die Schulvorbereitung zu fördern.

Eltern können die Selbstmotivation und die Selbstregulierung stärken …

- durch Koregulation. Säuglinge und Kleinkinder sind noch stark auf die Begleitung und die Regulation ihrer Bezugspersonen angewiesen. So kann sich ein Baby oft noch nicht allein beruhigend in den Schlaf bringen, sondern benötigt beispielsweise die Zuwendung seiner Eltern. Ausgehend von dieser eng begleiteten Regulation und der damit verbundenen Sicherheit können Kinder nach und nach die Fähigkeit entwickeln, dies selbstständig zu meistern.

- durch das Aufzeigen von Regulationsstrategien wie beispielsweise Bewegung, Nähe, verbaler Regulation (Summen oder Mitsprechen von Tätigkeiten) oder Ritualen.
- durch eigenes Vorbild und das Verbalisieren eigener Handlungen: *»Heute habe ich gar nicht so richtig Lust, die Fenster zu putzen, aber ich freue mich darauf, wie schön es am Ende aussieht, wenn man wieder durchsehen kann.«*
- durch Anbieten und Vermitteln von Motivationstechniken (siehe Kapitel 8).

Ganzheitliche Aufnahme von Feedback

Es macht einen Unterschied, ob Kinder eine Rückmeldung nur auf rein kognitiver Ebene aufnehmen und verarbeiten (*»Ich kann rein logisch nachvollziehen, was du mir mitteilst«*) oder ob sie Feedback ganzheitlich betrachten und abspeichern. Das passiert beispielsweise dadurch, dass sie das Feedback nicht nur als konkrete Aussage wahrnehmen (*»Das ist dir gut gelungen«*), sondern es vor allem mit entsprechenden Gefühlen und den jeweiligen Situationseindrücken verbinden können. Das ist eine wichtige Komponente für das nachhaltige Übertragen des Feedbacks auf kommende Situationen und damit eine unheimlich wichtige Kompetenz für den Schulstart. Denn ab diesem Zeitpunkt sind Kinder häufiger Beobachtung und Rückmeldung ausgesetzt.

Eltern können die ganzheitliche Aufnahme von Rückmeldung stärken …

- durch Reflexionsdialoge. Gebt im Alltag nicht nur eindimensionale Rückmeldung (*»Das war gut«* vs. *»Das war nicht* *gut«*), sondern reflektiert mit eurem Kind regelmäßig auch ausführlicher. *»Das hat heute richtig gut geklappt. Wie hast du dich dabei gefühlt? Was hat dir geholfen? Sollten wir das beim nächsten Mal genauso machen?«*

- durch eine positive Feedback- und Fehlerkultur, in der Fehler klar benannt, aber als Entwicklungschance gesehen werden. In der dazugehörigen Kommunikation geht der Blick nach vorn: *»Was können wir/kannst du beim nächsten Mal anders machen?«*

Integrative Kompetenz

Dieser Bereich der Selbstkompetenz meint den Umgang mit Widersprüchen und den Aufbau einer differenzierten Sicht auf die Dinge. Haben Kinder die Stufe der integrativen Kompetenz erreicht, können sie nach und nach unterschiedliche Situationen und Rahmenbedingungen für die Beurteilung und Bewertung ihrer Umwelt berücksichtigen. Während Kinder in der vorausgehenden Entwicklungsstufe eher schlussfolgern: *»Ein wütender Mensch ist immer wütend«*, können sie nun zum Beispiel unterscheiden, dass ihre Bezugsmenschen weiterhin positive und gute Menschen sind, auch wenn sie einmal schlechte Laune haben sollten. Eine Erkenntnis, die auch im Umgang mit den künftigen Lehrkräften als zentralen Bezugspersonen eine Rolle spielt: *»Meine Lehrkraft ist ein netter und zugewandter Mensch, auch wenn sie gleichzeitig die Einhaltung wichtiger Regeln sehr deutlich einfordert. Das schließt sich nicht aus.«* Außerdem gelingt es mithilfe der integrativen Kompetenz, alle anderen Bereiche der Selbstkompetenz an unterschiedliche Situationen anzupassen. Ein wichtiger Aspekt, wenn es darum geht, sich mit dem Schulstart in eine völlig neue Umgebung einzufinden.

Eltern können die integrative Kompetenz stärken …

- durch Kommunikation auf Augenhöhe und kindgerechtes Erklären von Gefühlszuständen: *»Es tut mir leid, dass ich vorhin so laut geschimpft habe. Ich bin schlecht gelaunt, weil ich nicht gut geschlafen habe. Wenn ich mich jetzt etwas ausruhen kann, geht es mir bestimmt wieder besser.«*
- durch vielfältige Erfahrungen mit unterschiedlichen Bezugspersonen, mit deren unterschiedlichen Persönlichkeiten das Kind lernen kann, umzugehen.
- durch das Kennenlernen unterschiedlicher Umgebungen (zu Hause, Kindergarten, Sportverein) mit unterschiedlichen Regeln und Anforderungen.

Noch einmal zur Erinnerung: Die Entwicklung von Selbstkompetenz bleibt ein lebenslanger Lernprozess und ist natürlich keinesfalls mit Schuleintritt abgeschlossen. Sie ist zu diesem Zeitpunkt im besten Fall grundlegend angebahnt.

Sie entsteht zum einen durch innere Reifungsprozesse und damit verbundene neue kindliche Erkenntnis- und Kommunikationsstufen und wird gleichzeitig durch liebevolle und beziehungsorientierte Begleitung gefördert. Selbstkompetenz beinhaltet wertvolle Schlüsselfähigkeiten für das Gelingen von Übergängen und sollte meiner Erfahrung nach einen hohen Stellenwert bei der Schulvorbereitung einnehmen. Hierfür braucht es kein spezielles Trainingsprogramm oder Lernheft. Authentisches elterliches Vorbild, Miteinandersprechen, selbsttätige Erprobung, Hürden nehmen lassen, auffangen und Nähe geben – kurzum durch eure alltägliche Balance aus Loslassen und In-Beziehung-Bleiben.

Wachstumsdenken erhalten und Selbstständigkeit unterstützen

Eng mit der Selbstkompetenz verbunden ist das sogenannte Wachstumsdenken, das ebenso wie Selbstkompetenz durch eigenständige und als selbstwirksam erlebte Momente gefördert wird.

»Mein Kind darf Herausforderungen erfahren und daran wachsen.« – Erinnert ihr euch an diesen Leitsatz aus dem ersten Kapitel? Ganz egal, ob und wie ihr euer Kind auf die Schule vorbereitet, das Schulleben wird trotzdem so einige Herausforderungen bereithalten. Das können weder Eltern noch Lehrkräfte verhindern. Und das sollte auch nicht unser Ziel sein. Denn solche anstrengenden Momente mögen zwar mit Frust, Ärger und Wut verbunden sein, sind aber durchaus natürliche Elemente eines Lernprozesses. Denkt an ein Kleinkind, das Laufen lernt. Zuerst macht es nur angedeutete Bewegungen, ein kurzes Loslassen, um zu merken: *»Das klappt noch nicht. Aber bald kann ich es.«* Also weiter versuchen. Immer und immer wieder. Irgendwann läuft es die ersten wackeligen Schrittchen. Und fällt ebenso oft auf den Po. Es ärgert sich, weint vielleicht sogar kurz und macht seinem Unmut Platz. Nur entmutigen lässt es sich dadurch nicht. Die Freude und der Stolz über die kleinen Erfolge, über jeden Schritt und der unbändige Wunsch *»Ich will das können«* sind starke Triebkräfte, die den Lernprozess weiter voranbringen. Bis das Kind irgendwann immer sicherer läuft, um sich dann wieder neuen Lernvorgängen wie Hüpfen, Klettern oder Balancieren zu widmen.

»Ich kann es noch nicht, also übe ich weiter«, *»So klappt es nicht, also probiere ich etwas anderes«*, *»Wenn ich es immer wieder versuche, dann werde ich das schaffen«* – diese Sätze stehen für

eine bestimmte Denkweise. Sie repräsentieren das sogenannte Wachstumsdenken. Carol Dweck, Professorin für Psychologie, hat sich in ihrer Forschung eingehend mit diesem Phänomen beschäftigt und dabei den Begriff des »Growth Mindset« geprägt.[4] Menschen mit einem Growth Mindset verfügen über einen dynamischen Selbstwert und sind überzeugt davon, sich durch Anstrengung und Übung weiterentwickeln zu können. Wohingegen Menschen mit einem sogenannten Fixed Mindset glauben, dass Leistung etwas mit Glück oder angeborenen Fähigkeiten zu tun hat und dementsprechend wenig Einfluss darauf genommen werden kann. Entweder kann man Mathe oder eben nicht. Sätze wie *»Ich schaffe das sowieso nicht«*, *»Das ist einfach viel zu schwierig«*, *»Mein Bruder kann das eh viel besser«* oder *»Ich möchte nichts falsch machen«* sind typisch für ein Fixed Mindset.[5]

Eine an Wachstum orientierte Denkweise bestimmt grundlegend, wie wir mit Lernprozessen und den damit verbundenen Fehlern, Misserfolgen oder Rückschlägen umgehen, und wird darum auch als ein wichtiger Faktor von Resilienz angesehen. Verfügt ein Kind über ein Growth Mindset, ist es in der Lage, Fehlermomente als Lernsituationen anzusehen, und lässt sich durch solche weniger entmutigen. Es wird sich dadurch vermutlich eher herausfordernden Aufgaben stellen, weil es keine Scheu davor hat, Fehler zu machen. Die zentrale Einstellung dabei kommt in dem Satz »I can't do that, YET« (zu Deutsch »Ich kann das NOCH nicht«) zum Ausdruck.[6] Ein Kind mit einem Fixed Mindset wiederum zeigt deutlich häufiger Vermeidungsverhalten, um Situationen auszuweichen, in denen es einen Misserfolg erleben könnte. Es klammert sich entweder an seine angeborenen Talente und würde nur ungern etwas tun, was diese Fähigkeiten infrage stellen könnte. Oder es hat im Gegenteil die Erfahrung gemacht, vermehrt auf seine herausfordernden Charakterzüge reduziert zu werden, und so ein eher negatives Selbstbild und die feste Überzeugung *»Ich kann das sowieso nicht«* aufgebaut. Ein Aspekt, der vor allem im Umgang mit neurodivergenten Kindern häufig eine Rolle spielt.

Viele Aspekte des Growth oder Fixed Mindset wie zum Beispiel der Umgang mit Fehlern spielen im schulischen Umfeld eine große Rolle und sind darum tatsächlich auch im Blickfeld der Schulfähigkeit, wenn auch nicht unter dieser konkreten Begrifflichkeit. Aber Schulärzt*innen schauen in der jeweiligen Testsituation auch auf das Bewältigungsverhalten: Wie reagiert das Kind insgesamt auf die präsentierten Aufgaben? Lässt es sich auf die meist unbekannten Aufgabenformate ein? Wie geht es mit Fehlern, Feedback oder Änderungsvorschlägen um? Erinnert euch aber daran, im Hinblick auf die langfristige Aussagekraft solcher Momentaufnahmen Ruhe zu bewahren. Denn die Art, wie ein Kind solchen Situationen begegnet, hängt zum Beispiel auch vom jeweiligen Temperament ab. Schüchterne Kinder brauchen eventuell einige Zeit, um sich auf die fremden Personen und die neue Umgebung einzustellen. Wenn sie also auf die gestellten Aufgaben zögerlich reagieren, heißt dies keinesfalls, dass es ihnen an Neugier, Lernfreude oder Wachstumsdenken fehlt.

Wie kann ich das Wachstumsdenken aufbauen und stärken?

Wir Menschen werden im Grunde mit einem Growth Mindset geboren. Neues zu lernen und sich weiterzuentwickeln sind seit Urzeiten tief in uns verankerte Antriebe. Das lässt sich, wie schon gesagt, besonders gut bei Babys und Kleinkindern beobachten. Gesellschaftliche Ansprüche, das Hineinwachsen in eine eher negative Fehlerkultur, die wachsende Komplexität von Anforderungen, Überfürsorge, aber auch bestimmte Entwicklungsphasen oder das eigene Temperament machen es diesem ursprünglichen Wachstumsdenken bereits in den ersten Lebensjahren zunehmend schwerer. Und spätestens in der Grundschule, die dank unseres konservativen Schulsystems leider auch ihren deutlichen Anteil daran hat, zeigen viele Kinder bereits eher ein Fixed Mindset.

Es geht also vielmehr darum, das natürliche Growth Mindset eines Kindes ganz bewusst so gut wie möglich zu erhalten, zu stärken und zu festigen.

Balance aus Fürsorge und Selbstständigkeit

Als Mutter weiß ich, dass es nicht immer leicht ist, ein entwicklungsförderliches Gleichgewicht aus Hilfestellung und kindlicher Eigenständigkeit zu finden. Gleichzeitig ist es wichtig, sich genau darum zu bemühen und immer mal wieder zu hinterfragen: *»Nehme ich meinem Kind eventuell zu viel ab?«* Lasst euch dabei allerdings nicht all zu sehr durch Normtabellen unter Druck setzen. Der Grad an Unterstützungsbedarf ist bei Kindern durchaus sehr verschieden. Ich habe drei Kinder, und jedes davon braucht in unterschiedlichen Bereichen unterschiedlich lang und unterschiedlich ausgeprägt unsere elterliche Hilfe. Es ist nur wichtig, den individuellen Moment nicht zu verpassen, in dem das Kind sich schließlich lösen und autonom sein kann. In der Regel zeigen aber vor allem junge Kinder noch sehr deutlich, wann sie etwas allein schaffen wollen. Achtet auf diese Signale und gebt ihnen nach, auch wenn es manchmal schwerfällt. Gleiches gilt für Hilfestellung. Versucht abzuwarten, bis euer Kind von sich aus klar signalisiert, dass es Unterstützung braucht. Ab und an sind auch kleine Anstupser hilfreich. *»Versuch es erst einmal allein. Und wenn du mich brauchst, bin ich hier.«*

Elternfrage

»Was muss denn ein Kind alles allein beherrschen, wenn es in die Schule kommt?«

Auch hier wäre jetzt eine übersichtliche Checkliste nett, die ihr als Eltern abhaken könnt, um dann beruhigt Richtung Schulstart zu gehen. Und wieder kann ich eine solche Liste nicht liefern. Zum einen, weil Schulen und Lehrkräfte sehr unterschiedliche Schwerpunkte setzen, und zum anderen, weil die Bereiche, in denen ein Kind Selbstständigkeit zeigen kann, unglaublich vielfältig sind. Aber so viel kann ich sagen: Ich habe bisher weder Kinder erlebt, die sich in allen Bereichen komplett selbstständig durch den Schulstart bewegten, noch Kinder mit völliger Unselbstständigkeit gesehen. Jedes Kind ist da auf seine Weise kompetent. Es ist, ich werde nicht müde, das zu betonen, ein unerfüllbarer Anspruch, dass Kinder alle zur gleichen Zeit in ausgewählten Bereichen autonom werden oder sein müssen. Und ich erlebe so viele Eltern, die sich abmühen, in den letzten Monaten vor Schulbeginn die allseits geforderte Selbstständigkeit noch schnell in das eigene Kind zu kriegen. Ein meist vergeblicher Weg, der oft auch auf kindlichen Widerstand stößt. Ich gebe zu, ich spreche aus eigener Erfahrung.

Mein Sohn beispielsweise konnte bei Schulstart noch keine Schleife binden, und vor allem das eigenständige Anziehen brachte ihn und uns regelmäßig an die Grenzen unserer Geduld. Eine Fertigkeit, die im Hinblick auf den Sportunterricht natürlich sinnvoll gewesen wäre und die andere Kinder im Kindergartenalter meist längst beherrschen. Aber er konnte nach hartnäckiger Übung aus eigenem Antrieb bereits die Uhr lesen und sich im schulischen Tagesablauf ziemlich selbstständig orientieren. Er kannte die Wochentage und seinen Stundenplan schnell auswendig und wusste völlig eigenständig, an welchen Tagen er seinen Turnbeutel mitnehmen musste. Eine Aufgabe, die mittlerweile komplett in seiner Hand liegt und die er sehr verlässlich meistert. Und im Laufe des ersten Schuljahres wurden dann auch das An- und Umziehen immer schneller und selbstständiger.

Wichtig ist vor allem, dass Kinder regelmäßig spüren können: *»Ich habe das aus eigener Kraft geschafft. Ich habe mich angestrengt, (es immer wieder versucht), und schließlich hat es geklappt.«* Bei welchem (Lern-)Inhalt genau sie dieses Gefühl bekommen, ist erst mal zweitrangig – den Tisch decken, die Schwimmtasche allein packen, die Gurke fürs Abendbrot schneiden, sich auf dem Spielplatz autonom bewegen, sich allein anziehen.

Zugegeben, für Lehrkräfte ist die Selbstständigkeit der Schüler*innen in bestimmten Bereichen etwas hilfreicher als in anderen. Denn wir können im straffen Zeitplan des Schultags schlichtweg nicht 30 Schleifen binden.

Aber ihr als Eltern wisst gut, wo euer Kind bereits autonom unterwegs ist und wo es eben noch der Unterstützung bedarf. Und darauf könnt ihr entsprechend reagieren, eurem Kind Entwicklungsdruck nehmen und gleichzeitig die Arbeit der Lehrkräfte unterstützen. Euer Kind kann noch keine Schleife binden? Kein Problem. Gebt ihm weiter Zeit für diesen Lernprozess, und nutzt bis dahin einfach Klettverschlüsse. So ermöglicht ihr eurem Kind trotzdem eine Selbstständigkeit und gebt uns Lehrkräften Zeit, an anderer Stelle zu unterstützen. Vor allem das erste Schuljahr ist für diese Selbstständigkeitsentwicklung da. Und ihr werdet merken, wie sehr euer Kind in dieser Zeit wächst.

Herausforderungen zutrauen

Ein Growth Mindset braucht Herausforderungen, bei denen es sich unter Beweis stellen und sich weiter festigen kann. Und auch darum ist es wichtig, eurem Kind entwicklungsgerechte

Hürden und Selbstständigkeit zuzutrauen. Denn nur so kann es auch einmal scheitern. Klingt hart, aber solche Momente sind unheimlich wichtige Lernsituationen. Misslingt uns in unserem Lernprozess etwas, sind wir zum einen gezwungen, uns mit Gefühlen wie Wut, Frust und Enttäuschung auseinanderzusetzen und den Umgang mit ihnen zu trainieren. Zum anderen können wir überlegen:

- *»Warum hat es nicht geklappt?«*
- *»Was kann ich das nächste Mal anders machen?«*
- *»Was brauche ich noch, damit es beim nächsten Mal funktioniert?«*
- *»Wo finde ich eventuell Unterstützung?«*

Bei jüngeren Kindern werden diese Fragen sicherlich im Austausch mit euch als Eltern geklärt, aber nach und nach übernehmen Kinder diese Reflexionsmuster und können sie eigenständiger nutzen. Auf diese Weise stärken sich wichtige Bereiche des Wachstumsdenkens, aber auch der Frustrationstoleranz. Gleichzeitig werden Kompetenzen wie die Problemlösefähigkeit weiterentwickelt.

Vorbild sein

Ein zentraler Faktor bei der Ausbildung oder Festigung eines Growth Mindset ist das elterliche Vorbild. Wie geht ihr mit neuen Aufgaben um? Wie stellt ihr euch unbekannten Situationen? Wie reagiert ihr auf Fehler und Missgeschicke? Praktischerweise ist das Modelllernen ein natürlich in Kindern verankertes Lernprinzip und muss nicht speziell trainiert werden. Wenn ihr eure eigenen Tätigkeiten und Fehlversuche beispielsweise einfach kommentiert, bekommt euer Kind einen guten Eindruck davon, wie ihr mit Situationen umgeht, und wird das mit der Zeit fast intuitiv nachahmen.

Ein Beispiel: Ich selbst bin noch keine gute Bäckerin. Trotzdem wage ich mich immer wieder an diverse Backprojekte mit meinen Kindern: »*Oh, das klingt lecker. Das würde ich gern mal ausprobieren. Diesmal lese ich das Rezept aber ganz genau, dann klappt es bestimmt.*« Im besagten Fall sollten es Muffins werden. Ungefähr in der Hälfte des Vorgangs bemerkte ich, dass ich kein Sonnenblumenöl mehr hatte. »*Mist. Beim nächsten Mal muss ich vorher schauen, ob ich auch wirklich alle Zutaten habe. Okay, was könnten wir stattdessen benutzen?*« Die Wahl fiel auf Olivenöl. »*Ich probiere das einfach mal aus.*« Was soll ich sagen? Der Geschmack war äußerst gewöhnungsbedürftig, und meine Kinder verzichteten freiwillig auf das Naschen des Teigs. »*So ein Käse. Ich füge noch ein wenig mehr von den anderen Zutaten dazu. Vielleicht hilft das.*« Wir probierten noch ein wenig herum. Am Ende waren die Muffins durchaus essbar, wenn auch nicht so ganz nach unserem Geschmack. Meine Kinder haben diesen Prozess begleitet und gesehen beziehungsweise gehört, wie ich mit meinem Fehler umgehe. Sie haben mitbekommen, dass ich mich durchaus ärgere. Aber sie haben auch gesehen, dass ich nach Lösungen suche und mir vornehme, es beim nächsten Mal anders zu machen, statt das Backen aus Angst vor weiteren Fehlversuchen künftig zu vermeiden. Und wenn ihr jetzt eingeschüchtert sein solltet von meiner ausgesucht pädagogisch wertvollen Ausdrucksweise, kann ich euch beruhigen. Auch wenn ihr im Eifer des Gefechts in eine derbere Wortwahl verfallt, ist das kein Problem. Viel wichtiger ist das, was danach kommt. Wie ihr den Blick nach vorn richtet und euch nach kurzem Ärger einer Lösung widmet. Das ist das Signal, das für euer Kind wichtiges Vorbild ist.

Sensible Sprache

Es gibt allerdings auch Bereiche, in denen es durchaus sinnvoll ist, das eigene Sprechverhalten einmal genauer zu reflektieren, denn die Sprechwahl unserem Kind gegenüber hat Einfluss auf sein Selbstbild und sein Mindset.

Eine besondere Rolle spielen dabei zum einen die Art und Weise, wie wir loben, und zum anderen die sprachliche Form, in der wir den Missgeschicken oder Fehlern unserer Kinder begegnen.

Loben wir zum Beispiel extrem häufig, ist die Wahrscheinlichkeit, dass Kinder Situationen vermeiden, in denen sie Fehler machen könnten, deutlich höher. Sie möchten einfach nicht riskieren, kein Lob zu erhalten. Loben wir vor allem Persönlichkeitsmerkmale, kann bei Kindern schnell das Bild entstehen, sie würden Situationen nur aufgrund ihrer angeborenen Talente meistern. Sätze wie *»Das hast du aber schnell gelöst. Du bist wirklich sehr schlau«* oder *»Das Bild sieht ja super aus. Du kannst so toll malen«* haben sicherlich die besten Intentionen, begünstigen allerdings eher das Entstehen eines starren Selbstbildes. *»Ich kann das nur, weil ich (zufällig) schlau bin oder gut zeichnen kann.«* Natürlich dürfen Kinder um ihre Stärken wissen. Das ist sogar eine wertvolle Komponente für das Bewältigen von Übergängen wie dem Schulstart. Es ist auch nicht das Ziel, gänzlich auf das Loben oder auf positives Feedback zu verzichten. Kinder sind wie alle Menschen soziale Wesen und freuen sich über Interaktion und auch über bestärkende Rückmeldung. Es tut Kindern gut, zu sehen, dass wir sie und ihr Tun wahrnehmen. Es geht eher darum, Lob behutsam zu nutzen, dabei eher beschreibend vorzugehen und sich auf das Verhalten sowie den Prozess statt auf Persönlichkeitsmerkmale oder Fähigkeiten zu konzentrieren. *»Du bist die ganze Bahn komplett ohne Schwimmhilfe ge-*

schwommen«, »Du hast hier lang nachgedacht und bist auf eine tolle Lösung gekommen« oder *»Ich habe gesehen, wie sehr du dich angestrengt hast«.*

Ein weiterer Aspekt bei der Sprachwahl ist unsere elterliche Reaktion auf die Fehler und Missgeschicke unserer Kinder. Reagieren wir stark negativ darauf, ist nur allzu verständlich, dass Kinder Angst davor entwickeln, etwas falsch zu machen. *»Ich habe dir doch gesagt, dass das schiefgehen wird«* oder *»Das war das letzte Mal, dass ich dir das erlaube. Immer machst du etwas kaputt«* – das sind Sätze, die zwar nachvollziehbar aus unserem Ärger heraus entstehen, gleichzeitig aber dafür sorgen, dass unsere Kinder Fehler als etwas gänzlich Schlimmes und weniger als Wachstumschance bewerten. Es ist durchaus in Ordnung, in seinen Gefühlen authentisch zu bleiben und klar zu benennen: *»Ich bin wirklich traurig, dass meine schöne Salatschüssel kaputt ist.«* Gleichzeitig könnt ihr den Blick nach vorn richten und gemeinsam mit eurem Kind überlegen: *»Was können wir tun/was kannst du tun, um die Situation zu lösen? Und was können wir machen, damit das beim nächsten Mal nicht wieder passiert?«* Ist diese Haltung bei einem Kind angebahnt, startet es mit einem unglaublich wertvollen Fundament in sein Schulleben. Ganz besonders, wenn es um die schulische Leistungsbewertung geht, die im Grunde mit dem ersten Schultag beginnt.

Resilienz fördern

Der Begriff der Resilienz und seine Bedeutung für das Heranwachsen auch in seinen herausfordernden Momenten wie beispielsweise Übergängen haben erst in den letzten Jahren eine größere Aufmerksamkeit im pädagogischen Bereich erfahren.

Eine einheitliche Definition des Begriffes ist zwar schwer zu finden, dennoch lässt sich Resilienz als eine Art psychische Widerstandskraft zusammenfassen. Familienberaterin Rosmarie Welter-Enderlin sowie Soziologieprofessor Bruno Hildenbrand sehen in Resilienz »die Fähigkeit von Menschen […], Krisen im Lebenszyklus unter Rückgriff auf persönliche und sozial vermittelte Ressourcen zu meistern und als Anlass für Entwicklung zu nutzen«.[7] Bei diesen persönlichen Ressourcen handelt es sich um Fähigkeiten wie eine positive Selbstwahrnehmung, eine gewisse Selbstwirksamkeitsüberzeugung und Selbststeuerungsfähigkeit, eine grundlegende Problemlöseorientierung, eine angemessene Impulskontrolle sowie Kontaktfähigkeit.

Ein Kind, das …
- grundlegend um seine Stärken weiß,
- (Lern-)Erfolge auf die eigenen Fähigkeiten zurückführen kann,
- über ein Wachstumsdenken verfügt,
- auf Menschen zugehen und um Hilfe bitten kann,
- sich in entwicklungsgerechtem Maß selbst beruhigen kann,
- eigene Bewältigungsstrategien kennt und anwenden kann,
- nach Lösungen sucht,

zeigt demnach gut ausgeprägte Merkmale resilienten Verhaltens und verfügt somit über ein hilfreiches Fundament, wenn es herausfordernden Momenten gegenübersteht. Auch hier gilt natürlich, dass der Aufbau von Resilienz einen sehr langfristigen Entwicklungsprozess darstellt. Keine der Kompetenzen muss zum Schulstart komplett ausgebildet sein. Es geht wie immer lediglich darum, diese Richtung anzubahnen und Grundlagen zu legen.

Die genannten Resilienzmerkmale können eine große Bedeutung haben, wenn es um das Meistern von Übergängen geht.

Denn Übergänge sind oft durch Ungewissheit, Trennung, Abschied und neue Anforderungen gekennzeichnet und stellen damit komplexe und herausfordernde Krisenmomente dar. Das gilt erst recht für große Übergänge wie den Wechsel vom Kindergarten in die Schule. Der Schulstart ist in besonderem Maß durch Veränderung geprägt und bringt Kinder in die unausweichliche Situation, ihre Fähigkeit zur Bewältigung von Belastungsmomenten unter Beweis zu stellen. Gleichzeitig wird der Aufbau resilienter Verhaltensweisen genau in solchen Phasen außerordentlich gefördert. Übergänge sind also im Bezug auf die Entwicklung von Resilienz Herausforderung und Lernchance zugleich.

Wie fördere ich den Aufbau einer guten Resilienz bei meinem Kind?

Da die Fähigkeiten auf emotionaler Ebene alle eng miteinander verbunden sind, sind auch hier ähnliche Faktoren wie für den Aufbau von Selbstkompetenz oder eines Growth Mindsets hilfreich – ein entwicklungsförderliches Gleichgewicht aus Fürsorge und Selbstständigkeit, das Zutrauen von Herausforderungen, die eigene Rolle als lösungssuchendes Vorbild und eine achtsame Kommunikation mit dem Kind. Vieles davon kann sich bereits im Kindergartenalter sehr unaufdringlich im Alltag des Kindes ergeben. Kleine Aufgaben im Haushalt übernehmen, dem Kind bestimmte Tätigkeiten und Handlungen zutrauen, auch wenn Frustmomente lauern, gemeinsam Lösungen finden, wenn mal etwas danebengeht – all das braucht kein spezielles Trainingsprogramm, sondern euch als Eltern, die sich, auch wenn es manchmal schwerfällt, darum bemühen, im entscheidenden Moment loszulassen, um schon lang vor dem Schulstart immer wieder zu signalisieren: »*Du schaffst das. Und wenn du mich brauchst, bin ich für dich da.*« Solch positive Beziehungs- und gleichzeitig Bewältigungserfahrungen sind laut Psychologieprofessorin Corina Wustmann wichtige Momente für die Entwicklung von Resilienz. Weitere Faktoren für Resilienzaufbau sind[8]:

Verfügbarkeit einer Bindungsperson

Nicht nur die inneren Ressourcen eines Kindes spielen eine Rolle für das Gelingen von Übergängen oder fordernden Situationen, sondern auch das äußere Netzwerk, das ein Kind umgibt.[9] Und auch hier zeigt sich wieder, welch große Bedeutung der Leitsatz »*Mein Kind hat immer mich als sicheren Hafen*« hat. Eure verlässliche Bindung und Begleitung sind für euer Kind in potenziellen Krisensituationen, die der Beginn der Schulzeit so mit sich bringen kann, besonders wertvoll.

Erziehungsstil und Orientierungsrahmen

Einen Erziehungsstil, der durch einen klaren Rahmen, durch Orientierung sowie durch Augenhöhe und Wärme geprägt ist, sieht Wustmann als besonders förderlich für die Entwicklung von Resilienz an. Das bedeutet auch, dass das begründete Setzen von Grenzen seitens der Eltern dem Kind durchaus wertvolle Entwicklungschancen im Sinne der Resilienz bietet.[10] Es sorgt zwar einerseits für kindliche Frustsituationen, bietet aber gleichzeitig durch das liebevolle Hindurchbegleiten durch Wut und Enttäuschung einen starkenden Beziehungsmoment und gibt dem Kind die Möglichkeit, den Umgang mit herausfordernden Gefühlen zu trainieren.

Orientierung an Stärken und individuellen Ressourcen

Gerade im Schulstart und vor allem bei der dazugehörigen Vorbereitung ist es sinnvoll, mit dem Kind eher den Blick auf das zu lenken, was ihm gelingt. Wir sollten Raum geben für persönliche Talente und Interessen. Und auch wenn uns bestimmte Entwicklungsfelder unserer Kinder bezüglich des Schulbeginns Sorgen machen, sollten wir uns bemühen, diese vermeintlichen Defizite nicht zu überhöhen und vor dem Kind nicht allzu sehr in den Fokus zu nehmen. *»Puh, in der Schule muss du aber wirklich mal länger als zwei Minuten bei einer Sache bleiben«* – solche Sätze können auch beim Kind mit der Zeit für die Unsicherheit sorgen, ob es den Anforderungen dieses Übergangs mit seiner Persönlichkeit überhaupt gewachsen ist. Ein Kind, das um all die Dinge weiß, die es kann und die es schon geschafft hat, hat eher das Gefühl, der großen Herausforderung des Schulstarts etwas entgegensetzen zu können. Und genau diese positive Grundeinstellung ist für das Meistern einer herausfordernden Situation besonders förderlich.

Frustrationstoleranz ausweiten

Auch wenn hier und da bereits wichtige Impulse für die Förderung der kindlichen Frustrationstoleranz genannt wurden, möchte ich noch einmal einen ganz gezielten Überblick über den Aufbau dieser Kompetenz geben, vor allem, weil sie in vielen Schuleingangsuntersuchungen und mit Blick auf die Schulfähigkeit oft als wichtige Komponente angesehen wird.

Was ist mit Frustrationstoleranz gemeint?

Frustrationen entstehen, wenn wir spüren, dass unsere Bedürfnisse und Wünsche nicht erfüllt werden. Frustrationstoleranz meint die Art und Weise, wie wir mit diesen Misserfolgen, Niederlagen oder Enttäuschungen umgehen und inwieweit wir die damit verbundenen Gefühle regulieren und unsere Impulse kontrollieren können. Im schulischen Umfeld spielt diese Fähigkeit eine wichtige Rolle, denn sie hat großen Einfluss auf das kindliche Lern- und Sozialverhalten.

Eine eher geringe Frustrationstoleranz kann sich im Vorschulalter beispielsweise wie folgt zeigen:

- schnelles Aufgeben, wenn etwas nicht so klappt wie gewünscht
- starke emotionale Reaktionen bei nicht sofortiger Erfüllung von Wünschen
- heftige Reaktionen auf Niederlagen beispielsweise bei Gesellschaftsspielen
- kaum abwarten können, wenn sich Eltern in einem Gespräch oder Telefonat befinden
- aggressives Verhalten bei Ablehnung eines Wunsches

Ganz wichtig hierbei: Bis zu einer bestimmten Entwicklungsstufe zeigen nahezu alle Kinder dieses Verhalten, denkt nur einmal an die kleinkindliche Autonomiephase eures Kindes. Solltet ihr viele dieser Merkmale aber auch noch bei eurem Vorschulkind bemerken, ist dies trotzdem kein Grund zur Beunruhigung. Wieder gilt auch hier, dem Entwicklungsprozess des Kindes grundlegend zu vertrauen. Jedes Kind hat sein individuelles Temperament und auch eigenes Entwicklungstempo. Fällt es eurem Kind also noch nicht leicht, mit Frustrationsmomenten stabil umzugehen, sagt das erst mal nichts über den künftigen Schulerfolg eures Kindes aus, sondern ist für euch lediglich ein wertvoller Hinweis darauf, hier im Zuge der Schulvorbereitung vielleicht gezielter zu unterstützen.

Ich weiß aber, dass es dennoch oft dieser Bereich ist, der Eltern Sorgen bereitet. Zu wissen, dass das eigene Kind bald geduldig die Schulbank drücken soll, während es zu Hause noch immer die Fassung verliert, weil der Lieblingspullover in der Wäsche ist, lässt Eltern diesbezüglich nicht unbedingt entspannt Richtung Schulstart blicken. Ich möchte deshalb direkt mit dem folgenden Leitsatz beruhigen, der zeigt, dass sich beides gar nicht ausschließen muss.

»Mein Kind kann sich in unterschiedlichen Umgebungen zurechtfinden und sich entsprechend unterschiedlich verhalten.«

Zu Hause ist für euer Kind ein sicherer Raum, in dem man sich auch mal fallen lassen kann. Und auch die Beziehung zu euch Eltern ist eine ganz andere als die Beziehung zu den Lehrkräften. Ich erlebe häufig, dass Situationen, die im häuslichen Umfeld für starke Reaktionen sorgen, in der Schule von den Kindern völlig anders gelöst werden. Eure Kinder unterscheiden diese Umgebungen und wissen, dass in der Schule als Teil einer großen Lerngruppe ihre Kooperationsbereitschaft anders gefordert ist. Natürlich sind Kinder an unterschiedlichen Orten keine gänzlich unterschiedlichen Personen, aber ihr häusliches, oft gelöstes Verhalten sagt nicht unbedingt etwas über ihre schulischen Verhaltensweisen aus. Übrigens auch ein Grund dafür, warum in der Lernbegleitung der Austausch zwischen Eltern und Lehrkräften so wichtig ist, um einen ganzheitlichen Eindruck von einem Kind zu bekommen.

Wie kann ich die Frustrationstoleranz stärken?

Unterscheidung zwischen Bedürfnissen und Wünschen

Abwarten zu können ist eine hohe Kunst, die oft auch uns Erwachsenen noch schwerfällt und die uns viel Impulskontrolle abverlangt. Diese Fähigkeit entwickelt sich erst mit steigendem Alter und braucht in jedem Fall viele, viele Erprobungssituationen.

Dabei ist es ganz wichtig, zwischen Bedürfnissen und Wünschen zu unterscheiden. Bedürfnisse wie Schlaf, Nähe, Sicherheit oder Hunger sind die essenzielle Grundlage für unsere körperliche wie emotionale Stabilität. Die Erfüllung dieser Bedürfnisse stärkt unser Vertrauen in die Welt und unsere Mitmenschen. Darum sollten kindliche Bedürfnisse auch stets recht zeitnah Beachtung finden. Am Anfang sind wir Bezugspersonen dabei rund um die Uhr gefordert, im Lauf der Jahre entstehen daraus immer mehr Selbstständigkeit und auch Toleranz aufseiten des Kindes. Natürlich kann ein Vorschulkind, das Hunger hat, auch noch die zehn Minuten warten, bis das Essen fertig ist, aber dennoch sind Bedürfnisse nicht das vorrangig geeignete Übungsfeld, wenn es um das Aufschieben und Abwarten geht. Wünsche hingegen bieten sehr authentische Trainingsmomente. Dem Wunsch nach einem neuen Spielzeug müsst ihr als Eltern natürlich nicht sofort nachkommen. Und ihr habt sicherlich fundierte Gründe, die ihr eurem Kind mit anschließendem Aufzeigen von Lösungsmöglichkeiten nennen könnt: *»Dieses Spielzeug kostet viel Geld, das ich dafür nicht ausgeben möchte. Wir sparen unser Geld für den nächsten Familienurlaub, auf den du dich so freust. Wenn dir dieses Spielzeug wichtig ist, könntest du es dir zum Geburtstag wün-*

schen, oder du nutzt dein Taschengeld. Wir können ja zu Hause mal zählen, ob es schon reicht.«

Auch wenn wir Kindern beim Ablehnen oder Aufschieben von Wünschen erst einmal ein »Nein« entgegenbringen, ist es dennoch möglich, dabei eine bejahende Sprache zu nutzen, die ein wenig helfen kann, das Warten auszuhalten. Statt eines *»Nein, ich kann jetzt gerade nichts vorlesen, ich muss die Spülmaschine ausräumen«* kann ein *»Ich lese dir etwas vor, nachdem ich die Spülmaschine ausgeräumt habe (und wenn du mir hilfst, dann geht es sogar noch schneller)«* zum Gamechanger Richtung Frustrationstoleranz werden. Das positive Formulieren und das klare Abstecken des Ablaufs waren vor allem für mein neurodivergentes Kind eine große Unterstützung.

Hürden und Fehlermomente zulassen

Ihr merkt sicherlich schon, dieser Aspekt begegnet uns als Eltern einfach immer wieder. Kinder brauchen Freiraum für selbsttätige Erfahrungen und Erprobung. Auch wenn das bedeutet, dass Misserfolge oder Fehlermomente warten. Um den Umgang mit Frustration, Ärger und Wut erlernen zu können, müssen diese Gefühle auch erlebbar werden. Nur so bekommen Kinder eine gewisse Sicherheit in der Wahrnehmung entsprechender Emotionen: *»Aha, ich bin wütend. Das kenne ich schon. Das habe ich schon mehrfach gespürt.«* Darauf aufbauend können sie dann, zunächst mit Begleitung, Regulationsstrategien entwickeln (*»Wenn ich so wütend bin, hilft es mir, mich einmal richtig kräftig auszuschütteln.«*) und ihr Wachstumsdenken aktivieren (*»Wenn ich mich beruhigt habe, versuche ich es weiter. Jetzt weiß ich, was ich anders machen kann.«*).

Alle Emotionen anerkennen

Damit verbunden ist der Hinweis, allen kindlichen Gefühle Raum zu geben und sie ernst zu nehmen. Sätze wie »*Ist doch nicht so schlimm*« oder »*Das ist doch kein Grund, so wütend zu sein*« oder auch der Versuch, das Kind im Fall aufkommender Frustration schnell abzulenken, folgen zwar sicherlich guten Absichten, verhindern aber gleichzeitig wertvolle Lernprozesse im Bezug auf Frustrationstoleranz. Denn sie unterdrücken nur das Gefühl und geben darüber hinaus keine Handlungsstrategien, mit ihm umzugehen.

Elterliches Vorbild

Wie geht ihr selbst mit Frustrationsmomenten um? Vor allem auch solchen, die eventuell direkt mit eurem Kind verbunden sind? Natürlich dürft ihr euch weiter ganz authentisch über die heruntergefallene Salatschüssel ärgern. Aber verbalisiert gleichzeitig auch euren darauffolgenden Beruhigungs- und Lösungsweg. So bekommt euer Kind einen Eindruck davon, dass Gefühle wie Wut völlig in Ordnung sind und dass es eher darauf ankommt, nicht ohnmächtig in ihnen zu verharren, sondern zu überlegen: »*Was kann ich jetzt tun, damit es mir wieder besser geht?*«

Spielerische Elemente nutzen

Altersgerechte Gesellschaftsspiele sind eine gute Möglichkeit, die Frustrationstoleranz in Spielsituationen weiterzuentwickeln. Viele Kinder genießen hier den Motivationscharakter des Spiels und die soziale Interaktion und Zuwendung. Diese schöne Situation kann ein hoher Antrieb sein, einen Umgang mit den vielen kleinen Frustrationsmomenten, die ein solches Spiel bereithält, zu finden.

Für Kinder, denen gerade das in aufregenden Spielsituationen aber doch eher schwerfällt, eignen sich Spiele, bei denen man gemeinsam zum Ziel kommen kann oder eben auch gemeinsam »scheitert«. Das ruhige elterliche Vorbild kann hier gut zum Tragen kommen und dem Kind als Bewältigungsorientierung dienen: *»Ach Mist, diesmal hat es nicht geklappt. Wollen wir noch eine Runde spielen und unser Glück versuchen?«*

Soziale Kompetenzen weiterentwickeln

Schule ist ein sozialer Raum. Ein Raum voller zwischenmenschlicher Interaktion, Kommunikation und Beziehungen. Kinder stehen mit dem Schulstart vor der großen Aufgabe, in eine völlig neu entstandene Lerngruppe hineinzufinden. Sie werden neue Freundschaften knüpfen, Konflikte austragen und sie lösen. Sie müssen es immer wieder schaffen, die eigenen Bedürfnisse mit denen ihrer Mitschüler*innen in Einklang zu bringen. Außerdem lernen sie neue Bezugspersonen und deren Persönlichkeit kennen und bauen eine Beziehung zu ihnen auf.

Dafür sind unterschiedlichste soziale Kompetenzen hilfreich, die ebenfalls schon deutlich vor Schulstart angebahnt werden können. Die Liste solch sozialer Qualifikationen ist endlos, darum seien im Folgenden lediglich ein paar Schwerpunkte genannt:

- Kontaktbereitschaft
- Kompromissbereitschaft
- Konfliktfähigkeit

- Verantwortungsgefühl
- Empathie und Rücksichtnahme
- Kommunikationsfähigkeit

Welche Kompetenzen sollte ich unbedingt stärken?

Kinder sind Individuen und haben im sozialen Kompetenzbereich sowohl Stärken als auch Bereiche, die weniger ihrer Persönlichkeitsstruktur entsprechen. So gibt es extrovertierte Kinder, die zum Schulstart eine hohe Kontaktbereitschaft und eine gut ausgeprägte Kommunikationsfähigkeit mitbringen und deren Entwicklungsaufgabe zum Schulstart beispielsweise das Rücksichtnehmen auf ruhigere Kinder sein kann. Eher zurückhaltende Kinder wiederum sind in ihrer bedachten Art vielleicht besonders kompromissfähig und müssen mit der Zeit die Sicherheit gewinnen, sich auch für ihre eigenen Bedürfnisse stark zu machen. Jedes Kind bringt also zu Schulbeginn bereits individuelle soziale Kompetenzen, aber auch Entwicklungsfelder mit. Wie wir bereits wissen, soll es in der Schulvorbereitung nicht darum gehen, das Kind durch gezieltes Üben auf ein vorgegebenes einheitliches Entwicklungsniveau zu bringen, und besonders im Bereich der sozialen Kompetenzen wäre dies bei den sehr unterschiedlichen Charakterzügen der Schulanfäger*innen ein wirklich kontraproduktives Unterfangen.

Ich erwähne das noch einmal extra, weil mir oft die Frage gestellt wird, wie man das eigene eher schüchterne Kind vor Schulbeginn noch stärken könne. Manche Eltern haben Angst, es werde in der Gruppe untergehen und sich nicht behaupten können. Ich verstehe diesen Wunsch, aber ein Kind mit eher vorsichtigem Temperament im Vorschuljahr beispielsweise ständig

Gruppensituationen auszusetzen, damit es seine Kontaktbereitschaft stärkt, führt sehr wahrscheinlich nicht zum gewünschten Ziel. Statt das positive Selbstbild des Kindes zu festigen und ihm Zeit zu geben, würde ein solches Training eher Druck, Verunsicherung und Überforderung erzeugen. Abgesehen davon ist es auch ein häufiger Irrglaube, schüchterne Kinder seien weniger sozial kompetent oder aufgeschlossen. Schüchternheit ist keinesfalls ein Defizit in der Sozialkompetenz. Es ist lediglich ein Wesenszug, der Einfluss darauf hat, wie sich das soziale Verhalten eines Kindes gestaltet. Aber ein Kind, das sich Zeit nimmt, in einer Situation anzukommen und erst mal zu beobachten, das sich Zeit nimmt, das Gegenüber etwas kennenzulernen, bevor es in die Interaktion tritt, nutzt auch dafür wichtige soziale Fähigkeiten und ist keinesfalls weniger kompetent.

Vertraut also auch hier grundlegend dem Entwicklungsprozess eures Kindes, und versucht nicht, es zu drängen. Der Aufbau sozialer Kompetenzen ist ein sehr langfristiger Prozess, den ihr natürlich früh unterstützen und anbahnen könnt, der aber letztlich weit, weit über das Grundschulalter hinausgeht. Die Entwicklung eines umfassenden Empathievermögens beginnt beispielsweise ganz grundlegend im Babyalter und dauert bis in die frühe Jugend an.[11]

Kann ich die sozialen Kompetenzen meines Kindes trotzdem stärken?

Auf jeden Fall! Denn ob Kinder ihre sozialen Stärken und ihr Potenzial überhaupt ausspielen können, hängt durchaus davon ab, welche sozialen Erfahrungen sie im Lauf ihrer Entwicklung machen. Auch die Stärkung sozialer Qualifikationen wird dabei eher nicht in Form eines isolierten Trainings erfolgen, sondern ergibt sich vielmehr aus täglichen Interaktionen des Kindes mit seiner Umwelt und seinen Mitmenschen.

Die Beziehung zwischen euch und eurem Kind

Ihr als Eltern und als Familie seid der erste Ort sozialen Lernens. Eure Beziehung und die Art eurer Interaktion sind prägend für die soziale Entwicklung des Kindes. Agiert ihr hier auf Augenhöhe, nehmt Bedürfnisse wahr, stellt euch Diskussionssituationen, seid authentisch, zeigt eigene Grenzen auf, bittet um Verzeihung und nehmt euer Kind in seiner Person bedingungslos an, so wird es durch dieses Miteinander sicher getragen. Es baut ein Grundvertrauen auf, bekommt durch euer Vorbild wertvolle Impulse und kann sich, von diesem Fundament ausgehend, dem Umgang mit anderen Mitmenschen widmen.

Selbstkompetenz

Soziale Kompetenzen sind komplexe Fähigkeiten und eng verbunden mit anderen Kompetenzbereichen. Kompromissbereitschaft beispielsweise setzt eine gewisse Impulskontrolle und Frustrationstoleranz voraus. Kontaktbereitschaft hat auch etwas mit Urvertrauen zu tun. Und Empathie erfordert gleichzeitig eine gute Selbstwahrnehmung. Situationen, die die Selbstkompetenz eures Kindes stärken, sind also gleichzeitig auch ein wichtiges Feld für den Aufbau sozialer Fähigkeiten.

Soziale Interaktion und Gruppenerfahrung

Wie bereits gesagt, braucht es in der Regel keine bewusst konstruierten Situationen, in denen Kinder ihre sozialen Kompetenzen erproben und weiterentwickeln sollen. Zum einen ergeben sich im Alltag eines Kindes meist ohnehin viele natürliche Interaktionsmomente, zum anderen braucht es eben auch diese Authentizität, damit Lernprozesse wirklich zum Kind passen und nachhaltig fruchten. Die Beziehung zu den Eltern, der Umgang mit Geschwistern, die Interaktion mit Freund*innen und Großeltern, der Kindergarten, Kindergeburtstage, Spielen auf dem Spielplatz – alles Situationen, in denen das Kind sozial interagieren muss und so alltagsnah seine diesbezüglichen Kompetenzen trainiert.

Freies Spiel

Eine Fachkraft aus dem Ganztagsteam einer meiner ehemaligen Schulen sagte einmal zu mir: »Die Crux unserer Gesellschaft und unseres Bildungssystems ist die häufige Annahme, dass man im Spiel nichts lernt.« Dieser Satz begleitet mich bis heute, und ich merke immer wieder, dass diese Ansicht tatsächlich tief sitzt. Etwas, was sich auch sprachlich zeigt, wenn wir zwischen Arbeit/Schule und Freizeit/Spaß/Spiel unterscheiden. Dabei ist das Spiel eine fundamentale Komponente kindlicher Lernprozesse. Und das hört nicht mit dem baldigen Schuleintritt auf. Da beginnt eben nicht der Ernst des Lebens. Da darf der Spaß durchaus weitergehen.

Gebt eurem Kind also Raum für freies Spiel, und beobachtet es beispielsweise beim Rollenspiel mit Freund*innen. Die sozialen Kompetenzen, die dabei spielerisch erprobt und entwickelt werden, kann kaum ein Sozialkompetenztraining so mühelos und langfristig wirksam anbahnen.

Gemeinsame Vorfreude und Motivation

Vor einiger Zeit habe ich auf meinem Instagram-Kanal eine Umfrage gestartet, in der ich Eltern bat, mir zurückzumelden, was für sie und ihr Kind rückblickend die wertvollste Komponente in der Schulvorbereitung war. Über 3000 Leser*innen nahmen teil. Obwohl letztlich tatsächlich alle in diesem Buch vorkommenden Bereiche erwähnt wurden, wurden »Aufbau von Motivation«, »Neugier wecken«, »Lust auf die Schule machen« und vor allem »gemeinsame Vorfreude« mit Abstand am häufigsten genannt. Eine Erfahrung, die ich als Lehrkraft und als Mutter eines Schulkindes nur einmal mehr bestätigen kann. Aber wie kann es gelingen, als Eltern beim Kind diese positive Haltung aufzubauen?

Nicht schlecht über die Schule sprechen

Bitte vermeidet Sätze à la *»Pass auf, wenn du erst in die Schule kommst, dann …«* und die nachfolgende Aufzählung dessen, was mit Schuleintritt alles nicht mehr möglich oder erlaubt sei. Der vermeintliche Ernst des Lebens, mit dem Kindern seit Jahrzehnten Schule als spaßbefreiter Regelraum präsentiert wird, lässt vermutlich kaum Vorfreude oder Neugier entstehen. Viel eher werden so Ängste und Unsicherheit geschürt – ein ungünstiges Fundament für einen gelingenden Übergang. Schaut mit eurem Kind positiv auf den Ort Schule. Freut euch gemeinsam über all die wunderbaren Abenteuer und Lernerfahrungen, die dort warten: Projekte, Ausflüge, Aufführungen, bunte Klassenzimmer, Lesen lernen und große Pausen voller Freundschaft und Spielideen.

Elternfrage

»Ist das nicht auch ein bisschen Schönrederei? Sollte ich meinem Kind nicht ehrlich sagen, dass in der Schule sicherlich nicht nur Gutes wartet?«

Auch diese Frage wird mir regelmäßig gestellt. Natürlich sollt ihr euer Kind nicht bewusst anlügen, indem ihr behauptet, in der Schule werde bestimmt niemals etwas Unangenehmes auf das Kind zukommen. Denn das entspricht sehr wahrscheinlich nicht der Realität. Ich empfehle aber, die potenziell anstrengende Seite von Schule und Schulbeginn erst mal ein Stück auszuklammern. Euch fiele ja sehr wahrscheinlich auch nicht ein, euer Kind auf eine Geburtstagsfeier mit den Worten zu entlassen: *»Wahrscheinlich wird es schön, aber es kann auch sein, dass du dich total mit deinen Freund*innen zerstreitest, dir das Saftglas auf den kleinen Zeh fällt und dir der Geburtstagskuchen absolut nicht schmeckt.«* Der Versuch, das eigene Kind durch die Aufzählung dessen, was an Schwierigkeiten lauern kann, vorzubereiten oder gar abzuhärten, ist eine verständliche Intention, wird aber vermutlich gar nicht diesen gewünschten Effekt haben. Kommt nämlich tatsächlich eine der vorausgesagten Hürden auf euer Kind zu, so wird seine Antwort kaum lauten: *»Ach, das haben mir meine Eltern schon erzählt. Dann ist ja alles gut.«* Euer Kind kennt Schule noch nicht. Sein Bild bleibt bei aller Vorbereitung dennoch vage, und es kann eine Liste möglicher Schwierigkeiten einfach noch nicht differenziert und realistisch einordnen. Sie vergrößert aber die Unsicherheit. Außerdem bringt ihr euer Kind eventuell in eine energieraubende Habachtstellung vor Bergen, die es vielleicht nie besteigen muss. Denn letztlich wissen wir nicht, was das Schulleben für unsere Kinder wirklich mit sich bringt. Und schließlich merke ich als Lehrkraft, dass die Kinder, die mit einem grundlegend positiven Bild von Schule in meine Klasse kommen, sogar tatsächlich viel eher auch Widrigkeiten optimistisch begegnen als Kinder, die nervös auf die angekündigten Probleme warten. Was ihr aber durchaus tun könnt, ist, Handlungsmöglichkeiten aufzeigen: *»Wenn du Hilfe brauchst, darfst du dich an deine Lehrkraft wenden«* oder *»Du kannst mit mir/uns immer über alles sprechen«*.

Positiver Blick auf künftige Bezugspersonen

»Wenn die Lehrkräfte in der Schule so was sehen …« – auch solche Sätze sind in Richtung Schulstart ungünstig. Wir Lehrkräfte sollen wichtige und vertrauenswürdige Bezugspersonen für eure Kinder werden. Und ihr als Eltern unterstützt uns in dieser Aufgabe, wenn ihr ein positives Bild von uns vermittelt. Diesem Thema widmen wir uns noch einmal ausführlich in Kapitel 6.

Gemeinsam die Einschulungsfeier planen

Einladungen gestalten, Dekoration basteln, Muffins gemeinsam backen – Kinder freuen sich auf ihre Einschulungsfeier ähnlich wie auf ihre Geburtstage, und es ist wertvoll, sie in diesen Prozess einzubeziehen. Selbst aktiv zu werden bringt Kinder in eine selbstwirksame Position, macht Übergänge dadurch etwas greifbarer und sorgt für positive Gefühle in Zeiten des Umbruchs.

Positiv gestimmte Bücher lesen

Nicht immer müssen wir Eltern die richtigen Worte finden. Mittlerweile gibt es ein gutes und umfassendes Angebot an Kinderbüchern, die das Thema Schulstart positiv in den Blickpunkt nehmen und wundervolle Gesprächsanlässe bieten. Hier einige Buchtipps zum Schulanfang:

- *Der Ernst des Lebens* von Dr. Sabine Jörg
- *Der Ernst des Lebens – Den Schulweg gehen wir zusammen* von Dr. Sabine Jörg
- *Nur Mut Willi Wiberg* von Gunilla Bergström
- *Liebe* von Corrinne Averiss
- *Wir gehen zu Schule!* von Lena Kathinka Schaffer
- *Alle gehen in die Schule* von Anna Fiske

Elternfrage

»Mein Kind hat richtig Angst davor, in die Schule zu kommen. Was kann ich da tun?«

Meiner Erfahrung nach schwingt grundsätzlich bei allen Kindern ein kleines bisschen Unsicherheit und Ehrfurcht vor diesem großen Schritt mit. Das ist nur mehr als verständlich, wenn man bedenkt, welche Bewältigungsaufgabe dieser Übergang darstellt. Es gibt aber immer wieder Kinder, die dem baldigen Schulstart wirklich ganz besonders ängstlich entgegenblicken. Dann ist es wichtig, darauf umsichtig zu reagieren und erst einmal herauszufinden, woher die Angst kommt. Häufig schnappen Kinder beispielsweise ungünstige Vorstellungen (z. B. von älteren Kindern oder im Kindergarten) auf. Mitten im Vorschuljahr beschloss mein Kind plötzlich, dass es doch lieber nicht in die Schule gehen wolle. Nach einigem Nachhaken fand ich heraus, dass ein anderes Kind ihm erzählt hatte, wie scheußlich das Schulessen sei und dass man gezwungen werde, immer aufzuessen, auch wenn man etwas gar nicht mag. Und die Eltern dürften einen erst abholen, wenn man nichts mehr auf dem Teller habe. Das klang natürlich mehr als beängstigend, und ich brauchte einige Zeit, um mein Kind davon zu überzeugen, dass das ganz sicher nicht der Wahrheit entsprach. In der Vorschulzeit und der Zeit des Schulanfangs gilt also wie sonst auch – hinschauen und zuhören.

Manche Kinder haben auch einfach von Natur aus einen eher vorsichtigen und ängstlichen Charakter. Sie begegnen dem Schulstart darum etwas zögerlicher und sind dabei eventuell auf etwas mehr Sicherheit von außen angewiesen. Diese erfahren sie durch beruhigende Transparenz und den Aufbau von Nähe zu dem noch unbekannten Ort Schule.

Nähe zur Schule aufbauen und die Wartezeit überbrücken

In Deutschland ist der Übergang vom Kindergarten in die Schule oft ein ziemlich harter Bruch. Eine Verzahnung und enge Verbindung von Kindertagesstätten und Grundschulen ist zwar systemisch gewünscht und sogar festgeschrieben, aber die tatsächliche Umsetzung hat klare Grenzen. Vor allem aufgrund von Personalmangel auf beiden Seiten entfallen allerorts immer mehr Übergangsprojekte. Wertvolle Besuche von Lehrkraften in Kindergärten sind kaum realisierbar, weil die Fachkräfte in der Schule nicht einmal mehr stundenweise entbehrlich sind. Ich erlebe dennoch überall, wie sehr sich darum bemüht wird, wenigstens kleine Projekte umzusetzen, aber auch Schnuppertage oder Patenschaften sind einfach von der jeweiligen strukturellen und personellen Situation vor Ort abhängig. Im ungünstigsten Fall kann es also passieren, dass ein Kind am Tag der Einschulung das erste Mal das Schulgebäude sieht oder zum ersten Mal auf seine Lehrkraft trifft. In manchen Bundesländern gibt es durch Sprachstandsüberprüfungen oder das sogenannte Schulspiel (ein Kennenlernen zwischen Lehrkräften und künftigen Schulanfänger*innen, bei dem spielerisch der Entwicklungsstand der Kinder beobachtet wird) zwar Termine, zu denen Kinder ihre künftige Schule besuchen, allerdings sind das natürlich eher konstruierte Momente, die weniger dafür geeignet sind, einen ersten Eindruck vom Schulleben zu gewinnen.

Das ist sicherlich alles nicht optimal. Aber auch hier könnt ihr euch auf eure Möglichkeiten als Eltern fokussieren. Auch ihr habt durchaus die Chance, gemeinsam mit eurem Kind eine Nähe zur Schule aufzubauen, diesen Ort greifbarer zu machen und ganz nebenbei die anstrengende Wartezeit ein wenig zu überbrücken.

Den Schulweg ablaufen

Eine ganz klassische Empfehlung ist es, gemeinsam mit dem Kind den Schulweg abzulaufen. Für mein ältestes Kind war das eine der wichtigsten Komponenten in der Schulvorbereitung. Über Wochen hinweg sind wir sehr regelmäßig die Strecke abgegangen, haben auf Wunsch meines Kindes sogar die Zeit gestoppt und über mögliche kniffelige Verkehrssituationen gesprochen – einmal sogar mit Schulranzen auf dem Rücken. Ab und zu ergaben sich auf dem Weg auch schöne Gespräche und damit stärkende Beziehungsmomente.

Wie schon erwähnt, ist für mein derzeitiges Vorschulkind das Ablaufen des Weges wiederum überhaupt kein Thema, da es mit der Strecke durch das Abholen des Geschwisterkindes längst vertraut ist. Schulvorbereitung ist eben auch individuell.

Das Schulgelände kennenlernen

Auch wenn es an eurer künftigen Schule eventuell keine offiziellen Schnuppertage gibt, können sich Möglichkeiten ergeben, das Gelände etwas kennenzulernen. Ein Blick von außen schafft zum Beispiel schon einen Eindruck. Bei manchen Schulen ist der Schulhof ein frei zugänglicher Spielplatz, der außerhalb der Schulzeit erkundet werden kann. Klassenfeiern älterer Geschwister stellen einen Bezug zum Schulgebäude her. Und oft fungieren Schulen gleichzeitig auch als Veranstaltungsorte oder örtliche Wahllokale. In dem Dorf, in dem ich aufgewachsen bin, war das beispielsweise ein Moment, die Schule einmal von innen zu sehen.

Gemeinsam den Ranzen und die Schulmaterialien besorgen

Wenig erfüllt die künftigen Schulanfänger*innen mit solchem Stolz wie das Besorgen des eigenen Schulranzens. Mein Sohn hat sonst eher wenig Bezug zu materiellen Dingen, aber sein selbst ausgesuchter Schulranzen musste tagelang wie eine Trophäe auf unserem Küchentisch thronen. Immer wieder setzte er sich den Ranzen auf, marschierte zum Spiegel und bestaunte seinen Schulkindanblick. Das waren wichtige Erfahrungen, die einen positiven Bezug zum baldigen Schulbeginn hergestellt haben. Gleichzeitig sorgt das Beschaffen der entsprechenden Schulmaterialien für ein weiteres Stück wichtige Transparenz und Nähe gegenüber dem, was nach der Einschulung auf das Kind wartet. Einen neugierigen Blick in die Schulhefte zu werfen gibt eine Vorstellung der künftigen Themen und Lerninhalte.

Einen Abstreichkalender aufhängen

Besonders die letzten Wochen vor der Einschulung können sich ziehen wie zäher Kaugummi. Viele Kinder haben ihre Verabschiedung aus dem Kindergarten hinter sich, und der Familienurlaub ist vielleicht auch schon vorbei. Es ist klar – jetzt geht es bald wirklich los. Die alten Zelte sind abgebrochen, die Aufregung steigt, und in diesem Zustand müssen Kind und Familie dann den Rest der Sommerferien rumkriegen. Ein kribbeliger Zwischenzustand voller Anspannung, Langeweile und ja, auch Konfliktpotenzial. Wer an sein Kind in den Tagen vor dem Geburtstag denkt, hat recht genau eine Ahnung, wovon ich spreche.

In dieser Zeit kann ein Abstreichkalender ähnlich wie im Advent eine Orientierung geben. Zusätzlich kann die Phase des Wartens auch durch letzte Vorbereitungen gefüllt werden. Noch fehlendes Schulmaterial besorgen und beschriften, noch einmal den Schulweg abgehen, Dekoration für die Einschulungsfeier basteln. Gleichzeitig darf aber auch ganz viel Beschäftigung jenseits des Schulstarts stattfinden. Verabredungen mit künftigen Klassenkamerad*innen, Ausflüge, Zeit draußen verbringen – die Einschulung wird in diesen Wochen vermutlich ein bestimmendes Thema sein, aber es darf auch ganz intensiv die Zeit ohne Schule genossen werden. So oder so hatte diese Phase für mich letztlich den erfreulichen Nebeneffekt, dass sowohl ich als auch mein Kind vor allem dachten: *»Kann es jetzt endlich mal losgehen?«*

Elternfrage

»Mein Kind interessiert sich irgendwie gar nicht für den baldigen Schulstart. Muss ich mir Sorgen machen?«

Nein. Kinder haben einfach sehr unterschiedliche Charaktere und Temperamente. Während manche Kinder eine sehr intensive Vorbereitungsphase brauchen, um Sicherheit aufzubauen, lassen andere Kinder die Dinge eher auf sich zukommen. Solange ihr den Eindruck habt, dass euer Kind dem Schulstart schlichtweg gelassen entgegenblickt, ist diese angstfreie Haltung ein ganz wunderbarer Ausgangspunkt für diesen Übergang. Natürlich dürft ihr dennoch anbieten, beispielsweise den Schulweg abzulaufen, aber wenn euer Kind daran nicht allzu viel Interesse zeigt, dann ist das völlig okay. Hieraus eine Pflicht zu machen wäre vermutlich sogar kontraproduktiv. Was ihr tun könnt, wenn sich die ersten Schulwochen dann doch etwas holprig gestalten, könnt ihr in Kapitel 5 nachlesen.

Werdet ihr aber das Gefühl nicht los, dass euer Kind gar nicht entspannt ist, sondern beispielsweise eher aus Angst den baldigen Schulbeginn verdrängt und damit nichts zu tun haben möchte, dann ist natürlich eine andere Reaktion erforderlich. Dann gilt es wieder zuzuhören und hinzuschauen, woher die eventuelle Unsicherheit und Angst kommen, und diese zu besprechen.

Hinweis für Eltern neurodivergenter Kinder

Die Impulse für die Unterstützung der sozioemotionalen Entwicklung sind letztlich für die Schulvorbereitung aller Kinder sinnvoll. Allerdings musstet ihr vielleicht, solltet ihr ein neurodivergentes Kind begleiten, ab und an doch schlucken. Denn es gibt Phänomene im Bereich der Neurodiversität, die die Entwicklung mancher sozioemotionaler Kompetenzbereiche erschwert. So kann für Kinder mit ADHS oder im Autismusspektrum beispielsweise die Selbstregulierung, die stabile Kontaktaufnahme oder auch die Selbstwahrnehmung eine größere Herausforderung darstellen.

Nichtsdestotrotz können selbstverständlich auch diese Kinder stabile soziale und emotionale Fähigkeiten entwickeln und dabei lernen, Belastungen auszuhalten, Probleme zu überwinden oder Übergänge zu meistern. Es entspricht nur vielleicht nicht direkt ihrem natürlichen Stärkenprofil, und sie brauchen in dieser Entwicklung eventuell mehr Zeit oder sind auf eine engere Begleitung und Hilfestellung von außen angewiesen. Aber das heißt nicht, dass sie nicht durchaus in der Lage sind, sich zu festigen. Mein Sohn hat zum Beispiel gemeinsam mit seiner Ergotherapeutin während des gesamten Vorschuljahres »Beruhigungstricks« gesammelt und eingeübt, auf die er auch Richtung Schulstart in stressigen Situationen zurückgreifen konnte. Zunächst hat er dabei oft unsere elterliche Erinnerung und Begleitung gebraucht, aber mit der Zeit hat er diese Strategien immer selbstständiger genutzt. Und schließlich war unser Eindruck, dass er sie immer weniger brauchte, weil allein das Wissen um mögliche Bewältigungsstrategien ihm ausreichend Sicherheit bot. Diesen Entwicklungsprozess mitzuerleben hat auch uns als Eltern mehr Ruhe gegeben und unser Vertrauen gestärkt.

Viele Eltern neurodivergenter Kinder haben das Gefühl, sich als Familie eigentlich ganz gut eingespielt zu haben, und schauen nervös auf den Schulbeginn, weil sie befürchten, dass man dort eben nicht so verständnisvoll und aufgeschlossen auf ihr Kind reagiert. Dass dort eben nicht ausreichend Zeit zur Verfügung steht und es wenig Kapazitäten für eine Begleitung gibt.

Ängste, die in unserem überlasteten Schulsystem sicherlich nicht ganz unbegründet sind. Versucht aber auch hier, Zuversicht aufzubauen, indem ihr euch auf die Möglichkeiten, weniger auf potenzielle Schwierigkeiten konzentriert. Verlasst euch erstens auf euren elterlichen Einfluss und euer Zuhause als sicheren Entfaltungsraum, der auch bei Schuleintritt bestehen bleibt und dem Kind jeden Tag einen gewissen Raum gibt, ganz es selbst zu sein. Und setzt zweitens auf eine gute Zusammenarbeit mit der zukünftigen Lehrkraft eures Kindes. Wie das gelingen kann, lest ihr in Kapitel 7.

Nochmal im Überblick

Auf welche Kompetenzen kommt es im Bereich der emotionalen Vorbereitung an, und wie kannst du diese stärken?

- **Selbstkompetenz:** Wird ausgebildet durch das Stärken von Urvertrauen, das Kennenlernen und Erproben eigener Gefühle und dazugehörige Reflexionsgespräche.
- **Wachstumsdenken:** Es hilft Kindern, sich von Fehlern und Misserfolgen nicht entmutigen zu lassen und wird bewahrt durch eine positive Fehlerkultur und Ermunterung zur Selbstständigkeit
- **Resilienz/mentale Widerstandskraft:** wird gestärkt, wann immer wir unseren Kindern (entwicklungsgerechte) Hürden zutrauen und erst bei Bedarf unterstützen
- **Frustrationstoleranz:** wird gefördert durch den (begleiteten) Umgang mit Enttäuschungen und Misserfolgen
- **Soziale Kompetenzen:** können in vielen sozialen Interaktionen des Alltags gefestigt werden
- **Gemeinsame Vorfreude:** kommt zum Tragen, indem ihr nicht schlecht über die Schule oder die künftigen Lehrkräfte sprecht, zusammen mit eurem Kind die Einschulungsfeier plant oder positiv gestimmte Bilder- und Kinderbücher lest
- **Transparenz (Was kommt auf mich zu?):** wird z.B. erzeugt durch das Abgehen des Schulweges oder das gemeinsame Besorgen von Schulranzen und Materialien

- **Elterliches Vorbild:** ist für die emotionale Entwicklung eine zentrale Komponente
- Auch neurodivergente Kinder können in ihrem Rahmen stabile soziale und emotionale Kompetenzen aufbauen. Sie brauchen dabei eventuell mehr Zeit und engere Begleitung.

Kapitel 5

Schulvorbereitung – ein Fulltime-Job?

Die eigenen Schulerfahrungen aufarbeiten, Zuversicht gewinnen, Silben klatschen, Reime finden, Kastanien zählen, die kindliche Selbstkompetenz stärken, kommunizieren, Bewegungsmöglichkeiten bieten, Vorbild sein, auf die eigene Sprache achten – liest man sich durch die vielfältigen Empfehlungen zum Thema Schulvorbereitung, kann schnell der Eindruck entstehen, man könne jeglichen anderen Lebensinhalt aufgeben und sich im Grunde in Vollzeit allein dieser Aufgabe widmen. Ein Gefühl, das übrigens auch über den Schulstart hinaus anhalten kann. Mir persönlich war es sehr wichtig, mit diesem Buch das gesamte Spektrum möglicher Vorbereitung zu öffnen. Denn einerseits möchte ich zeigen, dass es dabei nicht nur um schulnahe, sondern auch um weitere vielfältige Kompetenzen geht, und andererseits sind Familien, Eltern und Kinder einfach verschieden und brauchen deshalb auch ganz unterschiedliche Impulse. Gleichzeitig ist es mir ein sehr großes Anliegen, euch den Druck zu nehmen und euch zu ermuntern, das Thema Schulvorbereitung nicht ungünstig zu überhöhen. Folgende fünf Gedanken können dabei eine beruhigende Stütze sein.

Die Vorbereitung muss zum Kind passen

Wenn ich ein Kind auf einen Übergang vorbereiten und diesen beziehungsorientiert begleiten möchte, dann ist es entscheidend, am Kind und seinen Bedürfnissen anzusetzen. So werde ich eben mit meinem zweiten Vorschulkind auf seinen ausdrücklichen Wunsch hin den Schulweg nicht ablaufen. Es kennt die Strecke durch seinen großen Bruder zur Genüge. Stattdessen konzentrieren wir uns als Eltern (und in unserem Fall mit therapeutischer Unterstützung) auf die Stärkung der Selbstwahrnehmung und des Selbstausdrucks, denn hier besteht noch deutlicher Begleitungsbedarf.

Schwerpunkte setzen

Passend dazu der nächste wichtige Impuls: In der Schulvorbereitung und vermutlich auch im sonstigen Elternsein gibt es keine 100 Prozent. Selbst wenn ihr euch vornehmen würdet, jeden Bereich möglicher Vorbereitung in den Blick zu nehmen, es gelänge euch nicht. Es würde entweder an der Zeit oder euren personellen Ressourcen scheitern und sehr wahrscheinlich irgendwann auf die deutliche Gegenwehr eures Kindes treffen. Ihr könnt kein Kind »lückenlos« vorbereiten, und das sollte auch gar nicht das Ziel sein. Als Lehrkraft kann ich euch versichern, dass jedes, wirklich jedes Kind sowohl mit Stärken und gut ausgeprägten Kompetenzen als auch mit künftigen Entwicklungsaufgaben in die Schule startet. Und das darf so sein, denn unsere Schulanfänger*innen kommen, um ihren schulischen Entwicklungsweg zu beginnen, nicht, um ihn schon erledigt zu haben. Setzt in der bewussten Schulvorbereitung also sinnvollerweise auf ein paar wenige zu eurem Kind passende Schwerpunkte. Und vertraut darauf, dass sich ohnehin vieles durch das alltägliche Miteinander ergibt und stärkt.

Schule – ein Lebensbereich von vielen

Das Thema Schule wird natürlich besonders zu Schulbeginn und vor allem in den letzten Wochen davor einen gewissen Raum einnehmen, aber bei alldem sollten wir nicht vergessen, dass es auch viele andere Lebensbereiche gibt, die für den Lebensweg eines Kindes wertvoll und wichtig sind. Bei allem Wunsch, unsere Kinder auf das vorzubereiten, was nach der Einschulung auf sie wartet, können wir gleichzeitig bereits während der Vorschulzeit vermitteln, dass Schule weder das komplette Leben bestimmt, noch die Rolle als (künftige) Schüler*innen plötzlich alles ist, was das Kind ausmacht. Sie werden vielleicht Schüler*innen, aber sie bleiben Fußballer*innen, Enkel*innen, Freund*innen, Geschwister, Legobauer*innen, Kartensammler*innen und vor allem einfach unsere Kinder.

Ihr seid nicht allein verantwortlich

In unserem Bildungssystem ist die Verzahnung zwischen Kindergärten und Grundschulen, wie erwähnt, noch stark ausbaufähig, und auch die Gewährleistung und Umsetzung von Vorschulprojekten in Kindergärten gestaltet sich allerorts sehr unterschiedlich. Ein Grund dafür ist auch hier oft der um sich greifende Personalmangel. Also hängt in unserem Land die konkrete Schulvorbereitung auch stark an euch Eltern. Und die Erwartungshaltung an das, was ihr dabei leisten sollt, ist hoch. Wer hat sie nicht auch schon einmal gelesen oder gehört? Reißerische mediale Berichte und übervolle Kommentarspalten darüber, dass die heutigen Eltern die Erziehung ihrer Kinder auf Kindertagesstätten und später die Schule abwälzen würden. Dass viele Kinder bei der Einschulung ja nicht mal mehr wüssten, wie man eine Schere richtig benutzt. Und immer wieder überfliege ich solche Artikel und denke mir kopfschüttelnd: *»Ja, das ist es, was Eltern in der Vorschulzeit dringend brauchen. Diffuse Vorwürfe und noch mehr Druck.«* Solche Behauptungen sind nicht nur unfair, sie berücksichtigen auch nicht die Herausforderungen und den Berg an Anforderungen, vor denen Eltern täglich stehen. So leben Familien heutzutage oft deutlich isolierter, als dies noch vor einigen Jahrzehnten der Fall war. Oft wohnen die Großeltern nicht mehr nur ein paar Ecken entfernt. Viele Eltern sehen sich gänzlich allein in der Verantwortung, den Kindern ein stabiles Kompetenzgerüst für die Einschulung mit auf den Weg zu geben. Eine großer Jonglage-Akt, bei dem sicherlich auch mal einige Teller herunterfallen.

Im Vorschuljahr meines Kindes wusste ich durchaus, in welchem Bereich mein Sohn weitere Stabilisierung brauchte. Aber in der Fülle unserer Aufgaben als berufstätige Eltern mit drei Kindern und ohne regelmäßige private Unterstützung waren manche Dinge schlichtweg nicht leistbar. Nachmittags noch mit Muße basteln, kleben und die Stifthaltung üben? Für meinen Sohn wären solche motorischen Übungssituationen sicherlich hilfreich gewesen. An vielen Tagen war das für uns aber einfach undenkbar. In unserem Fall waren unsere Therapeutin und glücklicherweise der Kindergarten eine wertvolle Hilfe. Und ich war einfach von Herzen dankbar für diese Unterstützung. Ich denke, so geht es einigen Eltern. Ich habe das nie als Abwälzen empfunden, sondern als eine Bildungs- und Erziehungspartnerschaft. Als das Dorf, das uns so sehr fehlte. Es war eine wohltuende Entlastung, zu wissen, dass meine Kinder dort zum Beispiel mit jeder Menge

Bastelerfahrungen und Motorikübungen versorgt wurden und wir uns zu Hause schwerpunktmäßig der emotionalen Begleitung widmen konnten. Aber nicht nur der Kindergarten kann, wenn personell möglich, diese Partnerschaftsfunktion haben. Auch Sportvereine, befreundete Familien, die Instrumentallehrkraft, ein Kindergeburtstag oder eben doch die Großeltern bieten als Erprobungsraum wichtige Entwicklungssituationen für wertvolle schulnahe Kompetenzen.

Ihr seid gut genug!

Wann immer ich selbst Ratgeber lese und dabei auf wertvolle und hilfreiche Impulse stoße, sehe ich mich hin und wieder auch mit unbequemen Hinweisen konfrontiert. Nämlich genau dann, wenn ich eine einleuchtende Empfehlung lese und im gleichen Moment zusammenzucke, weil – oh, Mist – ich bisher nicht unbedingt so gehandelt habe. Vielleicht erging es euch bis hierhin ab und an ähnlich. *»Ups, ich achte nicht immer so ganz genau auf meine Sprache …«*, *»Mist, ich vergesse oft mein elterliches Vorbild …«*, *»Na toll, ich habe meinem Kind aber schon öfter gesagt, dass es sich bis zum Schulbeginn noch besser konzentrieren können muss …«* Solche Gedanken nagen an uns. Sie piksen unangenehm in die tief sitzende Elternangst, man könne etwa falsch machen, seinem Kind Chancen verbauen oder selbst der Grund für die eine oder andere Hürde sein. Darum zwei wichtige Impulse für die aufregende Zeit des Schulstarts:

Erstens ist es absolut in Ordnung, sein Verhalten zu verändern. Niemand hat uns mit der Geburt unseres Kindes eine allumfassende Gebrauchsanweisung geliefert. Wir müssen und können nicht von Beginn an alles richtig machen, so gut unsere

Absichten auch sein mögen. Aber wir Eltern dürfen uns stetig reflektieren und entwickeln. Bekommen wir einen wertvollen Impuls, den wir gern übernehmen möchten, dann können wir das einfach tun. Und wenn ihr vorher in einer Sache mal anders gehandelt habt, so hat das sehr wahrscheinlich euer Kind nicht für alle Zeit verkorkst. Ihr habt so viel mehr Zeit als die wenigen frühen Jahre eures Kindes, um mit ihm ein gutes Fundament für sein Leben aufzubauen.

Und zweitens solltet ihr euren Wert als Eltern niemals daran messen, wie gut euer Kind in der Schule zurechtkommt. Auftauchende Hürden bedeuten nicht, dass ihr in der Schulvorbereitung versagt habt. Eventuelle Startschwierigkeiten sind nicht auf euer Versäumnis zurückzuführen. Macht euch davon frei. Ihr gebt euer Bestes, und ihr seid gut genug. Konzentriert euch im Fall des Falles auf die Berge, die kommen mögen, und besteigt sie gemeinsam mit eurem Kind. Denn letztlich ist es das, worauf es für das Kind ankommt: *»Egal, was passiert, ich bin nicht allein.«*

Kapitel 6

Die ersten Schulwochen oder »Ankommen braucht Zeit«

»Bis zu den Herbstferien (oder den Allerheiligenferien) … so lange dauert das erste Ankommen.« Ein wichtiger Satz, den ich den Eltern meiner Schulanfänger*innen immer mit auf den Weg gebe. Es ist wichtig, sich bewusst zu machen, dass die ersten Schulwochen einem klassischen Eingewöhnungsprozess entsprechen und daher auch alle entsprechenden Emotionen und Zustände einer solchen Zeit mit sich bringen. Sicherlich gestaltet sich dieser Übergang etwas anders, als das noch in Krippe oder Kindergarten der Fall war. Die sofortige Trennung von den Eltern, die direkt langen Anwesenheitszeiten in der Schule, alles verläuft diesmal schneller und abrupter. Das verlangt Kindern viel ab, aber lässt sie auch, ist der Prozess einmal geschafft, unheimlich wachsen. Trotzdem stellen besonders die ersten Schulwochen natürlich hohe Anforderungen an die frischgebackenen Schulkinder. Der Übergang in die Schule bleibt einfach ein besonders deutlicher Einschnitt, weil er so viele Veränderungen auf einmal mit sich bringt. Kinder sind zu Schulbeginn mit einem neuen morgendlichen Ablauf, neuen Bezugspersonen und unzähligen neuen Eindrücken konfrontiert, für deren Verarbeitung im Laufe des Schultags kaum Zeit bleibt. Nicht selten entlädt sich die angestaute Reizflut dann zu Hause. Wie genau, das hängt vom Temperament des Kindes ab. Es kann sein, dass euer Kind auf die Anforderung mit Erschöpfung und Müdigkeit reagiert. Ich habe immer wieder Schüler*innen in meinen ersten Klassen, die in dieser Zeit noch einmal für eine Weile zu einem Mittagsschlaf zurückkehren. Andere Kinder wiederum sind nach dem Schultag körperlich sehr angespannt und zeigen eine verstärkte motorische Unruhe. Mit dem Schulstart kommen auch das vermehrte Sitzen und damit eventuell weniger Bewegungsangebot als noch im Kindergartenalltag. Das merkt man besonders bewegungsfreudigen Kindern natürlich an. Auch die Gefühlslage der Kinder kann ein wenig aus dem Gleichgewicht gera-

ten. Starke Wut, häufige Tränen, Trennungsschmerz, Gereiztheit und auch Ablehnung wechseln sich ab mit unglaublichem Stolz und unbändigem Enthusiasmus über Lernfortschritte und neue Freundschaften.

Diese emotionale Instabilität kann Eltern nervös werden lassen. Da hat man sich so sehr darum bemüht, das eigene Kind auf diesen Schritt vorzubereiten, ihm diesen Übergang zu erleichtern, und dann vergeht keine Woche und es steht völlig neben sich. Das lässt Selbstzweifel aufkommen und ist wie Salz in die mühsam gepflegte Sorgenwunde: *»Ich hab's doch gewusst. Mein Kind leidet in der Schule.«* Und schnell rücken die so einleuchtenden Leitsätze in den Hintergrund, und unsere Beschützer*innenimpulse machen sich einsatzbereit: *»Da muss ich doch etwas tun.«*

Und darum ergänzen wir das Repertoire um einen weiteren wertvollen Grundgedanken zum Schulstart:

»Ankommen braucht Zeit.«

Je nach Persönlichkeit finden sich Kinder in ganz unterschiedlichem Tempo in diesen Lebensabschnitt ein. Manche brauchen nur wenige Tage, um die schulischen Abläufe zu verinnerlichen, sich auf die neuen Bezugspersonen einzulassen und Kontakt zu den Mitschüler*innen aufzunehmen. Es dauert nicht lange und sie verabschieden sich morgens Richtung Schulgebäude, als hätten sie nie etwas anderes getan. Andere Kinder benötigen deutlich mehr Zeit, um diesen Übergang zu bewältigen. Besonders bei sensiblen Kindern kann dieser Ankommensprozess einige Zeit in Anspruch nehmen. Das heißt aber nicht, dass sie den Wechsel in die Schule nicht ebenso kompetent meistern wie ihre Mitschüler*innen. Wie gut einem Kind ein Übergang gelingt, sollte auf keinen Fall ausschließlich an dem Zeitraum gemessen werden, den es braucht, um in dem neuen Umfeld anzukommen. Eingewöhnung ist kein Wettrennen. Es geht um das sichere Ankommen, nicht um eine möglichst hohe Reisegeschwindigkeit. Schüchterne, zurückhaltende oder sensible Kinder nehmen vielleicht zögerlicher Kontakt auf und brauchen eventuell länger, um Möglichkeiten zu finden, die vielen Eindrücke des Tages zu verarbeiten, aber auch sie gewöhnen sich irgendwann an ihren neuen Alltag als Schüler*innen. Auch sie werden sicherer mit den neuen Räumen, den vielen neuen Menschen, den neuen Anforderungen und dem neuen Tagesverlauf. Auch sie knüpfen Freundschaften und finden einen guten Platz in der Lerngruppe. Es kann nur einfach eine Weile dauern. Sie machen nicht drei Sprünge auf einmal, sondern erschließen sich diese Lebensphase eher Schritt für Schritt.

Ich weiß, dass es uns als Eltern den Schulstart deutlich leichter machen würde, wenn uns unser Kind morgens fröhlich winkend verließe und angstfrei pfeifend durch die Schultür schlenderte. Es wäre ein beruhigendes Gefühl und auch eine Art Bestätigung, in der Schulvorbereitung alles richtig gemacht zu haben. Aber es ist nicht die Aufgabe unseres Kindes, bei uns für Bestätigung und gute Gefühle zu sorgen. Sicher mit dem zu sein, was wir als Eltern tun, und Vertrauen in die Entwicklungswege unseres Kindes aufzubauen, das liegt in unserer eigenen Verantwortung. Die Aufgabe unseres Kindes ist es, für sich selbst zu sorgen und einen guten Weg zu finden, den Schulstart in seinem Tempo zu meistern und sich in diesem neuen Umfeld zurechtzufinden. Und weil das eine herausfordernde Aufgabe ist, wird sie nicht nur positive Gefühle und Stimmungen mit sich bringen. Negative Emotionen, starke Reaktionen, Erschöpfung – all das ist in den ersten Schulwochen völlig normal. Es ist Teil dieser Phase und darf sein. Das bedeutet nicht, dass euer Kind nicht gut vorbereitet war oder letztlich nicht doch Gefallen an der Schule finden wird. Erinnert euch daran, dass ihr eurem Kind das Meistern solcher Herausforderungen zutrauen könnt.

Und ihr als Eltern könnt dabei unterstützen, indem ihr diesem Prozess die nötige Zeit gebt und darauf vertraut, dass die Umstellung von Kindergarten auf Schule einfach dauern kann. Wie lang genau, das hängt eben vom individuellen Kind ab, aber meine Erfahrung als Lehrkraft ist in der Regel die: Bis zu den Herbstferien prasseln so viele neue Eindrücke auf die Kinder ein, dass sie mit dem Verarbeiten kaum hinterherkommen und nach den ersten Schulwochen dringend eine Pause brauchen. Mit den Herbstferien kommen dann ein paar Tage, in denen sich all die Erlebnisse einmal in Ruhe setzen können, und meist geht es danach schon deutlich stabiler weiter. Bis zu den Weihnachtsferien und dann im Lauf des ersten Halbjahres finden die Kinder mehr und mehr in ihre jetzige Rolle als Schüler*innen, bauen neue Routinen auf und wachsen in ihre deutlich größere Selbstständigkeit hinein. Vielleicht gibt es hier und da noch mal holprige Phasen – klassischerweise immer kurz vor den Ferien, wenn die Luft bei den noch jungen Kindern einfach raus ist –, aber ich stelle oft fest, dass mir Eltern spätestens nach den Osterferien zurückmelden, ihr Kind sei nun endgültig angekommen und irgendwie »so richtig groß geworden«. Alles in allem rate ich dazu, sich innerlich darauf einzustellen, dass der Eingewöhnungsprozess das ganze erste Schuljahr andauern kann. Bis dahin findet nämlich alles zum ersten Mal statt. Jede Phase des Jahresverlaufes erleben die Kinder im schulischen Umfeld neu, und das bedeutet, dass sie immer und immer wieder auf erstmalige Abläufe treffen, bei denen sie sich kurz orientieren müssen. Beurteilt das Ankommen eures Kindes also nicht anhand der ersten emotional oft holprigen Wochen, sondern vertraut grundlegend auf den Prozess und die Zeit, aber auch darauf, dass ihr merken werdet, wenn sich die Anfangswogen so gar nicht glätten wollen und euer Kind etwas mehr Unterstützung beim Ankommen braucht. Wendet euch in diesem Fall vertrauensvoll an die Lehrkraft.

Neben eurer Geduld gibt es noch ein paar weitere Dinge, die ihr tun könnt, um den Eingewöhnungsprozess zu begleiten.

Über den Schultag sprechen

»Wie war die Schule?«, Mit wem hast du denn heute in der Pause gespielt?«, »Was habt ihr auf?«, »Wie war denn der Ausflug?«, »Was hat denn Frau Demin zu deinen Hausaufgaben gesagt?« Das sind Sätze, die ich als Mutter nur allzu gut verstehe. Möchten wir als Eltern doch besonders in den ersten Schulwochen wissen, wie es unserem Kind in seinem neuen Alltag geht. Die Schwierigkeit mit diesen Fragen ist jedoch, dass sie in der Regel zu nichtssagenden Kurzantworten führen. »Weiß nicht«, »Nix«, »Gut«, »Hab ich vergessen« sind gern genommene Klassiker der After-Schultag-Konversationen.

Außerdem haben Kinder ziemlich feine Antennen für die elterliche Sprache und Kommunikation. Gehen eure Fragen zum Beispiel oft in eine bestimmte Richtung, drehen sich also beispielsweise viel um das Aufbauen von Freundschaften (*»Mit wem hast du heute gespielt? Hast du schon neue Freund*innen? Magst du dich mal verabreden?«*), so spürt euer Kind sehr schnell, dass ihr besonders auf dieses Thema achtet, und vermutet eurerseits die Erwartungshaltung: *»Meinen Eltern ist wichtig, dass ich schnell Freundschaften schließe!«* Das kann im anstrengenden Eingewöhnungsprozess zusätzlich unterschwelligen Druck ausüben und sogar dazu führen, dass euer Kind versucht, Antworten zu finden, die euch zufriedenstellen.

Wünscht ihr euch einen freieren und fruchtbaren Austausch mit eurem Kind, können folgende Formulierungen hilfreich sein. Sie geben einen konkreten Gesprächsimpuls und gleichzeitig ausreichend thematischen Freiraum:

- *»Gab es heute etwas, worüber du richtig lachen musstest?«*
- *»Gab es einen Augenblick, in dem du dich richtig geärgert hast?«*
- *»Hast du heute etwas gelernt, was du vorher noch nicht wusstest?«*

Selbstverständlich können auch hier die Antworten eher knapp ausfallen, denn nicht jedes Kind möchte eine ausführliche Berichterstattung abgeben. Das bringt mich direkt zum nächsten Leitsatz.

»Schule darf vorrangig meinem Kind gehören.«

Natürlich begleitet ihr als Eltern gerade in den ersten Schulwochen euer Kind noch deutlich enger, als dies im weiteren Schulleben der Fall sein wird. Dennoch habt ihr viel weniger Einblicke und seid deutlich weniger involviert als noch zu Kindergartenzeiten. Das damit verbundene Loslassen und das Vertrauen darauf, dass es eurem Kind gut geht, auch wenn ihr weniger mitbekommt, sind nicht ganz einfach, aber wichtig. Manche Kinder kommunizieren hier durchaus gern und sind erzählfreudig. Ist dies bei euch der Fall, dann erfreut euch an den geteilten Informationen und Eindrücken. Aber letztlich müssen wir im Grunde nur so viel wissen, wie es braucht, um unser Kind entwicklungsförderlich zu begleiten. Und das ist am Ende gar nicht so besonders viel. Mit wem das Kind in der Pause gespielt hat, wie weit es heute genau in Mathe gekommen ist, was es zum Mittagessen gab und welche Übungen in Sport gemacht wurden, mag uns als Eltern verständlicherweise brennend interessieren, aber wenn unser Kind keine Lust hat, das zu teilen, dann sollten wir das auch respektieren.

Elternfrage

»Ja, aber wie soll ich denn dann wissen, wenn etwas nicht mehr stimmt und ich entsprechend handeln muss?«
Wenn es eurem Kind schulisch lang anhaltend nicht gut geht, dann werdet ihr das auf jeden Fall merken. Auch ohne viele Worte und Berichterstattungen. Niemand kennt euer Kind so gut wie ihr selbst. Euch entgehen vermutlich nicht mal kleinste Nuancen. Vertraut auf dieses Wissen und eure Bindung. Vertraut darauf, dass euer Kind euch als sicheren Hafen sucht, wenn es Hilfe braucht und ihr dann entsprechend handeln könnt. Bis dahin versucht, euch darauf einzulassen, dass euer Kind vermutlich die Wahrheit sagt, wenn es euch auf die Frage, wie ihm die Schule gefällt mit »Gut« antwortet.

Den Trennungsschmerz begleiten

Die ersten Schulwochen sind wie viele Übergänge auch mit einem Abschieds- und Trennungsschmerz verbunden. Und gerade im Hinblick auf Schule kann das für manche Kinder eine wirklich herausfordernde Sache sein. Niemand würde in anderen Situationen von Kindern erwarten, ohne großartige Übergangsphase bei einer fast unbekannten Person zu bleiben. Aber schulisch wird sowohl von euch als Eltern ein gewaltiger Vertrauensvorschuss als auch eurem Kind ein deutliches Maß an emotionaler Selbstständigkeit und Regulation abverlangt. Gleichzeitig fühlen sich, wie gesagt, manche Kinder besonders in den ersten Wochen mit all den neuen Eindrücken einfach überfordert. Es handelt sich dabei um eine durchaus überwindbare Überforderung, die sie in der Regel mit der Zeit in den Griff bekommen und die sie wachsen lässt, aber dennoch ist es verständlich, dass sie sich zunächst erst einmal schwerer aus den Armen ihr engsten Bindungspersonen lösen.

Vier Impulse, um euer Kind im Loslösungsprozess zu ermutigen und zu begleiten

1. Ein Abschiedsritual an einem festen Ort vor dem Schulgebäude mit klarem Ablauf kann Orientierung, Transparenz und damit mehr Sicherheit in diesen Übergangsmoment bringen. Das kann eine individuelle Umarmung, ein geheimer Handschlag oder ein wiederkehrender stärkender Satz sein.
2. Wenn euer Kind ins Schulgebäude geht, bleibt so stehen, dass es euch noch sehen kann, wenn es sich umdreht. Vereinbart ein Zeichen, das euer Kind euch gibt, wenn ihr gehen dürft. Das Gefühl, über die Trennung mitentscheiden zu können, gibt manchen Kindern tatsächlich den notwendigen Halt, um den Sprung zu schaffen.
3. Malt erst eurem Kind und dann euch ein kleines Herz oben innen auf den Daumen. Drückt vor der Schule eure beiden Daumenherzen ganz fest aneinander und »ladet sie auf«. Diese Herzen verbinden euch den gesamten Schultag über, auch

wenn das Kind euch nicht mehr direkt um sich hat. Wann immer es euch vermisst, kann es das eigene Herz fest drücken und sich etwas von seiner Kraft geben lassen.

4. Bemüht euch um eine gute Beziehung zur Lehrkraft als neuer Bezugsperson. Sieht euer Kind, dass ihr als Eltern auf die Lehrkraft positiv, vertrauensvoll und zugewandt reagiert, baut ihr damit auch für euer Kind eine wichtige Brücke. Der Abschied fällt langfristig deutlich leichter, wenn euer Kind weiß, am Ende des Trennungsmomentes wartet eine Person, bei der es gut aufgehoben ist.

Ausgleich schaffen

Erinnert ihr euch an den Grundgedanken aus dem vorherigen Kapitel? Schule ist nicht alles! Natürlich wird dieses Thema besonders in den ersten Wochen nach der Einschulung einfach sehr präsent sein, aber es sollte auch nicht der überhandnehmende Schwerpunkt im Leben des Kindes sein. Ruhephasen mit wertvollem Nichtstun, der Sportverein, Freundschaften, ein Nachmittag auf dem Spielplatz, Familienzeit, Hobbys, gemütliche Filmabende, Wochenendvormittage im Schlafanzug – es gibt viele Wege, dem Kind notwendiges Abschalten zu ermöglichen und zu signalisieren, dass es auch noch ganz viel jenseits von Schule gibt. Von Beginn an schulfreie Räume zu schaffen ist wertvoll für eine wohltuende Balance und die Erinnerung daran, dass ein Kind auch mit Schuleintritt mehr ist als nur ein*e Schüler*in.

Kapitel 7

Gelingende Beziehungen – das A und O für den Schulanfang

»Ich hoffe, mein Kind bekommt eine nette, zugewandte Lehrkraft!« Ein nachvollziehbarer Wunsch, ein kleiner Satz, und doch kenne ich auch die elterliche Nervosität, die hinter diesen Worten steckt. Das eigene Kind anderen Menschen anzuvertrauen ist ohnehin schon kein leichter Schritt. Und bezogen auf den Schulstart heißt das in der Regel sogar, es in die Obhut eines meist noch fremden Menschen zu geben. Dementsprechend sensibel sind die elterlichen Antennen. Wer ist dieser Mensch, der ab jetzt mein Kind so viele Tage begleiten wird? Worauf legt die Person wert, die künftig die Leistung meines Kindes beurteilen darf? Wird mein Kind gut behandelt? Wird Rücksicht auf seine Persönlichkeit genommen?

Lehrkräfte nehmen im Schulalltag unserer Kinder eine zentrale Stellung ein. Gerade für die noch jungen Schulanfänger*innen werden sie zu wichtigen Bezugspersonen. Sie dienen als Vorbild, geben besonders zum Schulstart wichtige Orientierung und haben nachweislich einen erheblichen Einfluss auf Lern- und Entwicklungsprozesse. Eine stabile und von Wertschätzung geprägte Beziehung zwischen Kind und Lehrkraft hat eine enorme Bedeutung für den schulischen Erfolg und ein positives Schulerleben des Kindes.[1] Da ist es nur verständlich, dass ihr als Eltern der Bekanntgabe der zukünftigen Klassenlehrkräfte mit klopfendem Herzen entgegenblickt.

Wenn es darum geht, welche Lehrkräfte dem eigenen Kind an die Seite gestellt werden, erlebe ich oft, wie ausgeliefert und hilflos sich Eltern fühlen. Es wird als reines Glück empfunden, auf ein gutes Miteinander zu treffen. Eine Lehrkraft abzubekommen, die an einem Austausch auf Augenhöhe interessiert ist. Und dabei wird schnell übersehen, dass ihr selbst durchaus positiven Einfluss auf das Beziehungsgeflecht zwischen euch, der Lehrkraft und auch dem eigenen Kind nehmen können.

Natürlich, ihr habt wenig Mitspracherecht bei der Auswahl

der Lehrkräfte, aber die anschließende Zusammenarbeit liegt zur Hälfte in euren Händen.

Warum eine gute Zusammenarbeit mit Lehrkräften von Anfang an wichtig ist

Die Wahrscheinlichkeit, dass der Übergang vom Kindergarten in die Schule gelingt, euer Kind gut in seinem neuen schulischen Umfeld ankommt und sich dort wohlfühlt, steigt immens, wenn alle darin agierenden Personen respektvoll zusammenarbeiten. Dabei ist das Miteinander von Kind, Eltern und Lehrkraft – von Jesper Juul »das lernende Dreieck« genannt – besonders wertvoll.[2] Findet zwischen den einzelnen Komponenten dieses Dreiecks ein wertschätzender Austausch auf Augenhöhe statt, so wird das Kind auf seinem Lernweg durch ein stabiles Beziehungsnetz getragen. Und das wiederum ist eine fantastische Grundlage, um mit den unvermeidbaren Krisen der Schulzeit gut zurechtzukommen. Es ist unheimlich wertvoll für Kinder, zu spüren, dass alle ihre Bezugspersonen im gemeinsamen Interesse zusammenarbeiten und sich bestenfalls gegenseitig unterstützen. Gleichzeitig kommt eine positive Beziehung zur Lehrkraft auch euch als Eltern zugute. Denn sie gibt Sicherheit und stärkt das Vertrauen, das ihr zum Schulstart oft so mühevoll mobilisieren müsst. Und zu guter Letzt ist eine wertschätzende Zusammenarbeit auch für uns Lehrkräfte ein Gewinn. Zum einen kommen wir in der Lernbegleitung oft deutlich weiter, wenn wir euch als Eltern dabei an unserer Seite wissen, und zum anderen erhöht es unsere Berufszufriedenheit. Und was könntet ihr eurem Kind Besseres wünschen als eine Lehrkraft, der es in ihrem Berufsalltag gut geht?

»Das lernende Dreieck«

Wenn es darum geht, euer Kind bei seinem Start ins Schulleben zu begleiten und dabei ein tragendes Bindungs- und Beziehungsnetz aufzubauen, dann ist es sinnvoll, sich die für euer Kind zentralen Beziehungen im schulischen Umfeld einmal anzuschauen. Das sind erstens die bereits vorhandene Beziehung zwischen euch und eurem Kind, zweitens die zwischen der Lehrkraft und eurem Kind und schließlich die zwischen euch und der Lehrkraft. Im November 2011 zeigte Jesper Juul in einem eindrucksvollen Vortrag die Bedeutung der Beziehung zwischen Lehrkräften, Kindern und Eltern und benannte völlig klar, dass der Erfolg (schulischer) Entwicklungs- und Lernprozesse von Kindern auch deutlich davon abhängt, ob die jeweilige Beziehungsgestaltung gelingt oder nicht.[3]

Wenn ihr aufmerksam mitgezählt habt, dann könnt ihr leicht erkennen, dass ihr an zwei der drei grundlegenden Beziehungen ganz direkt beteiligt seid. Und selbst die Beziehung zwischen der Lehrkraft und eurem Kind könnt ihr positiv unterstützen. Entgegen den häufigen Gefühlen von Hilflosigkeit und Ausschluss habt ihr also durchaus mehr Möglichkeiten zur Mitgestaltung, als ihr im ersten Moment vielleicht vermutet. Je mehr Stabilität und Verlässlichkeit ein Kind in den jeweiligen Verbindungen erfährt, umso sicherer wird es im Schulalltag getragen, und umso größer sind seine individuellen Lern- und Entfaltungschancen.

Daher auch Juuls klare Forderung, dass sich alle am schulischen Lernen des Kindes beteiligten Personen um ein gelingendes Miteinander bemühen. Dabei ist es im Übrigen nicht das Ziel, diese Beziehungen konfliktfrei zu gestalten. Reibung sei laut Juul sogar unbedingt erwünscht, denn sie sorge für unheimlich wertvolle Entwicklungsprozesse. Entscheidend sei das Agieren auf Augenhöhe allen Beteiligten gegenüber.

Die Beziehung zwischen euch und eurem Kind

In dieser Beziehung steckt, natürlich je nach individueller Situation, eine der ersten Bindungen, die euer Kind in seinem Leben aufgebaut hat. Sie ist daher besonders prägend. Sie ist die einzige, die schon besteht, wenn euer Kind vom Kindergarten in die Schule wechselt, und meist gut stabilisiert. Und sie ist es auch, um die sich viele Eltern im Hinblick auf den Schulstart sorgen. Was passiert mit dieser Beziehung? Wird sie diesem Übergang standhalten? Wird sie unter Hausaufgaben und schulischer Leistungsbewertung leiden? Wird mein Kind sich mir noch anvertrauen? Merke ich, wenn etwas nicht stimmt? Kann ich ihm noch zur Seite stehen, wenn es mich braucht?

Wenn sich die Schultür hinter eurem Kind schließt, durchtrennt sie nicht einfach das jahrelang geknüpfte Band eurer Beziehung. Ihr müsst wieder ein bisschen loslassen. Das schon. Ihr müsst das Band wieder etwas länger werden lassen. Aber all das, was ihr bisher in diese Verbindung investiert habt, jedes liebevolle Wort, jede durchwachte Nacht, jede Bestärkung, jedes Händchenhalten und jede Versöhnung ist tief in eurem Kind verankert. Das wird nicht einfach durch die Herausforderungen des Schullebens gelöscht. Ganz im Gegenteil. Durch ebensolche Hürden werden sich viele neue Momente ergeben, in denen sich die Beziehung zu eurem Kind beweisen und stärken kann. Denn ihr werdet die Personen sein, die euer Kind nach einem anstrengenden Schultag in Empfang nehmen. Ihr dürft entscheiden, wie ihr mit eurem Kind über eventuelle Misserfolge sprecht. Ihr dürft euer Kind nach einem Streit mit seinen Freund*innen zu Hause trösten und dazu ermutigen, Versöhnungswege zu finden.

Natürlich wird sich die Beziehung zu eurem Kind mit dem Start ins Schulleben weiterentwickeln und verändern, so wie sie sich seit Jahren immer weiterbewegt. Mein Sohn hat im Lauf des ersten Schuljahres einen neuen Freundeskreis aufgebaut, neue Interessen entwickelt, bei denen ich kaum mitreden konnte, und sich irgendwie auch eine ganz eigene Umgangssprache angeeignet. Er hat wundervolle Ausflüge und Projekte ohne mich erlebt, verabredete sich mit Freund*innen allein auf dem Spielplatz und war nach einem langen Schultag manchmal einfach nur froh, sich mit einem Hörspiel in sein Zimmer zurückziehen zu können. Unsere Berührungspunkte hatten eine andere Frequenz als früher, waren dafür aber umso fokussierter und wertvoller, wenn wir uns Zeit füreinander genommen haben. Die Gespräche hatten eine neue Ebene, ebenso wie die Aushandlungsprozesse. Mein Sohn steckte mich argumentativ immer häufiger in die Tasche und forderte sein Großwerden, seine eigene Meinung und auch seine Selbstständigkeit plötzlich mit Pauken und Trompeten ein. Und das, obwohl er bis dato vergleichsweise lang auf meine sehr enge Begleitung bestanden hatte. Gleichzeitig blieben Momente, in denen ich auch ohne große Worte deutlich spürte, dass mein Kind trotz des immensen Entwicklungssprungs zur Einschulung noch wirklich jung war und uns als Eltern natürlich weiterhin brauchte. Zum Auftanken, zum Verarbeiten, zum Ganz-er-selbst-Sein.

Vertraut auf diese Entwicklung, auf das Gleichgewicht aus Entfernung und Rückversicherung und auf das Fundament eurer Bindung, das ihr seit rund sechs Jahren liebevoll aufgebaut habt.

Die Beziehung zwischen der Lehrkraft und eurem Kind

Mit der Einschulung verabschiedet sich euer Kind von seinen betreuenden Bezugsmenschen im Kindergarten und bekommt mit seiner Klassenlehrkraft eine neue Bezugsperson an die Seite gestellt. In den ersten Wochen wird sich hier eine für die weiteren Schuljahre zentrale Beziehung formen, und die ist vor allem erst mal eines – die Beziehung zwischen eurem Kind und seiner Lehrkraft, die ihr zwar begleiten und unterstützen, aber möglichst wenig beeinflussen solltet.

Als Mutter eines Erstklässlers kenne ich den Impuls, der neuen Lehrkraft am liebsten direkt ein ausführliches Handbuch zum besseren Verständnis und zur personengerechten Behandlung des eigenen Kindes in die Hand zu drücken. Es würde sich einfach um ein Vielfaches sicherer anfühlen, wenn wir eine Art Garantie hätten. Wenn wir wüssten, dass unsere Art der Begleitung fortgesetzt wird. *»Die Lehrkraft weiß genau, was zu tun ist, wenn mein Kind …«*

Ich verstehe diesen Gedanken. Wirklich. Und dennoch ist es wichtig, sich davon zu lösen. Der Wunsch, dass unser Kind von der Lehrkraft gut angenommen und begleitet wird, ist natürlich völlig verständlich und sinnvoll. Dass die Lehrkraft dabei am besten möglichst so agiert wie wir, ist allerdings kein ziel führender Anspruch. Bezugspersonen sind auch Individuen mit einer ganz eigenen Persönlichkeit, einer eigenen Rollenaufgabe und eigenen Zielsetzungen. Die Beziehung und die Bindung unterschiedlicher Bezugsmenschen gegenüber eurem Kind werden sich deshalb auch durchaus verschieden gestalten. Und das bedeutet absolut nichts Schlechtes.

»Mein Kind darf vielfältigen Menschen begegnen und seine eigene Meinung haben.«

Die Großeltern eures Kindes haben sicherlich auch ihre eigene Art, mit eurem Kind umzugehen. Die Beziehung hat einen anderen Schwerpunkt. Es gelten andere Absprachen, es fallen andere Sätze, und sie findet eventuell in einer eigenen Umgebung statt. Kinder können das sehr gut trennen. Sie können gut zwischen den einzelnen Bindungen und Bezugspersonen unterscheiden. Sie wissen, was welchem Menschen wichtig ist, welche Erwartungen er hat und wie der Umgang miteinander ist. Die Lehrkraft eures Kindes kann ein völlig anderer Persönlichkeitstyp sein als ihr und auch völlig anders handeln. Kinder wissen sehr genau: Schule ist Schule, und zu Hause ist zu Hause. Frau Gül ist Frau Gül, und meine Eltern sind meine Eltern. Sie erwarten nicht, dass alle Personen in ihrem Leben auf dieselbe Weise mit ihm agieren. Natürlich ist es eine Entwicklungsaufgabe, sich mit neuen Personen zu arrangieren, sie kennenzulernen, sie zu verstehen und einzuschätzen und mit ihnen auch mal einen Konflikt auszutragen. Aber dieser Beziehungsaufbau zur Lehrkraft darf die vorrangige Aufgabe eures Kindes sein. Traut ihm das zu. Denn es sind wichtige soziale Erfahrungen für den weiteren Lebensweg.

Ihr könnt den wichtigen Beziehungsaufbau zwischen Lehrkraft und Kind stärken, indem ihr der neuen Bezugsperson eures Kindes grundlegend wohlwollend begegnet und möglichst wenig eingreift. Denn dass Lehrkräfte anders agieren als ihre Eltern, ist für Kinder meist gar kein Problem. Stehen Eltern der Lehrkraft aber kritisch gegenüber und bringen das auch vor dem Kind zum

Ausdruck, kann das für das Kind zur Herausforderung werden.

Gerade für die noch jungen Schulanfänger*innen sind wir Lehrkräfte nämlich unheimlich wichtige Orientierungspunkte. Wir sind die Leuchttürme, die sie durch den Nebel und das unbekannte Gewässer des Schulstarts lotsen. Die Beziehung, die euer Kind zu uns aufbaut, und die damit erlebte Bindungserfahrung sind prägend. Sind wir doch die ersten Lehrkräfte, auf die euer Kind in seinem Schulleben trifft. Darum ist es wichtig, dass ihr als Eltern dieser Beziehung erst einmal grundlegend Raum gebt und sie unterstützt. Und zwar unabhängig von euren eigenen Sympathien gegenüber der Lehrkraft. Denn erinnert ihr euch? Euer Kind ist ein eigenständiges Individuum und darf seine eigenen Erfahrungen machen. Kommt euer Kind gut mit seiner Lehrkraft klar, berichtet es positiv und akzeptiert sie als wichtige Bezugsperson, solltet ihr das respektieren und möglichst wenig eingreifen. Eure Meinung hat für euer Kind immense Bedeutung. Denn bisher wart ihr jahrelang sein Leuchtturm. Sprecht ihr nun also, wenn auch nur in kleinen Kommentaren hier und da, eher negativ über die Lehrkraft eures Kindes, dann sitzt das Kind plötzlich zwischen den Stühlen.

»Hat dich Frau Gül etwa schon wieder nicht an das Sportzeug erinnert?«, *»Also momentan gibt Herr Niemeyer aber ein bisschen zu wenig Hausaufgaben auf«*, *»Wieso sollst du denn jetzt dauernd an dem Vierertisch sitzen? Da kann man sich doch gar nicht konzentrieren?«* Solche Sätze sagen sich schnell. Meist haben sie auch keine wirklich böse Absicht, sondern sind eher ein kurzer Unmutsmoment, entstehend aus eurem Bedürfnis, gut für euer Kind zu sorgen. Aber für euer Kind erzeugt das auf Dauer Unsicherheit oder sogar emotionalen Stress. Denn es kann zum einen oft nichts an den kritisierten Situationen ändern oder empfindet sie zum anderen selbst vielleicht gar nicht als problematisch. Unsere Kinder sind eigenständige Menschen, mit einer eigenständigen Mei-

nung und eigenständigen Bedürfnissen. Eine befreundete Mutter rief mich kurz nach dem ersten Elternabend an und klagte darüber, dass die Lehrkraft ihres Kindes doch eher ein kühler Charakter sei und nicht gerade sehr empathisch wirke. Das habe sie sich für ihr Kind anders gewünscht. Sie fragte mich, ob ich einen Rat hätte, wie sie damit umgehen könne. Ich bat sie darum, mir zu berichten, wie denn das Kind die Lehrkraft wahrnehme. *»Das weiß ich gar nicht, sie hat bisher noch gar nichts dazu erzählt«*, war die direkte Antwort. Also riet ich meiner Freundin, da erst mal einen Eindruck zu gewinnen. *»Du hast Frau Milke jetzt ja schon gut kennengelernt. Was findest du denn ganz besonders gut an ihr?«* und *»Gibt es auch etwas, das dich stört?«* könnten dabei mögliche Impulsfragen sein. Und siehe da – die Tochter, die sich übrigens im Autismusspektrum befindet, benannte völlig klar, dass sie gut finde, dass Frau Milke immer genau sagt, was als Nächstes kommt und wann Pause ist. Und dass sie jeden Morgen an den Begrüßungsspruch denkt. Auf die Frage, ob sie auch etwas stören, kam ein schnelles und sehr bestimmtes »Nö«. Während sich also meine Freundin aus ihrem Blickwinkel als Mutter um fehlende Empathie oder Zugewandheit sorgte, machte ihre neurodivergente Tochter völlig deutlich, dass sie sich mit ihrer Klassenlehrkraft wohlfühlte, weil diese Bezugsperson vielleicht nicht besonders gefühlsbetont, aber offensichtlich sehr verlässlich handelte und damit dieses Bedürfnis der Tochter gut erfüllte.

Wenn ihr also das Verhalten oder bestimmte Persönlichkeitszüge von Lehrkräften aus eurem eigenen Empfinden heraus eher skeptisch betrachtet, fragt euch, bevor ihr unnötig eingreift, immer: *»Habe gerade ICH das Problem, oder ist wirklich mein KIND in Schwierigkeiten und braucht meine Hilfe?«* Das heißt nicht, dass ihr seitens der Lehrkraft mit allem einverstanden sein müsst oder nicht euren eigenen Eindruck haben dürft. Aber es bedeutet, dass euch bewusst sein sollte, dass euer Kind regelrecht in emotionale Zwickmühlen geraten kann, wenn ihr immer wieder kritisch und negativ auf seine Bezugsperson reagiert. Und das wiederum raubt eurem Kind wertvolle Energie, die es im herausfordernden Schulalltag sehr gut an anderer Stelle brauchen kann. Eine Leserin schrieb mir einmal sehr offen, dass sie ihre eigenen Kommentare und ihren Einfluss da völlig unterschätzt habe. Bis zu dem Moment, als ihr Kind tatsächlich Hausaufgaben erfand, teils völlig losgelöst vom Unterrichtsgeschehen, damit sie als Mutter sich nicht über die zu geringe Menge beschweren konnte. Das Ganze kam heraus, als sich die Lehrkraft über die willkürlich erledigten Aufgaben im Arbeitsheft wunderte. Letztlich konnte die Situation dank der sehr ehrlichen Reflexion der Mutter gemeinsam mit dem Kind gut aufgelöst werden.

Elternfrage

»Was ist aber, wenn mein Kind die Lehrkraft nicht mag?«
Unterscheidet hierbei unbedingt, ob es sich um einen einmaligen Frustmoment handelt. Vielleicht gab es einen Konflikt in der Schule, der nun mit den Worten *»Frau Bleek ist echt immer total fies«* nachhallt. Für den Fall, dass euer Kind darüber sprechen möchte, könnt ihr darauf eingehen. Lasst euer Kind seinem Ärger Luft machen, und konzentriert euch dann auf mögliche Lösungen, zum Beispiel indem ihr das Verständnis des Kindes aktiviert: *»Was meinst du, warum Frau Bleek so reagiert hat? Wie hätte sie deiner Meinung nach reagieren sollen? Meinst du, es macht Sinn, noch einmal mit ihr darüber zu sprechen?«* Natürlich darf sich euer Kind aber auch ganz selbstständig durch diese Kurve manövrieren.

Wenn sich euer Kind aber lang anhaltend negativ und Hilfe suchend äußert, dann zeigt eurem Kind, dass ihr ihm zur Seite steht, und nehmt den Kontakt zur Lehrkraft auf. Völlig unabhängig davon, wie sie letztlich reagiert, sieht euer Kind, dass es sich an euch wenden kann und ihr seine Probleme erst nehmt.

Auch wenn es zum Glück wirklich selten dazu kommt – sollte der Beziehungsaufbau zwischen der Lehrkraft und eurem Kind über einen langen Zeitraum hinweg tatsächlich gänzlich scheitern, so kann man auch einen klaren Schnitt machen und beispielsweise einen Klassen- oder Schulwechsel anstreben. Ihr wisst ja: Nichts ist in Stein gemeißelt, und eine Veränderung ist zwar immer auch herausfordernd, kann nach belastenden Situationen aber letztlich auch sehr heilsam sein.

Die Beziehung zwischen euch und der Lehrkraft

Und damit wären wir beim Knackpunkt – dem Miteinander von Lehrkraft und Eltern. Ein sensibles Feld. Die Beziehung zwischen Eltern und Lehrkräften hat es in unserem Schulsystem alles andere als leicht. Denn sie ist häufig vorbelastet und startet selten auf neutralem Boden. Vielleicht habt ihr aus Erfahrungen während der eigenen Schulzeit kein sonderlich positives Bild von Lehrkräften. Diese Erinnerungen gehören zu euch. Ihr bringt sie mit, wenn ihr euer Kind durch den Schulstart begleitet, und sie können den vertrauensvollen Beziehungsaufbau deutlich erschweren. Hinzu kommen vielleicht sehr kritische Einschätzungen, die ihr im Gespräch mit anderen Eltern der Schule (oft ungefragt) präsentiert bekommt. Eltern, die euch mahnend *»Na, viel Spaß mit dieser Lehrkraft«* wünschen. Auch das macht einen unbefangenen Start mit der künftigen Lehrkraft eures Kindes nicht unbedingt leichter.

Nun glaube ich aber fest an die Kraft wertschätzender Beziehungspflege und guter Kommunikation und daran, dass sich Hürden überwinden lassen. Und das Schöne: 50 Prozent davon liegen bei euch. Zugegeben, die anderen 50 Prozent liegen natürlich bei der Lehrkraft, aber hier sei euch versichert: Lehrkräfte haben prinzipiell selbst ein großes Interesse daran, gut mit den Eltern ihrer Schüler*innen auszukommen. Denn es macht, wie bereits erwähnt, unseren Arbeitsalltag auch um einiges schöner und leichter.

Hürden einer guten Zusammenarbeit zwischen Eltern und Lehrkräften von Beginn an überwinden

Damit eine positive Zusammenarbeit vom Schulstart eures Kindes an gelingen kann, ist es sinnvoll, sich zuerst einmal für das zu sensibilisieren, was unser Miteinander überhaupt erschwert, und sich bewusst zu machen, welche Hürden eventuell erst einmal überwunden werden müssen.

1. Hürde: Die eigene Schulbiografie

Ich habe es bereits erwähnt, Eltern sind keine Fremden im Schulsystem. Sie haben es alle einmal selbst durchschritten und dabei prägende Erfahrungen gemacht, die sich tief bis in das Erwachsenenalter verankern. Und wenn mir als Lehrkraft dann die frischgebackenen Schulkindeltern gegenübersitzen, dann sitzen immer auch ein bisschen die Schüler*innen vor mir, die sie einmal waren.

Dann seht ihr vielleicht gar nicht Frau Niechzial, sondern eure Französischlehrkraft, die sich öffentlich über eure Aussprache lustig machte. Ihr hört vielleicht gar nicht meine Worte, sondern die der Mathelehrkraft, bei der ihr an der Tafel vorn Blut und Wasser geschwitzt habt. Und wenn ich mit euch über eine mögliche Rechtschreibförderung bei eurem Kind sprechen möchte, dann fühlt ihr euch plötzlich wieder so hilflos wie mit neun Jahren, als die Deutschlehrkraft der ganzen Klasse eure Fehler im Diktat präsentierte.

Sich nach so vielen Jahren plötzlich erneut im Schulsystem wiederzufinden, wenn auch in völlig neuer Rolle, kann eine Vielzahl unverarbeiteter Gefühle hochkommen lassen, die man nicht ohne Grund in die verstaubtesten Erinnerungsecken verbannt hatte. Der zusätzliche Wunsch, sein eigenes Kind unbedingt vor diesen Erfahrungen und Gefühlen schützen zu wollen, bringt Eltern schnell in eine misstrauische, angriffsbereite und auch angstbesetzte Position, die einem offenen Austausch natürlich nicht gerade zuträglich ist. Darum ist der Leitsatz, Frieden mit der eigenen Schulbiografie zu schließen, an dieser Stelle besonders wichtig. Denn die Lehrkraft eures Kindes hat lediglich die Berufswahl mit euren früheren Lehrkräften gemeinsam. Abgesehen davon ist sie ein völlig eigenständiger Mensch mit ganz eigenständiger Arbeitsweise und verdient, dass wir ihr so offen wie möglich begegnen. Wie ihr negative Erinnerungen verarbeiten könnt, ist im ersten Kapitel ausführlicher beschrieben.

2. Hürde: Vorurteile und der Einfluss anderer

Auch das gesellschaftliche Bild von Lehrkräften ist oft deutlich gefärbt. Hartnäckige Vorurteile diesem Beruf gegenüber halten sich seit Jahrzehnten. Mag man den Kommentarspalten des Internets und regelmäßig auftauchenden, wenig positiven Presseartikeln glauben, so haben wir dauernd Urlaub, nachmittags frei, im Grund sowieso keine Lust auf Arbeit und finden Eltern vor allem anstrengend. Ältere Lehrkräfte haben kein Interesse mehr an Weiterbildung oder zeitgemäßem Unterricht. Und Kinder jenseits des klassischen Rahmens sehen wir als unliebsame Störenfriede. Ich könnte ewig weitermachen. So überspitzt sie klingen mögen, aber solche Sätze sind allgegenwärtig. Und es ist gar nicht so leicht, sich als Eltern davon nicht beeinflussen zu lassen.

Dazu erreichen euch dann vielleicht vor dem Schulbeginn eures Kindes auch noch immer wieder die kritischen Einschätzungen von erfahrenen Schulkindereltern: *»Oh, ihr bekommt Herrn Helmig? Na, da macht euch auf was gefasst. Der hat echt hohe Ansprüche.«* oder *»Frau Albert? Echt? Na, dann drück ich euch die Daumen. Die hat immer Lieblingskinder. Und wenn deines nicht dazu gehört, hast du halt Pech gehabt.«* Ihr glaubt nicht, wie oft ich solche Sätze auf dem Spielplatz oder bei anderen Zusammentreffen höre. Ich möchte gar nicht beurteilen, wie die Erfahrung einzelner Eltern eventuell wirklich war, aber ich möchte eben genau daran erinnern. Es ist eine individuelle und vor allem einseitig präsentierte Erfahrung. Sie sagt nicht das Geringste darüber aus, wie sich die nächsten Jahre für euch und euer Kind in Zusammenarbeit mit dieser Lehrkraft gestalten. Schlimmstenfalls trüben sie das Bild bereits vor dem ersten Zusammentreffen und erschweren den Beziehungsaufbau. Denn es besteht die Gefahr, dass ihr jegliches Verhalten der Lehrkraft schnell vor dem Hintergrund dieser Sätze beurteilt: *»Oh, am ersten Tag schon eine Hausaufgabe? Der Herr Helmig hat also wirklich hohe Ansprüche.«* Dabei freuen sich nahezu alle Kinder auf diese ersten Hausaufgaben, sind stolz darauf und regelrecht empört, wenn sie nicht direkt welche mitbekommen (über den weiteren Sinn von häuslichem Lernen spreche ich im nachfolgenden Kapitel).

Auch wenn das keine einfache Aufgabe ist, solltet ihr euch von solchen Vorurteilen, Einschätzungen, Ratschlägen und Meinungen so weit wie nur irgendwie möglich befreien. Denn sie bringen euch nicht weiter und tun euch nicht gut. Sie sind keine hilfreiche Vorbereitung und schüren Ängste, die ihr in eurer Begleitungsaufgabe wahrlich nicht brauchen könnt. Versucht, der zukünftigen Lehrkraft eures Kindes unvoreingenommen zu begegnen, denn jede Lehrkraft verdient eine faire Chance. Auch vor eurem Kind solltet ihr positiv sprechen und den Beziehungsaufbau zwischen ihm und der Lehrkraft von Anfang an unterstützen: *»Ich habe heute auf dem Elternabend deine Lehrkraft kennengelernt. Sie wirkte sehr freundlich und freut sich schon auf euch!«*

Und wenn ihr wirklich dauerhaft ein komisches Gefühl habt oder mit der Lehrkraft eures Kindes nicht so recht warm werden wollt, so ist es, wie bereits erwähnt, dennoch wichtig, euch vor dem Kind mit eurer Meinung zurückzuhalten und eurem Kind seine eigenen Erfahrungen einzuräumen. Bearbeitet eure Gefühle im Austausch mit anderen Vertrauenspersonen, oder geht mit der jeweiligen Lehrkraft ins Gespräch.

3. Hürde: Vertrauensvorschuss

Und damit sind wir bei einem der zentralsten Punkte im Schulstart überhaupt und auch in der Beziehungsgestaltung zur Lehrkraft – dem Vertrauensvorschuss.

Alle Eltern möchten, dass es ihrem Kind in der Schule grundlegend gut geht. Sie wünschen sich verständlicherweise, dass es dort wertschätzend begleitet wird und sich mental gesund entwickeln und entfalten kann. Eltern tragen eine große Verantwortung für das Wohlergehen ihrer Kinder, und aus diesem Schutzauftrag heraus wägen sie berechtigterweise sehr sorgsam ab, wem sie das eigene Kind anvertrauen. Mit Schuleintritt aber bleibt da plötzlich nicht mehr viel Wahl. Und das ist etwas, was das unangenehme Gefühl von Hilflosigkeit und die Angst, das eigene Kind irgendwie auszuliefern, regelrecht befeuern kann. Das klingt sicherlich dramatisch, aber nicht selten erlebe ich als Lehrkraft genau das. Eltern, die mir mit angespannten, nervösen und ängstlichen Blicken gegenübersitzen: *»Wer ist dieser Mensch, dem ich da mein Kind in die Hände gebe(n muss)?«*

Der Schulbeginn verlangt euch als Eltern einen immensen Vertrauensvorschuss ab. Vertrauen darauf, dass euer Kind die Höhen und vor allem auch Tiefen des Schullebens meistern wird, Vertrauen in den Entwicklungsprozess und in die Zeit und vor allem Vertrauen in uns Lehrkräfte als enge Begleitpersonen. Kein einfaches Unterfangen, wenn man bedenkt, dass wir für euch nahezu fremde Menschen sind. Dennoch ist es für euch und euer Kind wichtig, dass ihr hier zuversichtlich bleibt. Verlasst euch darauf, dass ihr merken werdet, wenn es eurem Kind langfristig nicht gut geht, und dass ihr diesen Berg gemeinsam besteigen könnt, für den Fall, dass er überhaupt auftaucht.

Ihr könnt eurem Vertrauen zusätzlich ein wenig auf die Sprünge helfen und aktiv in die Beziehungsgestaltung zur künftigen Lehrkraft gehen. Wartet nicht bis zum ersten Elternsprechtag im Herbst, sondern nutzt erste Begegnungen für einen kurzen, zugewandten Austausch. Ab in die Offensive und auf die Lehrkraft eures Kindes zugehen: *»Hallo, wir sind die Eltern von Arvid. Unser Kind freut sich schon sehr auf die Schule. Für Sie ist es doch bestimmt auch immer wieder aufregend, die neue Klasse kennenzulernen, oder?«* Solche kleinen Momente sorgen für das beruhigende Gefühl, ein zartes Band zu der Person geknüpft zu haben, die ab jetzt täglich eurem Kind auf seinen Lernwegen zur

Seite steht. Und außerdem bilden sie eine wertvolle Grundlage für die weitere positive Zusammenarbeit, denn fehlende Beziehungsmomente sind im Grunde genommen eine weitere Beziehungshürde zwischen Eltern und Lehrkräften, der ihr auf diese Weise entgegenwirken könnt.

Hinweis für Eltern neurodivergenter Kinder

Ich weiß aus meiner langjährigen Erfahrung als Lehrkraft, dass im Vertrauensvorschuss eine der größten Herausforderungen von Eltern neurodivergenter Kinder liegt. Nicht weil sie grundlegend weniger von Lehrkräften halten würden, sondern weil ihre bisherigen Erfahrungen ihr Vertrauen auf eine harte Probe stellen.

Wer ein Kind begleitet, das deutlich aus dem Rahmen fällt, hat zum Schulstart vermutlich bereits einige Situationen erleben müssen, in denen andere Personen nicht unbedingt positiv auf das Kind reagierten. Solche Eltern sind ständigen Kommentaren ausgesetzt. Bekommen immer wieder zurückgemeldet, dass ihr Kind mit seinem Verhalten auffällt, stört und im Extremfall auch nicht erwünscht ist. Sie erleben Ausgrenzung und Verurteilung. Da fällt die Zuversicht, dass die künftige Lehrkraft sich dem eigenen Kind verständnisvoll und zugewandt nähert, einfach schwerer.

Aber gerade für Kinder aus dem Spektrum der Neurodiversität ist das tragende Miteinander ihrer Bezugspersonen besonders hilfreich. Darum ist es als Eltern wichtig, sich trotz der bisherigen Erfahrungen einen Ruck zu geben und offen auf die neue Lehrkraft zuzugehen. Hier erlebe ich es als sinnvoll, bereits früh aktiv das Gespräch zu suchen, die Lehrkraft so näher kennenzulernen und dabei den bisherigen Weg und die damit verbundenen Sorgen ganz ehrlich zu benennen: *»Wir haben bisher oft erlebt, dass andere Menschen nicht sehr wohlwollend auf unser Kind reagieren. Es fällt uns daher manchmal nicht so leicht, hier Vertrauen aufzubauen. Aber wir wünschen uns auf jeden Fall ein gutes Miteinander und bemühen uns darum. Sie können sich jederzeit an uns wenden, wenn Sie Fragen haben oder Austausch wünschen.«*

4. Hürde: Asymmetrische Beziehung

Eine weitere Hürde im Miteinander ist, dass sich die Beziehung und auch die Kommunikation zwischen Lehrkräften und Eltern oft asymmetrisch gestaltet. Zum einen haben Eltern das Gefühl, sehr viel Einblick in Privates und in die Familiensituation geben zu müssen, während sie zeitgleich kaum etwas über die Lehrkräfte erfahren. Zum anderen sehen sie in uns Lehrkräften die Personen mit der schulischen Entscheidungs- und Bewertungsbefugnis. Wir geben Noten, schreiben Zeugnisse, sprechen Empfehlungen aus und benennen Probleme und Entwicklungsaufgaben. Ein Bereich, der Eltern schon vor der Einschulung zu schaffen macht: *»Hoffentlich wird mein Kind in seinem Sosein nicht negativ bewertet, und hoffentlich kann es mit den fachlichen Anforderungen mithalten.«*

Oft sehen Eltern in uns weniger die zugewandten Lernbegleiter*innen, sondern vielmehr die zentralen Personen, die über Erfolg und Misserfolg des eigenen Kindes entscheiden. Sie fühlen sich wieder einmal ausgeliefert und in der unterlegenen Position. Keine gute Ausgangslage für ein offenes Miteinander. Und als

Schulkindmama kann ich euch sagen, sich anzuhören, wie das eigene Kind bewertet und beurteilt wird, ist keine leichte Nummer. Auch wenn wir wissen, dass angesprochene Punkte durchaus ihre Berechtigung haben, kann da trotzdem eine kleine Löwin in uns wach werden, die sich schützend vor das Kind stellen und *»Das stimmt doch gar nicht!«* fauchen möchte. Erinnert euch hier an die bereits beschriebene Tatsache, dass Kinder sich in unterschiedlichen Umgebungen unterschiedlich verhalten und dass an dem Feedback der Lehrkraft meist etwas dran ist, auch wenn ihr euer Kind zu Hause anders erlebt. Löst euch von dem schnell entstehenden Gefühl, der Austausch mit Lehrkräften gleiche einem Prüfungsgespräch, in dem ihr euren (Erziehungs-)Weg als Eltern verteidigen müsst. Wenn euer Kind beispielsweise in einem schulischen Bereich Unterstützung braucht, dann hat das nichts damit zu tun, dass ihr als Eltern versagt habt und euch jetzt entsprechend rechtfertigen sollt. Versucht, euch nicht persönlich angegriffen zu fühlen, sondern schulisches Feedback als das zu sehen, was es ist: eine Lehrkraft, die genau hinsieht, euer Kind vermutlich fachlich bestmöglich unterstützen möchte und ihm dabei helfen will, sich weiterzuentwickeln.

Für die weitere Zusammenarbeit mit den Lehrkräften eures Kindes ist es also unheimlich wertvoll, von Beginn an die Haltung zu entwickeln, dass Lehrkräfte in dem, was sie tun, grundsätzlich gute Intentionen haben. Dass ihr Ziel weder ist, eure elterliche Kompetenz infrage zu stellen, noch eurem Kind absichtlich einen Dämpfer zu verpassen. Natürlich kann man gemeinsam darüber sprechen, ob dabei immer alles zielführend verläuft, aber es ist für ein positives Miteinander ungemein wichtig, wenn wir unser Menschenbild gerade rücken und davon ausgehen, dass eine Lehrkraft oft durchaus nachvollziehbare Gründe für ihre Rückmeldung hat, und wir uns aufgeschlossen gegenüber ihren Einschätzungen zeigen. Ihr dürft euch als Eltern vertrauen und müsst euch nicht rechtfertigen oder einen Wer-hat-recht-Wettkampf führen.

5. Hürde: Druck, Ansprüche und fehlende Anerkennung

Kennt ihr als Eltern das Gefühl, eurem Kind nur das Beste zu wünschen? Sich dafür jeden Tag unheimlich anzustrengen und sich trotzdem ständig zu fragen, ob es wohl reicht? Kennt ihr das Gefühl, dass niemand eure Arbeit sieht, aber nicht mit beurteilenden Kommentaren gegeizt wird, wenn es mal nicht läuft? Wisst ihr, wie es ist, mit Hunderten Tellern zu jonglieren und immer wieder zu hören, wie sie links und rechts hinunterfallen? Und fühlt ihr euch auch so erschöpft und frustriert, weil es an gesellschaftlicher und politischer Anerkennung fehlt?

Wahrscheinlich ist euch das alles nicht fremd. Vermutlich sind solche Empfindungen besonders im Vorschuljahr mit Blick auf den Schulbeginn sogar besonders präsent. Ich verrate euch jetzt, dass ich exakt diese Zeilen auch an Lehrkräfte richten könnte. Auch sie wünschen ihren Schüler*innen das Beste. Versuchen viel und haben doch das Gefühl, dass es nie wirklich genug ist. Und so sitzen sich in dieser Beziehung zwei Personengruppen gegenüber, die täglich mit starkem Druck, hohen Ansprüchen und Erwartungshaltungen und dabei oft fehlender Anerkennung konfrontiert sind. Diese Belastung macht uns schnell zu gegenseitigen Prellböcken, auch wenn wir es vielleicht gar nicht so wollen. Es hilft, sich bewusst zu machen, dass wir gar nicht weit voneinander entfernt sind. Ich möchte euch an dieser Stelle das Kapitel »Jede Bezugsperson ist ein Mensch« aus dem bereits erwähnten Buch *In guten Händen* von Nora Imlau ans Herz legen, das für Verständnis und für ein Bild von Lehrkräften sorgt, das euch als Eltern die wertschätzende Zusammenarbeit von Beginn an leichter macht.

Außerdem möchte ich euch ans Herz legen, nicht nur dann mit der Lehrkraft zu kommunizieren, »wenn es etwas gibt«. Euer Kind kommt von einem Ausflug total begeistert nach Hause? Meldet das doch einmal zurück. Euch hat die liebevoll vorbereitete Klassen-Adventsfeier beeindruckt? Dann vergesst nicht, der Lehrkraft das zu sagen. Ein Elterngespräch verlief wirklich sehr angenehm? Spiegelt das gern zurück. Eure Beziehung wird es euch danken.

Nochmal im Überblick

Worauf kommt es in der Zusammenarbeit mit den künftigen Lehrkräften an?

- Die Gestaltung der Beziehung zwischen euch und der künftigen Lehrkraft des Kindes liegt zur Hälfte auch in eurer Hand.
- Nutzt kleine Momente und bemüht euch von Schulbeginn an um eine gute Beziehung zur Lehrkraft.
- Löst euch von Vorurteilen oder den individuellen Meinungen anderer Eltern.
- Lasst bisherige Erfahrungen mit Lehrkräften hinter euch und gebt der künftigen Lehrkraft eures Kindes eine faire Chance.
- Greift so wenig wie möglich in die Beziehung zwischen Lehrkraft und Kind ein.
- Vermeidet emotionale Zwickmühlen und sprecht vor dem Kind nicht negativ über die Lehrkraft.
- Eure Meinung gegenüber der Lehrkraft spiegelt nicht unbedingt die Meinung eures Kindes wider.
- Charakterzüge der Lehrkraft, mit denen ihr eher nicht auf einer Wellenlänge liegt, können für euer Kind absolut passend sein.
- Geht bei Sorge, ob die Lehrkraft eurem neurodivergenten Kind kompetent begegnen kann, offen auf die Lehrkraft zu, schafft ein gutes Beziehungsfundament, und macht eure Bereitschaft zu unterstützender Zusammenarbeit deutlich.

Kapitel 8

Hausaufgaben und Üben zu Hause – Antworten auf Elternfragen

Eine Weile war ich unsicher, ob dieses Thema überhaupt einen Platz in meinem Buch finden sollte. Bis zu dem Moment, als im Laufe des Schreibprozesses in vielen Bundesländern gerade die Sommerferien endeten und die Schule begann. Mein Postfach explodierte förmlich. Täglich erreichten mich sorgenvolle Nachrichten. Und wie lautete wohl die häufigste Anfrage?

- *»Die Einschulung ist erst eine Woche her, und mein Kind wehrt sich schon jetzt gegen die Hausaufgaben. Was kann ich tun?«*
- *»Keine zwei Tage sind vergangen, und der Hausaufgabenfrust hat uns schon erreicht! Wie reagiere ich denn da?«*
- *»Ich habe mir im ganzen Einschulungsprozess recht wenig Gedanken um das Thema Hausaufgaben gemacht, und jetzt bin ich völlig ratlos, wie ich mein Kind motivieren soll.«*

Nicht selten läuft es nämlich so: In den ersten Tagen ist alles, was mit Schule zu tun hat, mit unendlich viel Bereitschaft und Stolz verbunden. Auch die ersten Hausaufgaben. Endlich groß sein. Endlich eigene Hausaufgaben machen dürfen. Die Aufgaben werden freudig ausgepackt, motiviert erledigt, präsentiert und gezeigt und sorgsam für den nächsten Tag verstaut.

Aber nur wenige Wochen oder sogar Tage später sieht das Bild bei vielen Kindern schon ganz anders aus – *»Och nö, ich hab keine Lust!«*, *»Ich hab nichts auf!«*, *»Ich weiß nicht, was man da machen soll!«*, *»Ich will jetzt aber nicht!«* Plötzlich gähnende Unlust und elterliche Nerven, die blank liegen. Und damit seid ihr als Familie angekommen – im täglichen Hausaufgabenwahnsinn.

Und weil immer alle glauben, wir Lehrkräfte wären als elterliche Hausaufgabenbegleitung bei unseren eigenen Kindern im Vorteil, möchte ich an dieser Stelle einen lieben Kollegen zitieren: *»Wirklich, wer mir dabei zusehen würde, wie ich versuche, meine Tochter zu den Hausaufgaben zu bewegen, würde nicht im Ent-*

ferntesten vermuten, dass man mir tatsächlich ein pädagogisches Examen ausgehändigt hat.« Eine Aussage, die ich nur allzu gut verstehe. Egal, wie unterstützend, verständnisvoll und gelassen ich mein Kind sonst durch sein Schulleben manövriere, wenn es darum geht, sich zu Hause diesem schulischen Pflichtprogramm zu widmen, dann verabschiedet sich mein sonst so unerschöpflicher pädagogischer Geduldsfaden schon nach wenigen Minuten in den Feierabend.

Ich bin da trotz meines Berufes keine Ausnahme – in vielen Haushalten wird die Hausaufgabenzeit zur täglichen Belastungsprobe der Eltern-Kind-Beziehung. Und das ist nur einer der Gründe, warum Bildungsforscher*innen die Hausaufgabenpraxis seit Jahrzehnten sehr kritisch hinterfragen. Der Professor für Psychologie und Neurowissenschaften Harris Cooper hat seine Forschung über 25 Jahre lang dem Themenfeld der Hausaufgaben gewidmet. Seine Erkenntnisse hat er in dem Buch *The Battle over Homework* zusammengetragen.[1] Er kommt in seinen langjährigen Studien zu dem eindeutigen Ergebnis, dass Hausaufgaben vor allem im Grundschulbereich keinen wirklichen Nutzen haben und sich frühestens ab Klasse acht je nach Situation überhaupt Vorteile einstellen können. Laut Harris würden Hausaufgaben vor allem die Einstellung von Kindern zur Schule verschlechtern. Sie nähmen Lernfreude, raubten Erholungsphasen und bauten Frust auf. Hausaufgaben gelten somit in ihrer traditionellen Form eher als lernhinderlich als fördernd. Das kennen Eltern zur Genüge, wenn sie versuchen das eigene Kind nach einem langen Schultag noch zum freudigen Lösen diverser Rechentürmchen zu animieren. Zugegeben – häufig sind Hausaufgaben noch nicht wirklich differenziert gestaltet und in ihrer Aufgabenart auch nicht immer einladend. Vielerorts bemühen sich Lehrkräfte mittlerweile schon um deutlich individuellere und motivierendere Wege, da möchte ich unbedingt für meine Berufsgruppe sprechen, und dennoch verbleiben die meisten Hausaufgabenformate noch in traditionellen Bahnen. Was wiederum die gewünschte Selbstständigkeit seitens der Schüler*innen erschwert. Und ihr als Eltern bleibt bisweilen mit der herausfordernden Aufgabe betraut, hier unterstützend zu begleiten.

Genau darum war es mir sehr wichtig, dieses Kapitel in mein Buch mit aufzunehmen. Denn es gibt durchaus Möglichkeiten, den Haussegen zu schützen, und die möchte ich euch gleich zu Schulbeginn mit auf den Weg geben, noch bevor sich die häusliche Lernsituation völlig festfährt.

Eines ist mir dabei aber besonders wichtig: Erschreckt auch hier bitte nicht angesichts der Fülle an Impulsen! Es ist abermals kein Rezept für das häusliche Üben, das von vorn bis hinten befolgt und abgearbeitet werden soll. Schließlich begleitet ihr ein Kind und kein Suppengemüse.

Ich möchte vielmehr einladen, genau auf das eigene Kind und seine Lernbedürfnisse zu schauen und zu verstehen, was kindliche Lernprozesse überhaupt beeinflusst. Und da jedes lernende Kind ganz Unterschiedliches braucht, sind die nachfolgenden Anregungen entsprechend vielfältig und dadurch auch umfassend gestaltet. Aber es lohnt sich, hier schon direkt zu Schulbeginn genauer hinzuschauen. Denn die Art, wie wir Menschen lernen, und das, was uns dabei unterstützt, das verändert sich im Lauf unseres Lebens nicht mehr grundlegend. Wir bleiben unserer eigenen Lernpersönlichkeit im Großen und Ganzen treu. Das bedeutet, wenn wir bereits im jungen Kindesalter erproben und reflektieren können, welche Lernbedürfnisse wir haben und in welcher Lernumgebung wir besonders gut zurechtkommen, dann erlangen wir wertvolle Erkenntnisse, die uns im Laufe der Zeit zu immer kompetenteren Lerner*innen machen. Wenn wir bereits von Beginn unseres schulischen Lernens an austesten können, zu welcher Tageszeit wir besonders aufnahmefähig sind, wie wir unsere Aufgaben strukturieren können oder wie wir unseren Arbeitsplatz einrichten, dann legt das hilfreiche Weichen für unseren weiteren Lern- und Bildungsweg. Die in diesem Kapitel vorgestellten Impulse sind zwar schwerpunktmäßig an Kindern im Schulstart orientiert, aber letztlich könnt ihr während der gesamten Schulzeit eures Kindes immer wieder darauf zurückgreifen.

Elternfrage

»Ich bin doch aber keine ausgebildete Lehrkraft, sondern Elternteil. Wieso wird mit der Hausaufgabenpraxis von mir verlangt, kompetente schulische Lernbegleitung zu gewährleisten? Sollte das nicht Aufgabe der Schule sein?«

Diese berechtigte Frage begegnet mir oft, wenn ich Eltern bezüglich des Lernens zu Hause berate. Wenn ihr euch durch die Impulse in Presseartikeln, Ratgebern oder auch im Social-Media-Bereich lest, dann entsteht schnell der Eindruck, man müsse als Eltern mittlerweile ein Pädagogikstudium absolvieren, um sein Kind halbwegs gut durch die Schulzeit zu bringen. Genau das ist es ja, was Bildungsforscher*innen in Bezug auf die Hausaufgaben auch immer wieder kritisieren. Denn dadurch, dass in unserem Schulsystem schulische Lernzeit nach Hause verlagert wird, werden Kinder benachteiligt, deren Eltern aus welchen Gründen auch immer diese Lernbegleitung gar nicht leisten können. Es wird aber vermutlich noch dauern, bis sich hier grundlegend etwas in Bewegung setzt, und so seid ihr als Eltern erst einmal in der Verantwortung, einen Umgang mit dieser Pflicht zu finden. Dabei hilft vielleicht folgender Blickwinkel. Seht euch von Schulbeginn an in einer sich gegenseitig stützenden Bildungspartnerschaft mit den Lehrkräften eures Kindes. Versteht diese gemeinsame Aufgabe auch als Chance für das Kind, sich als lernendes

Individuum in verschiedenen Lernumgebungen und mit der Begleitung unterschiedlicher Bezugspersonen kennenzulernen und zu erproben. Und während wir Lehrkräfte über eine Expertise im didaktisch-methodischen Bereich verfügen, habt ihr uns als Eltern etwas ganz Entscheidendes voraus. Niemand kennt euer Kind so gut wie ihr. Ihr bringt eine Intuition und ein tiefes Wissen über das mit, was euer Kind ausmacht und was es braucht. Ihr wart schon bei so vielen kleinen und großen Lernprozessen an der Seite eures Kindes. Und diese Erkenntnisse und Erfahrungen sind eine ganz besonders wichtige Grundlage für eine gelingende Lernbegleitung.

Vielleicht werdet ihr das merken, wenn ihr durch die nachfolgenden Impulse und Ideen stöbert. Denn ihr werdet dabei vielleicht ganz intuitiv spüren, was für euer Kind passend ist und was nicht. Da ist ein Wissen über euer Kind, das wir uns als Lehrkräfte langfristig erarbeiten müssen. Baut darauf auf, und nehmt nur das für euch mit, was euer Kind wirklich unterstützt und was auch euren eigenen Ressourcen entspricht.

Wie kann ich die Hausaufgabensituation beziehungsorientiert gestalten?

Das Erledigen der Hausaufgaben ist immer durch einen kleinen Übergang gekennzeichnet. Die Kinder müssen von der jeweils aktuellen Situation (z. B. Mittagessen, Pausenphase, Spielzeit) in den Arbeitsmodus wechseln.

Unser Alltag hält eine Menge solcher Übergangsmomente, auch Mikrotransitionen genannt, bereit. Und genau diese können für Kinder eine Herausforderung darstellen, denn sie gehen einher mit einem Wechsel von Aktivitäten, Orten oder Personen und sind so vor allem durch Veränderung geprägt. Ob Kindern dieser Moment des Umstellens gelingt, hängt von verschiedenen Faktoren ab[2]:

- Wie geht es mir gerade?
- Wie tief bin ich in der aktuellen Situation?
- Was kommt nach dem Übergang, welche Situation wartet auf mich?
- Wie stehe ich der neuen Situation gegenüber?
- Welche Möglichkeiten habe ich, die neue Situation selbstständig zu meistern, oder auf wessen Hilfe kann ich zählen?

Die Faktoren, die zum Gelingen eines Übergangs beitragen, haben also viel mit der eigenen Gefühlslage und vor allem mit Sicherheit, Halt und Orientierung zu tun. Dieses Wissen ist ungemein wertvoll, wenn es darum geht, wie wir den Wechselmoment hin zu den Hausaufgaben gestalten können.

Physiologische Grundbedürfnisse stillen

Wir können nur dann wirklich effektiv lernen, wenn unsere Grundbedürfnisse gestillt sind.[3] Sind sie das nicht, beeinträchtigen sie unsere Leistungsfähigkeit und unsere Konzentration. Daher sollte zu Beginn der Hausaufgabenphase kurz gecheckt werden: *»Habe ich Hunger, Durst oder muss ich noch mal zur Toilette?«* Das mag unheimlich banal klingen, vermag euer Kind vermutlich schon lange, diese Bedürfnisse eigentlich sehr deutlich zu äußern und sich eigenständig um etwas zu trinken kümmern. Nun ist es aber so, dass Kinder zu Schulbeginn erst in ihre neue Rolle als Schüler*innen hineinfinden müssen. Und dazu gehört auch, dass sie noch lernen müssen, was sie in schulisch geprägten Lernsituationen unterstützt und was sie brauchen. Die vielen neuen Anforderungen und das Ankommen als Schüler*in ziehen Aufmerksamkeit und Energie, und es kann sein, dass längst Selbstverständliches wie der Gang zur Toilette mal kurz in Vergessenheit gerät. Begleitet euer Kind daher besonders zu Schulbeginn an dieser Stelle ruhig wieder etwas enger, erinnert an die vermeintlich einfachsten Dinge, und baut gemeinsam Rituale und Strategien auf. Ihr könnt euch in den meisten Fällen mit der Zeit wieder zurückziehen und auf die bereits seit vielen Jahren angebahnte Selbstständigkeit vertrauen. Denn nach und nach verfügt euer Kind durch eure anfängliche Hilfestellung und natürlich auch die Entwicklungen in der Schule über mehr Sicherheit und das nötige Handwerkszeug, seine häuslichen Übungsmomente immer eigenständiger zu bewältigen.

Feste Verankerung im Tagesablauf

Haben die Hausaufgaben einen festen Platz in der Tagesstruktur, ist die Wahrscheinlichkeit für einen leichteren Übergang deutlich höher. Das Kind erfährt eine klare Orientierung, und mit der Zeit kann sich sogar eine gewisse Ablaufroutine einstellen. Auch wir Erwachsenen profitieren sehr von diesen Routinen, weil sie unser Gehirn entlasten. Nach der Geburt unseres dritten Kindes nahmen die Wäscheberge endgültig immense Ausmaße an. Also gewöhnten mein Mann und ich uns an, nach dem Aufstehen beim Gang ins Bad direkt eine Wäsche zu starten. Wir denken darüber gar nicht mehr bewusst nach, wir führen die Handlung gewohnheitsmäßig aus. Schaffen wir es aus irgendeinem Grund einmal nicht, fällt es uns bedeutend schwerer, diesen Schritt an einer anderen Stelle im Tagesablauf zu integrieren. Und meist bleibt die Ladung dann einfach liegen.

Gelegentlich merkt ihr aber, dass sich eine Routine auch mal abgenutzt hat und eine Abwehrhaltung entsteht. Lernen braucht nämlich auch regelmäßige Abwechslung, um die Motivation zu erhalten. Ab und an die Bearbeitungssituation zu verändern und bewusst aus der Routine auszubrechen kann dann eine hilfreiche Strategie sein: *»Möchtest du deine Hausaufgaben heute einmal an meinem Schreibtisch erledigen?«* Mein Sohn beispielsweise springt sehr auf solche Veränderungen an.

Wichtig ist, die Hausaufgabenzeit, sofern möglich, an das Kind anzupassen. Welches Zeitfenster eignet sich für das eigene Kind, und was passt wann in die individuelle Struktur? Manchen Kindern fällt es leichter, die Hausaufgaben recht zeitnah nach Schulschluss zu erledigen, andere brauchen eine längere Erholungsphase oder wollen oder müssen sich zeitlich zuerst auf ihre Hobbys konzentrieren. Gerade neurodivergente Kinder folgen hier nicht unbedingt den neurotypischen Strukturen.

Ein Wochenplan kann helfen, die einzelnen, zentralen Tageselemente für alle Familienmitglieder zu visualisieren. Diesen kann man zu Beginn einer Woche gemeinsam füllen und besprechen oder auch kurz am Ende eines Tages schauen, was für den morgigen Tag ansteht. Gerade für Kinder, die besonders viel Sicherheit und sehr klare Absprachen brauchen, ist solch ein Plan eine wichtige Orientierungshilfe, die langfristig auf Übergänge vorbereitet und sie so bestenfalls erleichtert. Auch dieser kann im Verlauf der Zeit immer eigenständiger von eurem Kind genutzt werden.

Klarer Arbeitsort

Ein verlässlicher Arbeitsort kann eine wichtige Unterstützung sein, um sich besser auf die Hausaufgabenzeit einzustellen. Der Arbeitsort sollte, ebenso wie die Arbeitszeit, dem Kind entsprechend angepasst sein. Manche Kinder brauchen die Nähe ihrer Bezugspersonen als Rückversicherung und arbeiten deswegen zum Beispiel gern im Wohnzimmer oder am Küchentisch. Manche Kinder benötigen Erdung zum Beispiel in Form eines Fußhockers als Konzentrationshilfe. Andere brauchen eine sehr reizarme Umgebung. Wieder andere fühlen sich im eigenen Zimmer an ihrem Schreibtisch wohl. Manche Kinder brauchen für konzentriertes Arbeiten viel Körperkontaktfläche und liegen gern auf dem Boden. Anderen Kindern muss viel Bewegung ermöglicht werden (siehe »Konzentrationshilfen«). Wichtig ist, es nicht dabei zu belassen, euer Kind zu beobachten und die Lernumgebung entsprechend anzupassen, sondern euer Kind an solchen Findungsprozessen zu beteiligen und mit ihm darüber zu sprechen: *»Ich hatte den Eindruck, heute hast du ganz besonders konzentriert gearbeitet. Wie war dein Gefühl? Hast du eine Idee, was dir heute so besonders gut geholfen hat?«* Es ist von ungeheurem Wert für das gesamte weitere Schulleben, wenn euer Kind auf diese Weise angeregt wird, selbst über sein Lernen nachzudenken und die eigenen Lernbedürfnisse besser kennenzulernen. Denn das ist die Grundlage, um im eigenen Lernprozess mehr Eigenverantwortung übernehmen zu können und somit selbstständiger zu werden.

Anfangsritual

Rituale sind wie Brücken, die Kindern helfen, einen Übergang von der einen in die andere Situation sicher zu meistern. Tatsächlich nutzen auch wir Erwachsenen viele kleine Rituale, ohne uns dessen so richtig bewusst zu sein. Wir machen uns einen Kaffee, bevor wir uns der lästigen Steuererklärung widmen. Wir drehen unsere Lieblingsmusik auf, bevor wir die Küche putzen. Wir strecken uns einmal, bevor wir uns an den Schreibtisch setzen. All das unterstützt unser Gehirn dabei, sich von der aktuellen Situation zu lösen und sich auf die folgende einzustellen.

Hier einige Rituale, die den Beginn der Hausaufgabenzeit einläuten können

- den Arbeitsplatz einrichten
- ein Getränk (und eventuell ein paar gesunde Snacks) bereitstellen
- ein »Anfangslied« abspielen
- zeitgleich alles vorbereiten, und wenn das Lied zu Ende ist oder leise gedreht wurde, startklar sein
- dabei darauf achten, ob das Kind eher aktivierende oder eher ruhigere Musik braucht
- eine kleine Bewegungseinheit ausführen (strecken, schütteln, abklopfen)
- eine kleine Atemübung durchführen (eine Minute abschätzen, ruhig atmen, wenn man denkt, eine Minute ist vergangen, in die Hände klatschen – Los geht's!)
- gemeinsam einen motivierenden Startspruch/-reim nutzen: *»Hausaufgaben, macht doch nix, die schaffe ich ganz sausefix.«*

Und wieder gilt: Unterstützt am Anfang. Zeigt eurem Kind Möglichkeiten, in eine Arbeits- und Konzentrationsphase zu starten, und erprobt, was für euch zu Hause gut funktioniert. Wenn sich bewährte Rituale und Methoden ausreichend gefestigt haben, gebt ihr wieder Raum für Selbstständigkeit und Eigenverantwortung.

Unterstützung geben, wenn nötig

Die Grundidee von Hausaufgaben sind die selbstständige Auseinandersetzung mit Lerninhalten und das eigenverantwortliche Üben. Ein Kind, das um seine Kompetenzen und Fähigkeiten weiß und sich einer Aufgabe gegenübersieht, die dazu passt, fühlt sich auf motivierende Weise herausgefordert. Es wird sich dem Erledigen der Hausaufgaben vermutlich deutlich offener stellen als ein Kind, das unsicher ist, ob es die geforderten Arbeitsaufträge bewältigen kann. Erinnert euch an dieser Stelle auch noch einmal an das Wachstumsdenken aus Kapitel 4, das ihr bereits in frühen Jahren stärken könnt und das auch für unliebsame oder herausfordernde Schulaufgaben eine hilfreiche Grundlage darstellt.

Idealerweise hat euer Kind in der Schule bereits die vorbereitende Unterstützung (durch genaues Besprechen, Klärung von Hilfestellungen etc.) erfahren, um sich seinen Hausaufgaben weitgehend eigenständig widmen zu können. Manchmal sorgt der turbulente Schulalltag aber dafür, dass das nicht für jedes Kind im nötigen Umfang gewährleistet werden kann. Bei gefühlter Überforderung oder permanenter Unsicherheit bauen einige Kinder dann schnell einen Widerstand gegen Hausaufgaben auf. Dazu reichen manchmal schon wenige Schulwochen. Begleitet euer Kind besonders in diesem Fall erst einmal etwas enger. Durch die angebotene Unterstützung kann euer Kind nach und nach mehr Sicherheit aufbauen, bevor es sich wieder eigenständiger den Aufgaben widmet.

Mögliche Hilfestellungen, die gleichzeitig der anschließenden selbstständigen Auseinandersetzung des Kindes nicht im Weg stehen:

- (komplexe) Aufgabenstellungen gemeinsam lesen
- *»Du hast jetzt bestimmt eine Idee, was du hier tun sollst.«*

- *»Brauchst du noch etwas, um die Aufgaben lösen zu können?«* (Hilfsmaterial)
- *»Wenn du eine Frage hast oder allein nicht mehr weiterkommst, sag mir Bescheid. Dann schauen wir noch mal zusammen. Wollen wir dafür ein gemeinsames Geheimzeichen ausmachen?«*

Überblick bieten und Aufgaben strukturieren

Schon bald nach dem Schulbeginn und mit stetig wachsendem Aufgabenumfang kann der Berg an Hausaufgaben durchaus groß, unübersichtlich und scheinbar unüberwindbar wirken. Es ist daher für viele Kinder eine große Hilfe, die anstehenden Aufgaben zu strukturieren, in kleine Schritte zu unterteilen und eine Reihenfolge festzulegen. Dies kann mit Schulanfänger*innen einfach rein mündlich erfolgen. Später können zum Beispiel die einzelnen Schritte ganz klassisch auf einer kleinen Liste notiert und nach jeder erledigten Aufgabe durchgestrichen werden. Bei umfangreichen Arbeitsblättern sind Muggelsteine (kleine, runde Glasdekosteine), die pro geschaffter Aufgabe von links nach rechts geschoben werden, eine unterstützende Visualisierung.

Auch kann man sich gemeinsam mit dem Kind der Frage widmen, mit welcher Hausaufgabe es beginnen möchte. Mit der als leichter empfundenen Aufgabe oder doch lieber mit der herausfordernden? Manchen Kindern hilft es sehr, zuerst die unbeliebteste Aufgabe abzuhaken, solange das Konzentrationslevel noch am höchsten ist. Der Unternehmer Brian Tracey hat diese sogenannte Eat-the-Frog-Methode (zu Deutsch »Iss-den-Frosch«) geprägt, in der es genau darum geht, sich zuerst den unangenehmen, besonders anstrengenden oder unliebsamen Aufgaben zu stellen. So bekommt man diese aus dem Kopf und kann sich dann den nachfolgenden Übungen befreiter zuwenden.

Lernzögerliche Kinder wiederum brauchen oft erst einmal leichtere Aufgaben, um mit einem schnellen Erfolgserlebnis in die Arbeitsphase zu finden. Bekommen Kinder ab Beginn ihres Schullebens die Möglichkeit, diese Strategien ungezwungen zu erproben, bestücken sie nach und nach einen methodischen Handwerkskoffer, der ihnen ihr ganzes Leben lang zur Verfügung steht. Sicherlich sollte vorrangig die Schule der Ort sein, an dem Kinder das (schulische) Lernen lernen. Aber im Sinne der stützenden Bildungspartnerschaft kann auch der häusliche Rahmen hier wertvolle Lernsituationen bieten. Und wieder gilt – zu Beginn brauchen vor allem jüngere Kinder sicherlich noch Unterstützung bei der Strukturierung und Einteilung ihrer Hausaufgaben. Mit der Zeit erlangen sie mehr Routine und Sicherheit und können auf solche Strategien selbstständiger zurückgreifen.

Das Ergebnis visualisieren

Sich das positive Gefühl vorzustellen, das sich einstellt, wenn man eine vielleicht unliebsame Aufgabe erledigt hat, ist eine zusätzliche Motivation beim Bewältigen eines Übergangs. Wenn wir uns beispielsweise das wunderbar befriedigende Gefühl einer absolvierten Sporteinheit vor Augen führen und richtig spüren, wie sich das anfühlt, kann uns das motivieren und helfen, doch in die Trainingsklamotten zu schlüpfen und eine Runde laufen zu gehen. Auch beim Übergang in die Hausaufgaben ist dies eine mögliche Unterstützung: »*Was meinst du, wie fühlst du dich, wenn du deine Hausaufgaben geschafft hast?*«, »*Was möchtest du danach tun? Worauf freust du dich?*«

Mitwirkung und Verantwortung

Das Erleben, einem Übergang und der darauffolgenden Situation gänzlich ausgeliefert zu sein, kann bei einigen Kindern eine Art Ohnmachtsgefühl hervorrufen, das wiederum häufig zu einer Abwehrhaltung und Verweigerung führt. Das Kind also in die Gestaltung der Hausaufgabensituation mit einzubeziehen beziehungsweise auch ganz bewusst mit in die Verantwortung zu nehmen ist eine wichtige Grundhaltung. Es wird dabei vom Persönlichkeitstyp und Alter des Kindes und natürlich auch von der jeweiligen Familiensituation abhängen, wie weit diese eigenverantwortliche Gestaltung möglich ist. Vielleicht ist es aufgrund der jeweiligen Lebensumstände nicht immer möglich, dass der eigene Arbeitsplatz, der Arbeitsort, sinnvolle Konzentrationshilfen, Art und Häufigkeit der Pausen oder die Reihenfolge der Aufgaben völlig frei wählbar sind, aber darauf kommt es letztlich auch gar nicht so sehr an. Die gemeinsamen Erprobungsprozesse (»*Was unterstützt dich bei deinen Hausaufgaben?*«), das Kennenlernen von Strategien und Methoden und das bestärkende Gefühl, dass die eigenen Lernbedürfnisse berücksichtigt werden, legen wertvolle Grundsteine für den weiteren Bildungsweg und fördern langfristig das eigenverantwortliche Lernen. Und ganz nebenbei sind die dazugehörigen Reflexionsgespräche wunderbare kleine, stärkende Beziehungsmomente.

Bildungsforscher*innen stellen immer wieder infrage, ob Hausaufgaben vor allem im Grundschulalter ihr eigentliches Ziel, die kindliche Eigenverantwortung und Selbstständigkeit, wirklich erreichen. Daher auch mein stetiger Hinweis, hier zu Schulbeginn noch nah zu unterstützen und in diesem oft herausfordernden Punkt eher behutsam an die Selbstständigkeit des Kindes zu appellieren. Sich für Aufgaben zu motivieren, für die man keinerlei Begeisterung aufbringen kann, fällt ja auch uns

Erwachsenen noch schwer. Hier von den zu Schulbeginn noch wirklich jungen Kindern direkt Selbstdisziplin und freudige Eigenständigkeit zu erwarten wäre ein hohes Ziel.

Konzentrationshilfen

Flexibles Sitzen

Unser Bild von konzentriertem Arbeiten ist, besonders wenn es um schriftliche Aufgaben geht, oft dieses: Tisch, Stuhl, gerade Haltung. Doch so individuell, wie wir Menschen sind, so unterschiedlich ist auch das Setting, das uns in unserer Konzentration unterstützt.

Einzelne Studien versuchen zu belegen, dass eine aufrechte Sitzhaltung besonders konzentrationsfreundlich sei[4], während viele Expert*innen wie etwa Orthopäden deutlich von zu langem Verharren im geraden Rücken abraten und klar vertreten, dass es vor allem Bewegung und ein regelmäßiger Positionswechsel sind, die unsere Konzentration begünstigen.[5] Nicht umsonst bekommt das Konzept des *Flexible Seating* (dt. flexibles oder freies Sitzen) in den letzten Jahren deutlich mehr Bedeutung im pädagogischen Bereich. Dabei werden vorrangig für Lernphasen verschiedenste Sitzmöglichkeiten zur Verfügung gestellt, die von den Kindern eigenverantwortlich genutzt werden dürfen. Besonders beliebt sind dabei Drehstühle, Wackelhocker, Sitzkissen, Gymnastikbälle, kleine Bänke, Sitzauflagen wie zum Beispiel Balancierkissen und nicht zuletzt auch die Möglichkeit, an einem Stehtisch zu arbeiten.

Bewegungselemente

Neurowissenschaftliche Untersuchungen belegen immer wieder die fundamentale Bedeutung des Zusammenhangs zwischen Bewegung und Lernen. So wird durch Bewegung beispielsweise die Vernetzung von Gehirnzellen deutlich angeregt. Das fördert nachweislich die Merkleistung und Konzentration und mindert lernhemmende Stresshormone bei einer gleichzeitigen Ausschüttung des Glückshormons Dopamin. In Bewegung Gelerntes wird leichter verarbeitet und verankert sich so besser im menschlichen Gehirn.[6] Das klassische Abfragen oder das Kopfrechnen wird direkt effektiver, wenn es zum Beispiel auf einem Balanceboard erfolgt oder während das Kind auf dem Trampolin springt.

Pausen

An dieser Stelle lautet die Standardempfehlung meist, dass das lernende Kind regelmäßig Pausen einlegen soll. Und das am besten bereits bei den ersten Anzeichen von Unkonzentriertheit oder Unruhe. Das ist im Grunde auch ein absolut sinnvoller Rat. In meiner täglichen Praxis als Lehrkraft mache ich dabei aber immer wieder die Erfahrung, dass Pause nicht gleich Pause ist und hier differenziert werden sollte.

Pausenzeiten können sich nämlich sehr vielfältig gestalten. Sie können in ihrer Häufigkeit, in ihrer Länge und in ihren Tätigkeiten sehr variieren. Und wie in so vielen anderen Bereichen auch, ist es sehr unterschiedlich, welche Art der Pausengestaltung Kinder brauchen. Kann euer Kind sich bisher nur wenige Minuten wirklich gut fokussieren, ist es ratsam, erst mal mit kurzen Arbeitsintervallen zu beginnen und diese mit kurzen Pausen abzuwechseln. Die kleinen Auszeiten sollten dabei nicht zu lang werden, um das Kind nicht gänzlich aus dem Arbeitsfluss zu reißen. Anderen Kindern wiederum tut es gut, in längeren Intervallen konzentriert zu arbeiten und dann nur eine einzige, dafür aber längere Pause einzulegen.

Es ist für unser Gehirn wichtig, dass Pausen möglichst mit Bewegung verbunden werden. Schaut aber gemeinsam mit eurem Kind, welche Form der Bewegung ihm ermöglicht, anschließend wieder gut in die Arbeit zurückzufinden. Manche Kinder sind nach intensiven Bewegungsphasen nämlich so aufgekratzt, dass es ihnen schwerfällt, sich im Anschluss wieder auf ihre Aufgaben zu konzentrieren. Für diese Kinder bieten sich eher ruhige, fokussierte Bewegungen und kleine Streckübungen (z. B. ganz lang machen und mit den Zeigefingern Löcher in imaginäre Wolken piksen) an.

Für das allmähliche Entwickeln einer Eigenständigkeit kann an dieser Stelle eine Stoppuhr oder eine Sanduhr sinnvoll sein, die eurem Kind die Länge einer Arbeitsphase und einer Pause anzeigt. Mit der Zeit kann euer Kind diese selbstständig nutzen und einstellen. Für meinen Sohn sind klar abgesteckte Zeitintervalle bis heute der Gamechanger.

Weitere Faktoren zur Unterstützung der Konzentration

Neben Bewegung, flexiblen Sitzmöglichkeiten und Pausen sind Erdung, Begrenzung, Reizreduzierung, Rituale und Struktur weitere Möglichkeiten, die Konzentrationsfähigkeit zu unterstützen. Was für das Kind in welchem Maße gebraucht wird, ist dabei sehr unterschiedlich.

- Füße beim Sitzen abstellen können, um sie zu erden (z. B. auf einem Fußhocker)
- Begrenzung schaffen durch eine Kapuze oder eine Mütze
- etwas kauen (Kaugummi, gesunde Snacks, spezielle Beißketten)
- sich abschirmen durch Geräusche filternde Kopfhörer
- regelmäßige Positionswechsel
- Aktivieren der Tiefensensibilität (eine Klammer am Finger, ein Körnerkissen auf den Beinen)
- reizarmer Arbeitsplatz (wenig Geräusche, Farben, Gegenstände)
- Hintergrundmusik oder andere Hintergrundgeräusche (viele gängige Musikportale stellen Playlists für »Konzentrationsmusik« zur Verfügung)

Motivationshilfen

Seien wir ehrlich. Auch, wenn wir die Hausaufgabensituation deutlich entspannen und bindungsorientierter gestalten können – wirklich großer Beliebtheit wird sich diese schulische Pflicht in ihrer aktuellen Form wahrscheinlich trotzdem nicht erfreuen. Und so wird für viele Kinder immer ein bisschen Überwindung notwendig sein, um sich auf die Aufgaben einzulassen. Letztlich steckt aber darin durchaus auch Lernpotenzial. Denn unliebsame oder unangenehme Aufgaben stellt uns das Leben immer wieder. Es ist wichtig, zu lernen, wie ich mich auch solchen Pflichten stellen kann und welche Strategien mich da unterstützen. Neben der eben beschriebenen Gestaltung von Übergängen und der Strukturierung der Aufgaben sind Motivationshilfen ein wichtiges Werkzeug. Denn der eigene Antrieb stellt einen wichtigen Faktor für effektives Lernen dar. Daher ist es sinnvoll, zu versuchen, die Motivation gegenüber dem häuslichen Üben ein bisschen zu steigern. Auch hier wird vermutlich im Schulbeginn eure elterliche Unterstützung gefragt sein, damit euer Kind überhaupt erst einmal Anhaltspunkte erhält, wie es sich für unliebsame Aufgaben motivieren kann.

Sinn der Aufgaben besprechen

Lernprozesse werden erheblich dadurch gesteuert, welche Nutzen und welchen Sinn wir in ihnen sehen. Je sinnvoller uns eine Aufgabe erscheint, umso höher die Motivation, sie auch zu bewältigen. Nun hat es genau dieser Aspekt bei den Hausaufgaben gar nicht so leicht. Sind die Aufgaben beispielsweise eher anspruchslos und entsprechen nicht dem individuellen Lernstand des Kindes, wird es schwerfallen, über Übungseffekte oder Lernfortschritte als Nutzen zu sprechen. Ein lustloses *»Das kann ich doch schon alles«* oder *»Das hab ich schon tausendmal geübt«* wird die Antwort sein.

Diese Fragen sind offen formuliert und helfen, über den persönlichen Sinn einer Aufgabe zu sprechen:

1. *Was glaubst du, warum hat eure Lehrkraft euch genau diese Hausaufgabe aufgegeben?*
2. *Wobei könnte dir diese Aufgabe helfen?*
3. *Was könntest du durch diese Aufgabe lernen?*
4. *Warum könnte es wichtig für dich sein, diese Aufgabe zu erledigen?*
5. *Welchen Nachteil hättest du, wenn du diese Aufgabe nicht erledigst?*

Im Übrigen kann die Antwort auf die vierte Frage auch sein: *»Weil ich keine Lust auf Streit mit meiner Lehrkraft habe.«* Es ist sicherlich nicht das, was wir uns schulisch wünschen, denn es soll natürlich vorrangig um Lernfreude und den Übungsgedanken gehen, aber auch »um des Friedens willen« ist ein authentisches Motiv. Denn nicht alles in der Schule und auch im weiteren Leben wird uns Spaß machen. Nicht bei allem werden wir einen tiefer gehenden Sinn für uns herausfiltern können, und da braucht es manchmal deutlich banalere oder auch mal simple zwischenmenschliche Motivationshilfen.

Geben wir nun unseren Kindern diese Fragen immer wieder an die Hand, haben sie die Chance, diese mit der Zeit zu verinnerlichen. Und irgendwann können diese Worte zu einer Art inneren Stimme werden, die uns hilft, schnell zu überprüfen, warum es wichtig ist, sich einer unbeliebten Aufgabe trotzdem zu widmen.

Einsatz von Medien

Informationswebseiten für Kinder, interaktive Lernspiele, Lern-Apps – es war ein langer Weg, aber digitale Medien sind aus der heutigen Bildungswelt nicht mehr wegzudenken. Zum Glück, wie ich finde, denn sie können vor allem die Übungsmotivation von Kindern in hohem Maße positiv beeinflussen und sind damit auf jeden Fall lernförderlich. Außerdem werdet auch ihr als Eltern nach eventuell anfänglicher Begleitung in der herausfordernden häuslichen Lernsituation entlastet.

Der Markt an Lernsoftware wächst rapide, und es ist nicht immer leicht, qualitative Produkte zu erkennen. Hier einige Qualitätsmerkmale, die die Auswahl erleichtern können:

- Passt die App zu den schulischen Bildungsinhalten?
- Nutzt sie unterschiedliche Lernstufen (Wissen, Verstehen, Anwendung, Wiederholung)?
- Entsprechen die Lösungswege und Methoden denen, die das Kind aus der Schule kennt (schriftliche Rechenverfahren)?
- Lassen sich die Inhalte an den Lernstand des Kindes anpassen?
- Ist die App leicht und intuitiv bedienbar?
- Wurde beim Design auf Klarheit und den Verzicht auf überflüssige Reize geachtet?
- Wie geht die App mit Fehlern um? Wird nur falsch/richtig angezeigt oder auch eine entsprechende Hilfestellung gegeben?
- Werden Lernfortschritte kenntlich gemacht?
- Ist die App barrierefrei?
- Lädt sie zur Bewegung ein?
- Verfügt die App über eine gute Ton- und Bildqualität?
- Ist sie werbefrei?

Im Zweifelsfall könnt ihr Kontakt zur Lehrkraft aufnehmen und sie um eine Einschätzung der jeweiligen Lernsoftware bitten.

Spielerische Annäherung

»Die größte Kunst ist, den Kindern alles, was sie tun oder lernen sollen, zum Spiel zu machen.« (John Locke)

Bereits in frühesten Lebensjahren hat das Spielen großen Einfluss auf die kindliche Gehirnentwicklung und regt fundamentale Lernprozesse im kognitiven, sozialen und emotionalen Bereich an. Durch das Spielen erkunden Kinder ihre Umwelt, probieren sich aus, erweitern ihre Vorstellungskraft, übernehmen Rollen, verarbeiten Erlebnisse und kommen ihrem Grundbedürfnis nach sozialer Interaktion nach. Im Spiel steckt ein hoher Grad an Motivation und damit einmal mehr erhebliches Lernpotenzial. Darum plädieren Bildungsforscher*innen schon seit Langem für eine noch stärkere Verknüpfung von Lernen und Spiel auch im schulischen Kontext.[7] Auch für die häusliche Lernsituation kann dieses Wissen genutzt und können unbeliebte Pflichten wie das Kopfrechentraining spielerisch verpackt werden, zum Beispiel beim Ergebnisknüpfen:

- Draußen: Die Zahlen von 1 bis 20 in einem großen Quadrat auf dem Asphalt notieren. Dann Rechenaufgaben stellen und das Kind auf das richtige Ergebnis hüpfen lassen.
- Drinnen: Die Zahlen auf Post-its auf den Boden kleben.

Sicherlich habt ihr als Eltern nicht die Ressourcen, jede Hausaufgabe in ein anregungsreiches Spaßerlebnis zu verwandeln. Und meine Erfahrung zeigt – auch solche Spielsituationen nutzen sich mit der Zeit ab. Dennoch ist es nicht verkehrt, auf ein kleines Ideenrepertoire zurückgreifen zu können, wenn der Frust mal ganz besonders hoch ist. Nachdem mein Sohn und ich einmal zu Beginn der ersten Klasse seine wenig beliebten Rechentürmchen als Agent*innen in einen Rechencode verwandelt haben, den er knacken musste, um die Welt zu retten, konnte ich beobachten, wie er sich später immer wieder ganz eigenständig kleine Hintergrundgeschichten für seine Übungsaufgaben ausdachte und sich so durch diese Pflicht manövrierte. Diese Idee stammt aus dem Buch *Erfolgreich Lernen mit ADHS* von Stefanie Rietzler und Fabian Grolimund, das ich euch an dieser Stelle von Herzen empfehlen kann. Auch wenn der Titel eine klare Richtung vorgeben mag, so sind die unzähligen Impulse tatsächlich völlig unabhängig davon sehr gut nutzbar. Mein Kind beispielsweise hat kein

ADHS, und ich habe trotzdem schon wertvolle Tipps aus diesem Buch umsetzen können, ganz besonders, wenn es um den Bereich der Lern- und Übungsmotivation geht.

Elternfrage

»Ist es nicht wichtig, dass Kinder auch mal lernen, dass nicht immer alles Spaß macht? Dass man sich manchmal auch durch etwas durchbeißen muss?«

Ich finde sogar ganz wichtig, Kindern nicht jede Anstrengung und Bürde abzunehmen. Ich denke, dass in dem Prozess, sich unliebsamen Aufgaben zu stellen, durchaus sehr viel wertvolles Lernpotenzial steckt. Dass wir dabei Kompetenzen und Bewältigungsstrategien erwerben können, die uns bis ins Erwachsenenalter zugutekommen. Aber wie bei allen Lernprozessen sind die Begleitung und die Umgebung entscheidend. Es reicht eben nicht, zu sagen: *»Hier hast du deine Hausaufgaben, und nun beiß dich mal schön durch.«* Kinder müssen das (in Begleitung) üben. Und mit dieser Sicherheit kommt dann allmählich die Selbstständigkeit.

Welche Anregungen passen für mein Kind?

Bei all den Anregungen mag die Frage aufkommen, wie ihr nun diejenigen herausfiltern sollt, die sich für euer Kind und eure häusliche Situation eignen.

Natürlich füllt ihr mit eurem Kind keinen Anamnesebogen aus, auf dessen Grundlage ihr dann das Hausaufgabensetting anpasst. Viel wird schlichtweg situationsbezogen über Beobachtung, Ausprobieren und Reflektieren erfolgen. Hat die Schule für euer Kind begonnen, lasst der Hausaufgabensituation erst mal etwas Raum. Auch wenn euch die vielen Ideen gefallen und ihr euch freut, so viele hilfreiche Impulse in der Hinterhand zu haben, beobachtet zu Beginn ganz in Ruhe: Wie verhält sich euer Kind? Welche Hürden tauchen überhaupt auf? Was nutzt euer Kind vielleicht schon ganz intuitiv? Nicht selten greifen Kinder ganz unbewusst auf Strategien zurück, die sie in einer Situation unterstützen. Mein Sohn beispielsweise brauchte schon immer Hintergrundgeräusche, um sich besser auf etwas zu konzentrieren. Bei länger dauernden Hausaufgaben hat er sich irgendwann völlig eigenständig ein leises Hörspiel gestartet. Das hat für ihn gut geklappt und hat sich komplett ohne unser Zutun etabliert. Wenn es aber um die Strukturierung der Aufgaben oder die Vorbereitung der Hausaufgabenphase ging, war er deutlich mehr auf unsere elterliche Begleitung angewiesen. Darauf haben wir situativ reagiert.

Gerade bei jungen Kindern wie Schulanfänger*innen kann es natürlich trotzdem sinnvoll sein, ein wenig vorzustrukturieren. Und wie schon gesagt, ihr als Eltern kennt euer Kind so gut wie kein anderer Mensch. Meist habt ihr schon eine Idee davon, wie euer Kind am besten lernt und was es braucht.

Fragen wie »*Was brauchst du heute?*« sind für den Anfang allerdings noch zu offen und daher eher nicht zielführend. Fokussiert euch auf einige wenige Dinge, stellt gezielte Fragen oder gebt konkrete Impulse, wenn sie gerade passen:

- *»Stell dir noch deine Trinkflasche bereit, bevor du startest!«*
- *»Schau dir einmal an, was du heute zu tun hast. Mit welcher Hausaufgabe möchtest starten?«*
- *»Ich habe das Gefühl, du brauchst eine kurze Pause. Was denkst du?«*

In den ersten Schulmonaten ist es hilfreich, hier noch regelmäßig zu reflektieren: *»Heute hast du ganz besonders konzentriert gearbeitet. Was meinst du, was hat dir heute dabei geholfen?«* Mit der Zeit, wenn sich eine gewisse Routine eingestellt hat, reicht es, vor allem dann zu reflektieren, wenn ihr und euer Kind das Gefühl habt, dass etwas angepasst werden muss.

Was mache ich mit jüngeren Geschwisterkindern während der Hausaufgabenzeit?

Eine Frage, über die ihr euch vielleicht noch gar nicht so viele Gedanken gemacht habt, die aber eine nicht zu vernachlässigende Rolle in der häuslichen Übungssituation spielen kann. Denn besonders in der ersten Zeit, wenn euer frischgebackenes Schulkind eure Unterstützung noch sehr braucht, ist es gar nicht so leicht, gleichzeitig auch jüngere Geschwisterkinder im Blick zu behalten. Das fordert vor allem euch als Eltern schnell heraus und birgt damit Konfliktpotenzial.

Auch hier unterstützen Routinen und Rituale letztlich alle Familienmitglieder. Hat die Hausaufgabenzeit einen verlässlich abgesteckten Rahmen, ist das auch für die Geschwister eine Orientierung. Sie wissen mit der Zeit, dass jetzt ruhige Arbeitszeit gefragt ist und dass der jeweilige Elternteil seine Aufmerksamkeit vermehrt dem Schulkind widmet. Nehmt die jüngeren Geschwister mit in diese Abläufe. In einer Hausaufgabenbox könnt ihr anregendes Material (besondere Malbücher, Stickerhefte, Knete) sammeln, das nur in der Hausaufgabenzeit des großen Geschwisterkindes zur Verfügung steht. Jüngere Geschwister könnten sich auch mit einem Hörspiel zurückziehen oder sich mit anderen altersgerechten Medien beschäftigen. Probiert aus und gebt dabei allen Familienmitgliedern Zeit, in diese neue Situation zu finden.

Soll ich die Hausaufgaben meines Kindes korrigieren?

Auch das ist eine wichtige Frage, wenn es um die Gestaltung der Hausaufgabensituation geht. Diese Thematik wird sehr häufig auf dem ersten Elternabend besprochen, und ich würde raten, sich grundlegend an dem zu orientieren, worum die Lehrkraft eures Kindes bittet. So wünschen sich viele Lehrkräfte, dass sich Eltern in der Korrektur der Hausaufgaben zurücknehmen, denn die erledigten Aufgaben der Schüler*innen sind für Lehrkräfte ein wichtiges Feedback bezüglich des jeweiligen Leistungsstandes des Kindes. Nur wenn sie wissen, wo eventuell noch Schwierigkeiten bestehen, können sie unterrichtlich darauf reagieren. Wenn euer Kind mit dieser Praxis gut zurechtkommt, dann würde ich eher darauf verzichten, einzugreifen.

Habt ihr aber das Gefühl, euer Kind wünscht sich eure Unterstützung oder ist in seiner Lernpersönlichkeit darauf angewiesen, dann ist es natürlich wichtig, das ernst zu nehmen und darauf einzugehen.

Es gibt nämlich durchaus Kinder, für die eine direkte Rückmeldung ein zentraler Sicherheitsfaktor ist. Sie brauchen das sichere Gefühl, dass bereits eine zweite Person die Aufgaben gesehen hat, bevor sie diese in der Schule zeigen oder gar vortragen. Diesem Bedürfnis solltet ihr als Eltern, soweit ihr das leisten könnt, entgegenkommen. Wichtig ist, dass dies dann mit der

Lehrkraft abgesprochen wird und sie besonders im Fall von Verständnisschwierigkeiten oder wiederkehrenden Fehlern, die euch bei eurem Kind auffallen, Rückmeldung bekommt. Nur so kann die Lehrkraft unterstützend reagieren. Wenn ihr mit eurem Kind die Hausaufgaben gemeinsam besprecht, dann ist eine achtsame Sprache, ganz besonders im Hinblick auf den Umgang mit Fehlern unbedingt ratsam. Wie das gelingen kann, ist im nachfolgenden Kapitel genauer beschrieben.

So wie manche Kinder sich ein kurzes Feedback ihrer Eltern wünschen, so gibt es auch Kinder, die direkt abblocken, wenn die Eltern die Hausaufgaben kontrollieren wollen. Dies sollte ebenfalls respektiert werden. Denn die Rückmeldesituation erfolgt so unter Frust und Ablehnung und wird, auch wenn die Intention sicherlich die beste ist, kaum lernförderlich sein.

Als Lehrkraft erlebe ich auch immer wieder, dass Eltern und Kinder sehr unterschiedliche Vorstellungen vom Ergebnis einer erledigten Hausaufgabe haben und hier schnell Konflikte entstehen. Nicht selten geht es dabei um die äußere Form. Euer Kind hat sich ausdauernd und mit Anstrengung durch seine Mathehausaufgaben gekämpft, aber für euer Empfinden hätte es dabei sorgfältiger sein können? Versucht euch hier zurückzunehmen und widersteht dem Impuls, einen Radiergummi zu zücken. Das sorgt beim Kind mit hoher Wahrscheinlichkeit für großen Widerstand und das unschöne Gefühl, dass die vorherige Mühe wenig wert war. Wenn ihr euch wünscht, dass euer Kind für seine Hausaufgaben langfristig selbst die Verantwortung übernimmt, dann ist es wichtig, hier auch entsprechend loszulassen. *»Ich bin zufrieden mit meinem Arbeitsergebnis«* – traut eurem Kind diese Entscheidung zu, und vertraut darauf, dass es mit dem konstruktiven Feedback der Lehrkraft umgehen kann. Gemäß dem bereits erwähnten Leitsatz »Schule darf vorrangig meinem Kind gehören« fragt euer Kind in der Hausaufgabensituation also erst mal, ob es sich eine Rückmeldung wünscht: »*Klasse, du hast deine Aufgaben geschafft. Möchtest du, dass ich sie mir ansehe? Möchtest du, dass ich dir etwas dazu sage?*«

Nur wenn ihr dabei als Eltern vermehrt das Gefühl habt, dass eventuell häufige Fehlerquellen eures Kindes in der Schule unbemerkt bleiben, ist es sinnvoll, aktiv zu werden und beispielsweise in den Austausch mit der Lehrkraft zu gehen.

Was tun, wenn die Belastung bleibt?

Sprechen wir es aus: Bei allem Bemühen um eine gute Hausaufgabensituation wird gerade bei jungen Schüler*innen der daraus entstehende schulische Lernfrust einfach in die Hände von Eltern gegeben. Denn besonders junge Kinder sind noch stärker auf die Lernbegleitung ihrer Eltern angewiesen. Die so entstehenden permanenten Kämpfe und Diskussionen können die Beziehung nachhaltig stören.

Gleichzeitig ist es wichtig, zwischen gelegentlichen Konflikten und einer wirklich anhaltenden Gefährdung der Eltern-Kind-Beziehung zu unterscheiden. Kleinere Streitigkeiten oder Unmutsäußerungen sind im Hausaufgabenkontext durchaus verständlich, und es ist für Kinder ein gutes Lernfeld, sich mit solchen Gefühlen auseinanderzusetzen und einen Streit zu meistern. Jetzt soll es aber darum gehen, was noch möglich ist, wenn all die Anregungen im Umgang mit dem eigenen Kind nichts fruchten. Was ist, wenn die häusliche Lern- und Übungssituation trotzdem ein täglicher Kampf bleibt und schon im ersten Schuljahr zur absoluten Beziehungsprobe wird?

Zuständigkeit und Verantwortung klären

Oft ist die Verantwortung bei Hausaufgaben nicht ganz klar abgesteckt. Ja, unsere Kinder sollen diese Pflicht eigentlich selbstständig bewältigen. Gleichzeitig besteht die Erwartungshaltung, dass Eltern dabei unterstützen. Und meist ist das auch durch die Form der Hausaufgaben oder die noch fehlenden Lernstrategien bei unseren Kindern einfach notwendig. Sind solche Bereiche aber nicht klar abgegrenzt, kann es schnell zu Missverständnissen oder widersprüchlicher Kommunikation zwischen euch und eurem Kind kommen. Kinder spüren dann, dass eine gewisse Erwartung an ihre Eigenständigkeit besteht, gleichzeitig wollen (oder müssen) ihre Eltern aber ständig überprüfen, ob alles klappt oder ihren Vorstellungen entspricht. Wenn ihr die Selbstständigkeit eures Kindes im Bereich der Hausaufgaben langfristig fördern und das Konfliktpotenzial senken wollt, ist es wichtig, euren Zuständigkeitsbereich als Eltern klar abzugrenzen: Unterstützt euer Kind nach Bedarf in der häuslichen Lernsituation, oder steht für Rückfragen zur Verfügung. Aber versucht, euch zum Beispiel mit Korrekturen und Verbesserungsvorschlägen zurückzunehmen.

Eigene Emotionen checken

Ich hatte es ja schon gebeichtet – als es darum ging, meinen Sohn in seinem häuslichen Üben zu begleiten, schien jedes pädagogische Geschick plötzlich meinen Körper zu verlassen. Mittlerweile haben wir unseren Weg gefunden, aber mich hat trotzdem weiter interessiert, warum unsere elterlichen Emotionen hier so schnell hochkochen. Sich mit dem eigenen Kind durch schulische Arbeitshefte zu kämpfen fordert unsere Nerven und unsere Geduld wie kaum eine andere Situation. *»Nie gehe ich so schnell* *an die Decke wie in dem Moment, in dem ich mein Kind dazu bringen muss, seine Schreibübungen zu erledigen. Ich habe keine Ahnung, was da für Knöpfe bei mir gedrückt werden«,* vertraute sich mir ein Vater nach den ersten Schulwochen auf dem Spielplatz an. Und diese Gefühle sind kein Zufall. Es hat bestimmte Gründe, warum wir so reagieren.

An dieser Stelle kommt wieder einmal unsere eigene Schulbiografie ins Spiel. Denn das sind bislang die einzigen Erinnerungen, auf die wir im schulischen Kontext zurückgreifen können. Das sind die Erfahrungen, aus denen wir schöpfen. Viele von uns sind durch ein sehr hierarchisch geprägtes Schulsystem aus Lernfrust, Druck und Machtausübung gegangen. Lernbegleitung auf Augenhöhe haben die wenigsten von uns erlebt. Und auch wenn wir uns vorgenommen haben, das alles einmal ganz anders zu machen, so wird in dem Moment, in dem sich eine Auseinandersetzung mit unserem Kind anbahnt und unsere Emotionen die Oberhand gewinnen, unser Vernunftdenken quasi abgeschaltet. Wir können dann intuitiv nur noch auf die alten Muster zurückgreifen, die in uns verankert sind. Das frustriert uns in unseren Ansprüchen zusätzlich, und schon ist der Hausaufgabenkonflikt perfekt.

Zusätzlich sorgen unliebsame Pflichten wie die Hausaufgaben bei Kindern schnell für Emotionen und Verhaltensweisen, die uns als Eltern einfach herausfordern. Ablehnung, Verweigerung, Verzögerung, Veralberung – alles Dinge, die in uns altbekannte Muster aktivieren und uns das Gefühl geben, wir als Eltern würden in unserer Rolle bewusst untergraben. Wenn ihr also merkt, dass ihr wütend werdet, weil euer Kind die Matheaufgabe einfach nicht verstehen will, obwohl ihr ihm bereits mehrere Male ganz ruhig erklärt habt, was zu tun ist, geht kurz aus der Situation raus. Atmet tief durch und führt euch vor Augen, dass auch euer Kind gerade mit sich kämpft. Es steht irgendwo zwischen seinem Kooperationswunsch sowie seiner guten Beziehung zu euch und dem Frust, sich nach einem langen Schultag noch einmal mit Rechenübungen beschäftigen zu müssen. Euer Kind greift dabei auf Bewältigungs- und Ableitungsstrategien zurück, die zugegebenermaßen sehr herausfordernd sein können, aber keinesfalls gegen euch gerichtet sind. Ihr seid nur eine Art Blitzableiter. Mein Kind beispielsweise gibt gern nur vor, eine Aufgabe nicht zu verstehen, obwohl wir sie bereits mehrfach besprochen haben. Eine anstrengende Situation für mich oder meinen Mann, weil wir auf diese Weise natürlich nicht vorankommen und uns noch dazu nicht ernst genommen fühlen. Also durchatmen und verstehen. Wo ist das kindliche Bedürfnis? Worum geht es eigentlich? Mit der Zeit haben wir begriffen, dass er durch diese Weise des Nichtverstehens unsere Zuwendung, Aufmerksamkeit und Nähe zu halten versucht. Und mit dieser Erkenntnis können wir ganz anders auf die Situation reagieren: *»Ich verstehe, dass diese Aufgaben anstrengend sind und du mich gern in deiner Nähe haben möchtest. Aber ich habe den Eindruck, dass du jetzt verstanden hast, wie diese Aufgaben funktionieren. Wenn du sie geschafft hast, haben wir noch etwas gemeinsame Zeit, bevor du zum Karatetraining musst. Hast du vielleicht schon eine Idee, was wir dann gemeinsam machen könnten? Eine Runde mit deinen Pokémonkarten spielen? Das ist eine super Idee. Darauf kannst du dich jetzt richtig freuen, dann fällt dir die Arbeit vielleicht gleich ein bisschen leichter.«*

Nein, natürlich gelingt mir diese Formulierung nicht jedes Mal so formvollendet. Aber sobald ich das Bedürfnis meines Kindes erkannt habe, kann ich in diese Richtung kommunizieren oder dort mit meinem Verhalten ansetzen. Und das ist oft schon das, was es braucht.

Ihr merkt also wieder einmal: Ein Kind sicher durch den Schulstart und das weitere Schulleben zu begleiten ist vor allem ganz viel Arbeit an uns selbst. Wir selbst müssen aufarbeiten, verstehen, reflektieren und uns so gut wie möglich stabilisieren, um für unsere Kinder die Leuchttürme sein zu können, die sie brauchen. Zu erkennen, warum wir in bestimmten Momenten so reagieren, wie wir reagieren, ist dabei ein zentraler Schritt.

Hausaufgaben auslagern

Eine weitere Möglichkeit ist, die Belastung zu mindern, indem die Hausaufgabensituation ausgelagert wird. Dabei könnte beispielsweise das Nutzen schulischer Ganztagsangebote sinnvoll sein. Hier ist in der Regel eine Hausaufgabenbetreuung integriert. Die Möglichkeiten einer individuellen Unterstützung bei den Aufgaben sind für das betreuende Personal aufgrund der Gruppengröße sicherlich beschränkt, aber letztlich sollte abgewogen werden, welche Schritte zum Schutz der Eltern-Kind-Beziehung sinnvoll sind. Besonders deshalb, weil in den ersten Schuljahren diese Verbindung eher als Rückzugs- und Schonraum und nicht als Krisenherd fungieren sollte. Vielleicht werden die Hausaufgaben in der Ganztagsbetreuung nicht genauso begleitet und im Auge behalten, wie dies in der häuslichen Eins-zu-eins-Zuwendung der Fall wäre, aber ihr würdet auf diese Weise die Beziehung zu eurem Kind von einer anstrengenden Belastung befreien. Und ich kann euch versichern, der Lern- und Übungseffekt wäre zu Hause bei ständigem Kampf und stetiger Abwehr auf keinen Fall größer als bei Auslagerung in eine Hausaufgabenbetreuung, die durchaus auch wirklich durch tolles Personal gestaltet wird. Wenn ihr also noch in der Schulvorbereitung steckt und überlegt, ob ihr euer Kind im Ganztagsbereich anmelden wollt oder eher noch nicht, könnt ihr diesen Aspekt auf jeden Fall im Hinterkopf behalten.

Vielleicht besteht auch die Chance, die Unterstützung bei den Hausaufgaben an eine andere Bezugsperson wie etwa die Großeltern oder weitere Verwandte abzugeben. Oder es gibt die Möglichkeit, ein- bis zweimal in der Woche die Hausaufgaben zusammen mit Schulfreund*innen zu erledigen. Eine Idee, die in meinen Klassen während der Pandemiezeit entstand und anschließend beibehalten wurde, waren virtuelle Treffen zum Erledigen der Hausaufgaben. Einzelne Schüler*innen haben sich über Videoanrufe oder Videokonferenzen verabredet und so gemeinsam die Hausaufgaben bearbeitet. Auch zur Vorbereitung von Tests wurden diese Treffen virtuell oder auch mit tatsächlichen Verabredungen genutzt. Ein motivierendes Setting, mit dem auch junge Schüler*innen schon gut umgehen können. Zu Beginn wurde dies von den Eltern begleitet, aber die mittlerweile digital sehr kompetenten Kinder haben hier schnell eine Selbstständigkeit erlangt.

Regelmäßiger Austausch mit der Lehrkraft

Wird die Hausaufgabensituation zu einer anhaltenden Belastung, ist ein regelmäßiger Austausch mit den jeweiligen Lehrkräften besonders wichtig. Sie können nur reagieren, unterstützen und Rücksicht nehmen, wenn sie informiert sind. Benötigt ein Kind anhaltend deutlich mehr Zeit für die Erledigung der Hausaufgaben, als dies prinzipiell vorgesehen ist, sollte das der Lehrkraft in jedem Fall zurückgemeldet werden. Wie viel Zeit die Erledigung der Hausaufgaben je nach Alter des Kindes beanspruchen soll, ist im Übrigen in speziellen Erlassen oder dem Schulgesetz des Bundeslandes meist klar geregelt. Zu Schulbeginn umfasst das in der Regel ungefähr eine halbe Stunde. Im Gespräch mit den Lehrkräften kann man sich durchaus freundlich auf diese Grundlagen berufen.

Auch wenn ich sonst wirklich immer dafür bin, die Lehrkräfte erst einmal um Rat zu bitten und damit ihre Erfahrung und Expertise anzuerkennen, würde ich in diesem Fall empfehlen, dass ihr direkt mit einem konkreten Vorschlag für die häusliche Übungssituation in das entsprechende Gespräch geht und diesen mit der Lehrkraft abstimmt. Einfach auch, weil das häusliche Lernen in eurer Verantwortung liegt und ihr entsprechend einschätzen könnt, was die Situation erleichtern würde:

- *»Wir streiten zu Hause unendlich viel über die Schreibübungen, und bei Belit fließen fast täglich die Tränen. Wäre es für Sie in Ordnung, wenn er die Wörter nicht dreimal wiederholt aufschreibt, sondern nur einmal und dafür besonders sorgfältig?«*
- *»Wir verzweifeln bei der täglichen Lesehausaufgabe. Wäre es für Sie in Ordnung, wenn wir diese Übungszeit mit einem von Dilaras Büchern nutzen. Ich bestätige Ihnen natürlich gern die gelesene Zeit mit einer Unterschrift im Hausaufgabenheft.«*
- *»Zoe schafft es einfach noch nicht, sich zu Hause länger als fünf Minuten am Stück zu konzentrieren. Durch die vielen Pausen sitzen wir so jeden Tag fast zwei Stunden an den Hausaufgaben. Wäre es für Sie machbar, die Aufgabenmenge für Zoe zu reduzieren?«*

In solchen Gesprächssituationen gilt wie auch sonst – je besser sich bereits früh um ein gutes Miteinander und eine vertrauensvolle Basis gekümmert wurde, umso leichter und oft erfolgreicher verläuft die Kommunikation.

Es besteht für Lehrkräfte grundsätzlich die Möglichkeit, bei den häuslichen Übungen beispielsweise im Umfang zu differenzieren. In vielen Schulgesetzen ist das Recht auf individuelle Förderung klar verankert. Das ist leider manchmal schwer mit den jeweiligen Schulsituationen vereinbar und hat darum auch sicherlich Grenzen, aber immer mehr Lehrkräfte setzen auf eine individuellere Hausaufgabenpraxis. Besonders dann, wenn sie hier gut mit Erziehungsberechtigten zusammenarbeiten können. Und auch wenn die Lehrkraft euch nicht entgegenkommen kann oder aus welchen Gründen auch immer nicht möchte, sieht euer Kind an dieser Stelle trotzdem: »*Meine Eltern haben sich für mich eingesetzt. Sie sehen mein Problem und nehmen es ernst.*« Und das ist, ganz besonders dann, wenn die Beziehung ohnehin gerade belastet ist, eine wichtige Sicherer-Hafen-Erfahrung.

Teilaufgaben übernehmen oder Situation abbrechen

Fehlt es von schulischer Seite an Unterstützung oder sind die Möglichkeiten vor Ort begrenzt, könnt ihr gelegentlich auf rettende Kompromisse zurückgreifen. Versucht beispielsweise, das grundlegende Ziel einer Übungsaufgabe zu erschließen. Beim Lösen von Türmchen mit Additionsaufgaben steht natürlich das Rechnen im Vordergrund. Das Schreiben der Ergebniszahlen ist besonders in der ersten Klasse sicherlich ein weiteres Ziel, steht aber bei diesen Hausaufgaben eher nicht an erster Stelle. Vereinbart also mit eurem Kind: »*Du rechnest aus, ich schreibe die Ergebnisse auf.*« Diese Form der Unterstützung und Entlastung ist zwar eher nicht als Dauerlösung gedacht, aber sie sorgt für die Möglichkeit, besonders krisenreiche Hausaufgabensituationen vertretbar zu lösen, und führt gleichzeitig dazu, dass sich euer Kind in seinem Problem gesehen und ernst genommen fühlt. Das ermöglicht wiederum einen wertvollen Beziehungsmoment, den die durch häusliches Üben belastete Eltern-Kind-Beziehung dringend brauchen kann. Solltet ihr auf solche Unterstützungen zurückgreifen, die ich selbst als Lehrkraft im Übrigen als wunderbaren Kompromiss empfinde, dann wäre auch hier eine ehrliche Rückmeldung an die jeweilige Lehrkraft eures Kindes ratsam. So fühlt sich die Lehrkraft einbezogen und nicht untergraben: *»Milan war gestern nicht mehr in der Lage, die Mathehausaufgaben im geforderten Umfang zu erledigen. Seine Konzentration war einfach komplett aufgebraucht. Daher hat er verlässlich alle Aufgaben gerechnet, während wir lediglich die Ergebnisse notiert haben. Wir bitten in diesem Fall um Nachsicht.«*

Ist eine Hausaufgabensituation einmal völlig festgefahren, habt den Mut, diese abzubrechen. In völligem Stress und Frust hat sie keinerlei Lerneffekt mehr und ist ausschließlich eine extreme Belastung. Kommuniziert auch in diesem Fall wieder ehrlich an die Lehrkraft zurück. Falls es wichtig ist, dass diese Aufgaben nachgeholt werden, bittet vielleicht um eine mögliche Reduzierung.

Nochmal im Überblick

Wie könnt ihr beziehungsorientiert mit den Hausaufgaben umgehen?

- Erleichtert den Übergang durch ein verlässliches Anfangsritual.
- Passt Arbeitsumgebung und Bearbeitungszeitpunkt an die Lernpersönlichkeit des Kindes an.
- Setzt auf spielerische Annäherung (z. B. durch das Abtauchen in eine selbst erdachte Hintergrundgeschichte).
- Erhöht die Motivation durch mediale Unterstützung (Lernapps).
- Erprobt Konzentrationshilfen (Mütze, Fußhocker, Kopfhörer, Hintergrundmusik) und Strukturierungshilfen (Stoppuhr, Aufgabentürmchen).
- Denkt an Pausen und passt die Pausengestaltung an das Bedürfnis des Kindes (Bewegung oder Entspannung) an.
- Baut auch während der Arbeitsphase Bewegungselemente ein.
- Bietet vor allem zu Schulbeginn noch Unterstützung und äußere Struktur an.
- Versucht, die Eigenständigkeit des Kindes Stück für Stück zu erhöhen, aber habt Geduld: Bei unliebsamen Aufgaben wie den Hausaufgaben kann dieser Prozess dauern.

- Beschäftigt eventuelle Geschwisterkinder (z. B. durch eine Hausaufgabenbox, Hörspiele, altersgerechten Medieneinsatz).
- Denkt an die Zusammenarbeit und den Austausch mit den Lehrkräften.
- Lagert Hausaufgaben aus, übernehmt Teilaufgaben, oder brecht eine völlig verfahrende Situation auch mal ab, wenn die Hausaufgaben zur ständigen Belastung werden.

Kapitel 9

Der Umgang mit schulischer Bewertung

Auch wenn in allen Bundesländern die erste Klasse notenfrei verläuft, werden unsere Kinder dennoch bereits ab Schulstart mit schulischer Bewertung und mit entsprechendem Feedback konfrontiert. Wir Lehrkräfte beobachten unsere Schüler*innen vom ersten Schultag an umfassend, um die Stärken, aber auch die Schwierigkeiten wahrzunehmen und entsprechend unterstützen zu können. Für Kinder bedeutet die ständige Beobachtung und Rückmeldung eine spürbare Veränderung im Vergleich zum bisherigen Kindergartenalltag. Natürlich wurde auch dort beobachtet und Feedback gegeben, aber in der Schule bekommt das eine andere Dimension. Und das auch schon in den ersten Schulwochen, in denen wir Lehrkräfte ganz besonders genau hinschauen, weil wir unsere Kinder in all ihren Facetten kennenlernen möchten. Ständiger Rückmeldung ausgesetzt zu sein kann für die jungen Schulanfänger*innen durchaus herausfordernd sein und eine gewisse Anspannung entstehen lassen, mit der umzugehen sie erst lernen müssen. Und auch euch Eltern bereitet das Thema Bewertung verständlicherweise schnell Bauchschmerzen. Vielleicht macht ihr euch Sorgen, welche Bedeutung permanente Bewertung und Optimierungsvorschläge für das Selbstwertgefühl eures Kindes haben könnten. Nun liegt die direkte schulische Rückmeldung zwar nicht in eurer Hand, aber ihr dürft in jedem Fall entscheiden, wie euer häuslicher Umgang damit aussehen soll. Ihr entscheidet beispielsweise über euren Blick auf Fehler. Ihr entscheidet über das Gewicht, das schulische Leistungsbewertung zu Hause bekommt. Ihr könnt dafür sorgen, dass euer Kind mit einem Rückschlag oder einem Misserfolg angstfrei zu euch kommen kann. Und ihr seid der Schonraum, der eine Balance schafft.

Keine Angst vor Fehlern

Das Erste, was ihr grundlegend auch schon deutlich vor dem Schulstart reflektieren und umsetzen könnt, ist eure häusliche Fehlerkultur. Wie viel und vor allem welche Bedeutung messt ihr Fehlern bei? Wie ist eure diesbezügliche Sprache?

FEHLER
=
HELFER

Vielleicht ist euch der Satz »Fehler sind Helfer« schon mal begegnet. Derzeit dominiert er die Social-Media-Welt merklich. Ich mag dieses Bild sehr, denn es zeigt den Kern einer positiven Fehlerkultur. Aber warum ist eine solche Fehlerkultur so wichtig für erfolgreiches Lernen?

Fehler oder Momente, in denen etwas nicht so läuft, wie geplant, sind völlig natürlicher Bestandteil eines Lernprozesses. Denkt an das Konzept des Growth Mindset aus Kapitel 4. Das Hinfallen gehört zum Laufenlernen dazu. Erinnert auch an das Kind, das sich durch diese Fehlmomente in seinem Lauflernprozess überhaupt nicht entmutigen lässt. Es ärgert sich vielleicht, aber dann steht es wieder auf und probiert es weiter. Besonders junge Kinder sind also regelrechte Expert*innen im Umgang mit Fehlern und kurzzeitigem Misserfolg. Je nach persönlichem Temperament, privater Situation, aber spätestens mit dem Schuleintritt gerät die entwicklungsorientierte Haltung gegenüber Fehlern schnell ins Wanken. Denn Fehler sind dort plötzlich die ausschlaggebenden Faktoren, an denen die eigene Leistungsstärke gemessen wird. Fehler führen zum Beispiel zu schlechten Noten, zu Kritik oder zu häufiger Korrektur von außen. Und das wiederum lässt Ängste, Unsicherheit und Scham entstehen – Gefühle, die für einen Lernprozess alles andere als förderlich sind. Wie schon erwähnt, bemühen sich bereits viele Lehrkräfte, dem entgegenzuwirken und ihre Schüler*innen zu stärken, aber solange wir an klassische Leistungsbewertung gebunden sind, hat das seine Grenzen. Leider. Trotzdem ist das nicht der Moment, um als Eltern den Kopf in den Sand zu stecken und das sich in Luft auflösende Selbstbewusstsein des Kindes zu betrauern. Ganz im Gegenteil – besonders mit dem Schulstart ist es wichtig, bei Kindern wenigstens im häuslichen Umfeld den positiven Umgang mit Fehlern so gut wie möglich zu erhalten oder wieder zu festigen, ganz unabhängig davon, wie die schulische Fehlerkultur aussehen mag. Als Eltern können wir in den unterschiedlichsten Situationen immer wieder entwicklungsförderlich bestärken:

1. *»Fehler zeigen dir, dass du dir vertraust und mutig bist.«*
   Denn Fehler macht nur die Person, die etwas wagt und es wenigstens versucht hat. Darauf darf man immer stolz sein.

2. *»Fehler helfen dir.«*
   Denn sie zeigen uns, dass wir etwas verändern müssen oder wie wir weiterarbeiten können. Mit jedem Fehler komme ich ein Stückchen weiter voran, auch wenn es sich nicht direkt so anfühlt.

3. *»Fehler/Irrtümer können richtige Schätze sein.«*
   Herzschrittmacher, Penicillin, die Mikrowelle, Eis am Stiel – all diese Erfindungen haben eines gemeinsam. Sie sind das Produkt eines Fehlers oder eines Versäumnisses. Geschichten wie diese zeigen Kindern, welches Potenzial in Fehlern steckt.

4. *»Ich mache auch Fehler.«*
   Das eigene Vorbild spielt eine wichtige Rolle. Ein offener Um-

gang mit Fehlern von Elternseite und auch das Vorleben oder Aufzeigen von Lösungsmöglichkeiten wie zum Beispiel einer Entschuldigung können Kindern hilfreiche Impulse liefern.

Je nach eigener Persönlichkeit werden Kinder trotzdem nicht umgehend in Begeisterungsstürme verfallen, wenn ihnen ein Fehler unterläuft. Nein, sie werden sich ärgern oder auch wütend reagieren. Das sind verständliche Gefühle, die absolut sein dürfen. Das Gefühl, das wenigstens zu Hause langfristig vermieden oder gemildert werden soll, ist die Angst. Denn sich über einen Fehler zu ärgern ist erst mal kein Problem. Aber ständige Angst zu entwickeln, einen Fehler zu machen und darum bestimmte Lern- und Übungsprozesse direkt zu meiden, kann durchaus zu einem hartnäckigen Problem werden.

Wenn wir uns darum bemühen wollen, diese Angst bei Kindern aufzulösen, bedeutet das nicht, zukünftig jeden Fehler wohlwollend zu ignorieren. Es geht auch nicht darum, dass 5+2=8 ja im Grunde genommen fast richtig ist und darum auch so stehen bleiben kann. Fehler darf und muss man durchaus klar benennen. Denn sonst bliebe ihr Potenzial ungenutzt. Es geht zum einen eher darum, dem Kind klar zu vermitteln: »*Wir sind stolz auf dich und das, was du bist, und ein Fehler oder ein Misserfolg kann daran nichts ändern. Du hast nichts zu befürchten.*« Zum anderen geht es darum, den Fokus auf den Lernprozess zu legen und ihn im Ganzen wertzuschätzen. Zu sehen, was geleistet und schon geschafft wurde, und gleichzeitig dazu anzuregen, Verantwortung zu übernehmen, etwas zu überarbeiten, sich weiterzuentwickeln und wieder einen Schritt nach vorn zu kommen. So erfährt das Kind: »*Es ist einerseits okay, einen Fehler zu machen, denn er bringt mich voran, und andererseits wird meine Leistung, das, was ich kann, nicht nur an dem einen Fehler gemessen.*« Hierbei ist eine achtsame Sprache hilfreich.

Beim Feedback zu den Hausaufgaben könnte das beispielsweise so aussehen:

- *»Klasse, so viele Aufgaben richtig gerechnet. Schau mal, bei dieser hat sich ein Fehler eingeschlichen. Ich wette, du findest ihn, wenn wir noch mal zusammen rechnen.«*
- *»Toll, wie viel Mühe du dir gibst. Im vorletzten Wort fehlt ein Buchstabe. Du findest bestimmt heraus, welcher es ist.«*
- *»Super, dass du noch mal genau hingeschaut und den fehlenden Buchstaben ergänzt hast. Jetzt kann sich dein Gehirn dieses Wort direkt noch besser merken.«*
- *»Siehst du, dieser Fehler war ein großartiger Helfer. Jetzt weißt du beim nächsten Mal ganz genau, wie es geht.«*

Nun werden Kinder sehr wahrscheinlich in diesem Schulsystem auch erleben, dass ihnen Fehler zum Nachteil gereichen. Dass Fehler schulisch nicht immer Helfer sind, sondern manchmal leider Notenbestimmer. Das ist bislang noch Teil der schulischen Realität. Aber auch in dem Fall macht es für das Kind einen Unterschied, zu wissen, dass die eigenen Eltern einen Misserfolg nicht überhöhen und dieser auch keinerlei Einfluss auf den elterlichen Stolz, ihre Wertschätzung und Zuneigung hat. Und es bleibt auch im weiteren Verlauf des Schullebens eine wertvolle Komponente, wenn euer Kind trotzdem bereits eine Idee davon hat, dass auch etwas Hilfreiches und Entwicklungsförderliches in Fehlern steckt und wie es sich anfühlt, ihnen wenigstens in einigen Lebensbereichen schon angstfrei begegnen zu können.

Gelassen auf die (Leistungs-) Bewertung reagieren

Ich erwähnte es schon: Als Eltern mit der Bewertung des eigenen Kindes konfrontiert zu werden ist wirklich keine leichte Angelegenheit. Etwas, was ich als Lehrerin zwar geahnt, aber erst als Schulkindmama wirklich gefühlt und verstanden habe. Und obwohl ich ja nun durchaus vom Fach bin, saß ich dann doch zum ersten Elterngespräch auf dem kleinen Stühlchen, inständig hoffend, viel Positives zu hören, und den Impuls unterdrückend, bei jedem berechtigt genannten Förderhinweis nicht entrüstet aufzuspringen.

Im ersten Lernentwicklungsgespräch zu erfahren, dass das eigene Kind motorisch noch große Mühen mit dem Schreiben von Buchstaben hat, die erste Korrektur im Matheheft oder der Hinweis im Hausaufgabenheft, man solle mit dem Kind zu Hause die Leseübungen besser noch einmal wiederholen – auch das kann neben vielen stolzen Momenten in den ersten Schulwochen auf euch zukommen. Und nein, es ist wahrlich gar nicht so einfach, hier gelassen und vor allem eurem Kind gegenüber aufbauend und zuversichtlich zu bleiben. Ich erlebe bei Eltern oft eher eine unwillkürlich auftauchende Verteidigungshaltung. Wie ein Reflex. Es ist euer Instinkt als Beschützer*innen, der sich binnen Sekunden meldet und den Impuls sendet, das eigene Kind vor allem Schlechten zu bewahren. Auch vor negativer Kritik. Hinzu kommt das nagende Empfinden, sich direkt selbst ein bisschen kritisiert zu fühlen. Habe ich etwa mein Kind doch nicht gut vorbereitet? Habe ich vielleicht etwas übersehen? Will die Lehrkraft etwa behaupten, wir seien keine guten Schulkindeltern? Solche Gefühle sind verständlich, wenn man bedenkt, welch große Verantwortung Eltern tragen. Gleichzeitig dürfen solche nachvollziehbaren Emotionen aber nicht zu eurem Handlungswegweiser werden.

Die zehn nachfolgenden Impulse geben euch Anhaltspunkte, wie euch von Schulbeginn an ein möglichst gelassener und beziehungsorientierter Umgang mit schulischer Leistungsbewertung gelingen kann und worauf ihr dabei achten könnt:

1. Freut euch ganz authentisch mit eurem Kind: *»Du hast dich so angestrengt. Ich freu mich für dich, dass es sich ausgezahlt hat.«*

2. Schränkt Erfolge des Kindes nicht durch Seitenkommentare ein: *»Haben die anderen auch so wenige Fehler?«, »Klasse, dass du schon so sicher rechnest, aber wie sieht es mit den Leseübungen aus?«* Solche Bemerkungen haben vermutlich keine böse Absicht, können aber beim Kind den Leistungsdruck erhöhen, weil es das Gefühl bekommt, die eigenen Lernergebnisse sind nicht wirklich genug.

3. Bauscht Misserfolge nicht auf: *»Schon wieder so viele Fehler? Was sollen wir denn noch machen? Vielleicht üben wir am Wochenende auch noch mal zusätzlich?«* Leistungsbewertung ist immer eine Momentaufnahme. Ihr dürft erst einmal Ruhe bewahren und Druck vermeiden, indem ihr dem Lernprozess eures Kindes seine Zeit und der Entwicklungsarbeit zwischen Lehrkraft und Kind ihren Raum gebt.

4. Fehler nicht bestrafen: *»Schon wieder so viele Fehler in den Hausaufgaben? Du kannst dich scheinbar nicht gut konzentrieren. Diese Woche machst du mal eine Medienpause!«, »Wenn das mit dem Lesen nicht bald flüssiger wird, dann müssen wir dich vom Fußballtraining abmelden. Wir brauchen mehr Zeit*

zum Üben.« Ihr wünscht eurem Kind Erfolge. Ihr wünscht ihm, dass es in der Schule gut mitkommt. Und der Anspruch, als Eltern bestmöglich zu unterstützen, kann euch vermutlich manchmal ganz schön unter Druck setzen. Gleichzeitig sollte das nicht dazu führen, dass ihr auf der Suche nach Möglichkeiten, euer Kind zu fördern, auf Verbote und Strafen ausweicht. Auch hinter stark fehlerhaften Seiten im Arbeitsheft kann eine große Anstrengung und Mühe stecken. Und es schürt Ängste und erhöht den Leistungsdruck bei eurem Kind immens, wenn dabei am Ende nicht nur ausschließlich die Fehler zählen, sondern diese auch noch mit Bestrafung oder dem Entzug von wertvollem Ausgleich verbunden sind. Angst ist nicht nur lernhinderlich, sondern außerdem ein Belastungsfaktor für Beziehungen. Wenn euer Kind Angst hat, für Misserfolge und Fehler, die sich ohnehin schon nicht schön anfühlen, zusätzlich bestraft zu werden, kann es passieren, dass es sich nicht mehr unbedingt mit allem vertrauensvoll an euch wendet. Oder es beginnt, Dinge zu verheimlichen. Und das ist eine Entwicklung, die wir in unserer Rolle als Schonraum und sicherer Hafen ja eigentlich ganz und gar nicht wollen.

5. Konzentriert euch auf die Stärken, ohne Fehler zu missachten: Den Blick auf Stärken und Lernerfolge zu lenken ist ein wichtiger Motivationsfaktor. Dabei müssen Fehler oder Entwicklungsfelder nicht unter den Teppich gekehrt werden. Sie dürfen benannt und je nach Situation auch entwicklungsförderlich besprochen werden. *»So viele große L's hast du ganz genau in die Linien geschrieben. Toll. Was bedeutet diese Lupe dort? – – – Ah, da ist der Strich aus der Linie gerutscht. Na, wenn du weiter so übst, dann wirst du da bald zum Profi!«* Aber der Scheinwerfer sollte sich auf das richten, was schon

gelingt. Auf die Erfolge, die zeigen: *»Ich habe mich angestrengt, ich habe mir Mühe gegeben, und das hat sich gelohnt.«*

6. Arbeitet nicht gegen die Lehrkräfte: *»Ich weiß nicht, was Frau Sommer hat, dein kleines a sieht doch super aus?«*, *»Wenn euch Herr Böhmann das nicht vernünftig erklärt, ist es kein Wunder, dass du da Fehler machst.«* – Sosehr ich als Mutter diesen Verteidigungsreflex verstehe, so wichtig ist es, dass ihr uns Lehrkräfte nicht als Gegner*innen seht. Erinnert euch daran, wie wichtig es für euer Kind ist, dass ihr uns als Bezugspersonen wertschätzt, vor dem Kind nicht negativ über uns sprecht und unser Tun nicht kleinredet. Sätze wie die eben genannten können unsere Zusammenarbeit mit eurem Kind deutlich erschweren und euer Kind selbst in emotionale Zwickmühlen bringen. Um diesem Impuls etwas entgegensetzen zu können, müsst ihr euer Verständnis mobilisieren. Wenn wir Lehrkräfte mit Kindern in die Entwicklungsarbeit (egal ob auf fachlicher, sozialer oder emotionaler Ebene) gehen, dann gehört es dazu, auch offen über Fehler oder mögliches Veränderungspotenzial sprechen zu müssen. Verrechnet sich ein Kind, ist es wichtig, dass wir als Lehrkraft hinschauen, aufmerksam machen und mit dem Kind überarbeiten. Wenn wir mit den Schulanfänger*innen die Schreibrichtungen der Buchstaben einüben, dann achten wir besonders zu Beginn sehr genau darauf, ob Kinder ungünstige Bewegungsabläufe zeigen, und versuchen, dort gut zu begleiten und zu steuern, um langfristig verkrampftes Schreiben zu verhindern. Wenn ein Kind einen Konflikt verursacht, dann leiten wir dazu an, Verantwortung zu übernehmen und zu schauen, wie man diese Situation auflösen kann. Unsere Ziele sind Wissensvermittlung, Förderung, Stärken von Kompetenzen, Schaffen einer Gemeinschaft und Weiterentwicklung. Nicht absichtliches Demoralisieren. Wie-

der gilt: Geht erst mal vom Guten aus! Auch wir Lehrkräfte wollen das Beste für unsere Schüler*innen. Wenn ihr als Eltern diese grundlegende Haltung einnehmt, fällt es euch leichter, auch in eurem Kind das Verständnis für konstruktives Feedback zu aktivieren und die Beziehung zur Lehrkraft nicht zu torpedieren: *»Ich bin mir sicher, Frau Uhlmann sieht, wie sehr du dich anstrengst, auch wenn heute etwas schiefgegangen ist. Hast du eine Idee, warum ihr so wichtig ist, dass du weiter versuchst, konzentrierter zu arbeiten?«* Denkt außerdem daran, dass ihr zu Hause nur einen kleinen Ausschnitt des täglichen Schullebens präsentiert bekommt. Vertraut darauf, dass es ein Gesamtbild und einen Ausgleich gibt. Ihr seht zu Hause eventuell nur Häkchen oder markierte Fehler. Aber vielleicht hat die Lehrkraft dem Kind das Heft mit folgenden Worten zurückgegeben: *»Wow, du hast dich wirklich angestrengt. Drei ganze Buchstabenreihen hast du geschafft. Weiter so!«*

7. Schätzt auch den Prozess und nicht nur das tolle Ergebnis: Statt *»Super, wieder keine Fehler«* oder *»Jawohl, du hast einen Stempel bekommen!«* würdigt auch den gesamten Lernprozess des Kindes: *»Zwei ganze Rechentürme hast du fehlerfrei geschafft. Da kannst du wirklich stolz sein. Man sieht richtig, wie du immer sicherer wirst und wie sehr du dich dabei konzentriert hast.«*

8. Lasst negative Gefühle zu: *»Ist doch nicht so schlimm!«*, *»Kann doch mal passieren!«*, *»Du musst nicht traurig sein!«* – Doch, manchmal müssen Kinder auch traurig sein. Misserfolg und Fehler können frustrieren. Kleine Rückschläge können wütend machen. Und wenn sich der Lohn für große Mühen nicht direkt zeigt, dann dürfen auch mal Tränen fließen. Als Eltern zu trösten ist ein wichtiger Beziehungsmoment, aber versucht

dabei nicht, die Gefühlswelt euer Kinder wegzureden: *»Du hast dich verrechnet und es erst ganz am Schluss gemerkt? Oh, da verstehe ich gut, dass dich das so richtig wütend macht. Magst du vielleicht kurz die Wut ausschütteln, und dann startest du noch mal neu?«* Sich mit anstrengenden und herausfordernden Emotionen auseinanderzusetzen und einen Weg zu finden, dann TROTZDEM weiterzuüben, sind fundamentale Erfahrungen für den weiteren Bildungsweg.

9. Richtet den Blick nach vorn: Wenn wir das Entwicklungspotenzial von Fehlern und Rückschlägen nutzen wollen, ist es wichtig, nach einem Misserfolg den Blick nach vorne zu richten. *»Hast du eine Idee, was du verändern kannst, damit dieser Fehler beim nächsten Mal nicht passiert?«* Auch das hilft dabei, Rückschläge nicht zu überhöhen, sondern sie anzunehmen und mit ihnen als wertvolles Feedback weiterzumachen.

10. Schafft Ausgleich: Schon mehrfach erwähnt – Schule ist nicht das ganze Leben. Schule ist nur ein Lebensbereich. Natürlich verbringt euer Kind ab jetzt viel Zeit an diesem Ort, und es wird immer wieder Phasen geben, in denen schulische Themen zu Hause viel Raum einnehmen. Aber vergesst darüber nicht, dass es noch so viele andere Lebensbereiche gibt, in denen euer Kind zeigen kann, was in ihm steckt. In denen es sein darf, wie es ist. In denen es sich erproben kann. Habt keine Angst davor, dass das ja gegen die schulische Beurteilung wenig ausrichten könne. Dass das nicht ausreichend Gegengewicht biete. Ich erlebe im montäglichen Erzählkreis jede Woche Schüler*innen, die voller Freude von ihren erfolgreichen Fußballturnieren erzählen, die erklären, wie gut sie sich um ihren Hund gekümmert haben oder die stolz von dem zusammengebauten Lego-Set berichten, das eigentlich

erst für Kinder ab 10 Jahre ist. Kinder nehmen also auch diese Momente jenseits von Schule ganz bewusst als Möglichkeit wahr, die eigenen Stärken unter Beweis zu stellen.

Das erste Zeugnis

Je nach Bundesland wartet entweder nach dem ersten Halbjahr, spätestens aber nach dem ersten Schuljahr ein umfassendes Berichtszeugnis auf euer Kind. Ich erlebe in meiner Praxis eigentlich durchweg, dass meine Schüler*innen sich auf dieses erste Zeugnis freuen und es auch mit großem Stolz entgegennehmen. Und das sollte auch die Grundstimmung sein, mit der ihr als Eltern diesem Moment entgegenblickt. Freut euch mit eurem Kind, teilt seinen Stolz. So vieles wurde geschafft. Das darf ein guter Moment sein. Und vielleicht ist dieses erste Zeugnis auch der Beginn eines Rituals, das euch ab jetzt über viele Schuljahre begleitet.

Wie die Zeugnisse sich genau gestalten, wird tatsächlich von Schule zu Schule unterschiedlich sein. Von angekreuzten Kompetenzrastern bis hin zum ausführlichen Fließtext kann alles dabei sein. In der Regel sind diese ersten Zeugnisse bewusst eher positiv formuliert. Statt »*Benjamin kann sich nicht gut konzentrieren*« werdet ihr eher »*Hin und wieder gelingt es Benjamin sogar schon, sich einer Aufgabe ausdauernd zu widmen*« lesen können. Ziel ist dabei, den Blick auf das Entwicklungspotenzial zu legen, und das ist ja mal grundlegend eine sinnvolle Intention. Völlig unabhängig von der Zeugnisform seid ihr nun selbstverständlich neugierig und möchtet euch das Zeugnis mit eurem Kind gemeinsam anschauen. Aber was ist hier ein richtiger Umgang? Wie viel Lob ist angebracht? Und sollte auch über Entwicklungsfelder gesprochen werden?

Mein grundlegender Rat ist immer, als Eltern authentisch und wertschätzend zu bleiben, dann ist das Wichtigste schon erfüllt. Wenn euch danach ist, dann freut euch überschwänglich und von Herzen über die Erfolge eures Kindes. Denn euer Kind wird merken, wenn ihr euch auf der Suche nach pädagogisch wertvollem Bilderbuchlob verbiegt. Dann doch lieber ehrliche Sätze voller Liebe so ganz aus dem Bauch heraus, als ansprechend klingende, aber konstruierte Formulierungen, die euer Kind letztlich ohnehin nicht so richtig ernst nehmen wird.

Gleichzeitig möchte ich ein paar kleine Impulse mitgeben, um für die zwei bis drei Stolperfallen, die im Umgang mit den Zeugnissen dann doch lauern können, zu sensibilisieren.

Den Blick auf die Stärken lenken

Jedes Zeugnis enthält positive Aspekte, auf die ihr den Fokus lenken könnt. Orientiert euch nicht zu sehr am Endergebnis, sondern freut euch, dass sich die Anstrengungen und die Mühen eures Kindes ausgezahlt haben. Ein kleiner Tipp: Geht einfach erst mal durch das Zeugnis, und fragt dann zuerst euer Kind: »*Worüber freust du dich am meisten?*« oder »*Worauf bist du denn ganz besonders stolz?*«. Daran könnt ihr dann ganz wunderbar anknüpfen und euch mitfreuen. Oder ihr ergänzt: »*Möchtest du wissen, was ich besonders toll finde?*« Je nach Antwort könnt ihr dann auch noch einen Aspekt aufgreifen. Schaut auch hier weniger auf das einzelne Endergebnis als vielmehr auf den gesamten bisherigen Lernweg. Es empfiehlt sich außerdem, das Hervorheben der Stärken und die Freude über Erfolge nicht durch kleine Kommentare wie »*Das sieht ja alles wirklich gut aus, aber was ist denn in Deutsch los gewesen?*« abzuwerten oder zu dämpfen.

Nach vorn schauen

Sollte das Zeugnis eures Kindes tatsächlich doch eher forsche Formulierungen wie *»Ivan kann sich bisher nicht länger als fünf Minuten konzentrieren«* enthalten, und ihr merkt, dass ein solcher Satz eurem Kind zu schaffen macht, dann arbeitet das gemeinsam auf. Nehmt seine mögliche Wut und seinen möglichen Frust ernst, und richtet gleichzeitig den Blick nach vorn auf die jeweiligen Entwicklungsmöglichkeiten. Erinnert euch an das Konzept des Growth Mindset. Das ist ein guter Anhaltspunkt, um über schulische Entwicklungsfelder zu sprechen: *»Ich verstehe, dass du dich über diesen Satz ärgerst. Schließlich strengst du dich an. Das weiß ich. Es klappt vielleicht jetzt NOCH nicht, aber überleg mal, was du in diesem Halbjahr/Schuljahr alles schon gelernt und geschafft hast. Auch das wird dir mit ein bisschen Übung bald schon viel besser gelingen. Wir können ja mal überlegen, was dir im nächsten Halbjahr/Schuljahr dabei helfen könnte.«* Bestenfalls hat bereits die Lehrkraft eures Kindes ein solches Gespräch mit eurem Kind geführt oder agiert hier stetig im laufenden Schulalltag, aber es spricht nichts dagegen, hier auch als Eltern den Blick in die Zukunft zu lenken und Mut zu machen.

Den Prozess wertschätzen

Bei allem berechtigten Stolz oder auch Ärger ist es sinnvoll, sich am Ende nicht allzu sehr auf dieses Stück Papier zu fokussieren, sondern diesen Moment und die geschaffte Etappe als etwas Ganzes zu betrachten. Zeugnisse zeigen, wie Leistungsbewertung noch sehr häufig, eher eine Momentaufnahme. Aus einem einzelnen Satz und später einer einzelnen Note lässt sich nicht der mühevolle Weg dorthin ableiten. Der Zeugnistag kann also ein guter Augenblick sein, um noch einmal auf die letzten Schulmonate zu blicken, auch völlig unabhängig von den jeweiligen Leistungsergebnissen. Ihr könnt mit eurem Kind darüber sprechen, was es alles erlebt und gelernt hat. Lernwege können sichtbar gemacht werden, indem man gemeinsam aufzählt, was das Kind jetzt alles kann, was es am ersten Schultag noch nicht konnte. Das wird mit Sicherheit eine beeindruckende Liste, und dafür kann das Zeugnis dann durchaus ein guter Ausgangspunkt sein.

Elternfrage

»Sollte es für das Zeugnis eine Belohnung geben?«
Auch diese mir sehr häufig gestellte Frage kann ich nicht klar mit Ja oder Nein beantworten. Ich verstehe den Wunsch absolut, seinem Kind vor allem nach dem aufregenden ersten Schuljahr eine sicherlich verdiente Freude machen zu wollen. So ging es mir auch, als wir als Familie diese Zeit gemeistert hatten. Ich persönlich denke, dass das auch absolut in Ordnung ist. Lebensabschnitte zu feiern oder auch kleine Geschenke zu solchen Anlässen sind absolut authentischer Ausdruck von Freude und Stolz.

Es kommt auch hier viel eher darauf an, woran wir das Ganze knüpfen. So kenne ich aus meiner Schulzeit noch die Praxis, für jede »gute« Note einen bestimmten Geldbetrag zu bekommen, etwa für jede Eins bekommt man einen Euro, für jede Zwei noch 50 Cent. Letztlich müssen das Eltern natürlich für sich selbst entscheiden, aber Kinder für gute Leistungsergebnisse auszuzahlen, kann nicht nur ungünstigen Leistungsdruck aufbauen, sondern missachtet vor allem die Anstrengung, die ein Kind während des gesamten Schuljahres vollbringt. Denn auch hinter der Note Drei oder Vier stecken Arbeit, Anstrengung und Mühe.

Nun bekommen eure Kinder mit dem ersten Schuljahreszeugnis zwar noch keine Noten, aber ihr könnt als Eltern trotzdem schon überlegen, wie ihr ein mögliches Geschenk gestaltet und kommuniziert. Gibt es das neue Buch, das Geld für die Spardose oder die Portion Nudeln im Lieblingsrestaurant nur für »das tolle und gute Zeugnis«, oder ist es auch ein gemeinsames Feiern und ein Ausdruck von Anerkennung für all die Anstrengung, das frühe morgendliche Aufstehen oder das manchmal nicht ganz einfache Durchbeißen durch die Hausaufgaben und würdigt den gesamten Prozess des letzten Schuljahres? Für Kinder ist ein *»Wir sind stolz auf dich und alles, was du in diesem Jahr gelernt und geschafft hast, und zwar erst mal unabhängig davon, wie sich dein Zeugnis konkret gestaltet«* zudem ein besonders wertvolles Signal. Denn sie spüren so, dass sie bedingungslos und ohne die Abhängigkeit von Leistungsergebnissen akzeptiert und wertgeschätzt werden.

Nun könnte man fragen, ob es denn überhaupt einer Belohnung bedürfe oder ob nicht die gemeinsame Freude ganz und gar ausreichen sollte? Darum geht es doch am Ende eigentlich. Sicherlich richtig. Und die konkrete Gestaltung liegt letztlich ganz bei euch. Ich sehe es allerdings weniger als »Belohnung«, die vielleicht im ungünstigen Fall sogar entfällt, wenn entsprechende Leistungen nicht erbracht werden, sondern vielmehr als einen möglichen Ausdruck der Anerkennung und Wertschätzung. So ein bisschen wie am Geburtstag. Wir kämen nicht unbedingt auf die Idee, unserem Kind seine freudig erwarteten Geschenke vorzuenthalten, nur weil es im letzten Jahr bestimmte Meilensteine nicht erreicht hat. Wir ehren diesen Tag und sind einfach stolz auf unser Kind. Wir feiern sein Dasein, seine Person. All die Abenteuer des letzten Jahres. Und das kommende Lebensjahr. Und genau so betrachte ich den Zeugnistag als weiteren Fixpunkt eines vollbrachten Lebensabschnittes, über den man sich, ob mit oder ohne Geschenk, einfach freuen darf.

Nochmal im Überblick

Wie gehe ich mit schulischer (Leistungs-) Bewertung um?

- Bemüht euch im häuslichen Rahmen um eine positive Fehlerkultur, um bei eurem Kind eine stabile Haltung gegenüber Misserfolgen anzubahnen.
- Richtet den Blick grundlegend eher auf das, was gelingt.
- Reflektiert schulische Misserfolge, aber überhöht sie nicht.
- Nehmt das Feedback von Lehrkräften ernst und arbeitet nicht grundlegend dagegen. Wenn es passend erscheint, dürft ihr trotzdem eurem Kind sagen, dass ihr die Perspektive der Lehrkraft respektiert, aber selbst eine andere Meinung habt.
- Vermittelt eurem Kind immer das Gefühl, dass eine schlechte Leistung oder ein mahnendes Feedback der Lehrkraft nichts daran ändert, dass ihr euer Kind bedingungslos so akzeptiert, wie es ist.
- Freut euch bei einem Erfolg mit eurem Kind, aber haltet das Lob in einem glaubwürdigen Rahmen.
- Denkt gut darüber nach, ob ihr bei Zeugnissen und Co. mit konkreten Belohnungen (und deren Wegfall bei Misserfolg) arbeiten wollt.
- Schafft für euer Kind Räume außerhalb der ständigen schulischen Leistungsbewertung.

Kapitel 10

Ein Blick in die weitere Grundschulzeit

Die eigenen Erfahrungen und Gefühle zu bearbeiten, Druck rauszunehmen beim Treffen von Entscheidungen in Sachen Schule, Vertrauen und Zuversicht aufzubauen und zu bewahren, eine gute Balance zwischen Hilfestellung und Loslassen zu finden – all das sind Anforderungen und Aufgaben, die uns im Schulstart unseres Kindes begegnen werden. Sie kosten uns Mühe, aber sich ihnen zu stellen lohnt sich allemal, denn wir stellen damit die grundlegenden Weichen für die weitere Schulzeit. Eine Lebensphase unseres Kindes, die uns immer und immer wieder mit Herausforderungen konfrontieren wird. Wenn wir uns schon im Übergang in die Schule bemühen, ein grundlegendes Vertrauen in den Weg des Kindes aufzubauen, uns freizumachen von dem, was uns selbst als Schüler*innen widerfahren ist, und uns darauf einstellen, dass wir einmal getroffene Entscheidungen auch verändern dürfen, so bauen wir damit ein inneres Mindset auf, auf das wir auch in den nächsten Schuljahren immer wieder zurückgreifen können. Die Leitsätze, die ihr in diesem Buch finden konntet, geben euch also ein langfristiges Gerüst für das Leben als Eltern eines Schulkindes.

Ähnlich sieht es bei den Kompetenzen aus, die ihr bei eurem Kind für den Übergang vom Kindergarten in die Schule stärken könnt. Sei es das Konzentrationsvermögen, Wachstumsdenken, die Resilienz, die Frustrationstoleranz oder die Selbstkompetenz. Keine dieser Fähigkeiten ist letztlich nur isoliert für den Schulstart wertvoll. Es sind Kompetenzen, die Kinder auch über die längere Schulzeit hinweg zu selbstkompetenten und mental gesunden Schüler*innen werden lassen. Außerdem spielen diese Kompetenzen auch in jedem weiteren auf euer Kind zukommenden Übergang eine unterstützende Rolle. Denkt beispielsweise an den Übergang von der Grundschule in die weiterführende Schule. Auch das wird euer Kind im schulischen Umfeld erneut einiges abverlangen. Und hat euer Kind bis dahin bereits große

Übergänge teils eigenständig, teils durch sichere Begleitung meistern können, so ist es jedes Mal auch ein Stückchen mehr auf die nächsten großen Schritte und Umbrüche vorbereitet.

Auch die vielen Impulse für das Miteinander mit Lehrkräften, das häusliche Üben oder den Umgang mit schulischer Leistungsbewertung sind zwar inhaltlich am Schulstart orientiert, geben aber gleichzeitig eine grundlegende Richtung, die für die gesamte Schulzeit eures Kindes wertvoll ist, vor. Ihr habt mit diesem Buch also auch schon eine gute Ahnung davon, wie ihr in den nächsten Jahren den schulischen Weg eures Kindes stabil begleiten könnt.

Und jetzt: »Einmal lächeln, bitte!«

Der Schulstart kann kommen. Ihr wisst, was es zu wissen gibt, und dürft von Herzen darauf vertrauen, genug getan zu haben. Und Berge, die kommen, die besteigt ihr erst dann. Ihr dürft euch freuen auf den Tag, an dem euer Kind zum Schulkind wird. Und Taschentücher einpacken – das dürft ihr auch. Ihr dürft Platzen vor Stolz und Sentimentalität, wenn das kleine Wesen, das eben noch an eurer Hand laufen lernte, jetzt eigenen Schrittes dem Schulleben entgegengeht. Und ganz egal, welche wunderbaren, aber auch herausfordernden Erfahrungen dabei auf euer Kind warten. Ganz egal, welche wertvollen Erinnerungen es sammeln darf. Ganz egal, welche Hürden es meistern muss. Ganz egal, wie viel Vertrauensarbeit die zunehmende Selbstständigkeit eures Kindes von euch fordert. Ganz egal, wie groß die Segeltouren ab jetzt werden. Ihr bleibt der sichere Hafen. Eure Mühen werden nie umsonst sein. Und ihr bleibt immer wichtig. So fühlt es sich an. Jedenfalls.

15 Leitsätze, die Eltern den Übergang vom Kindergarten in die Grundschule erleichtern

- »Ich schließe Frieden mit meinen eigenen schulischen Erfahrungen.«
- »Meine negativen Erfahrungen machen mich zum Begleitungsprofi.«
- »Mein Kind ist nicht ich. Es ist ein ganz eigenständiger Mensch.«
- »Besteigt Berge erst, wenn sie da sind!«
- »Mein Kind darf Herausforderungen erfahren und daran wachsen.«
- »Mein Kind hat mich immer als sicheren Hafen.«
- »Loslassen passiert nicht einfach so. Loslassen ist Arbeit.«
- »Ich schaue auf das, was möglich ist, nicht auf die Dinge, die ich ohnehin nicht beeinflussen kann.«

- »Ich muss keine perfekten Entscheidungen auf Lebenszeit treffen!«
- »Ich schaue vor allem auf den Prozess, nicht nur auf den Abschluss.«
- »Für die Schulvorbereitung gibt es kein Rezept.«
- »Mein Kind kann sich in unterschiedlichen Umgebungen zurechtfinden und sich entsprechend unterschiedlich verhalten.«
- »Ankommen braucht Zeit.«
- »Schule darf vorrangig meinem Kind gehören.«
- »Mein Kind darf vielfältigen Menschen begegnen und seine eigene Meinung haben.«

Dank

An der Entstehung dieses Buches waren viele Menschen beteiligt, die unbedingt in dieser Danksagung ihren Platz finden sollen.

Zunächst ist da Katja Seide, der ich von Herzen danken möchte, dass sie mich dem Verlag und meiner Lektorin Petra Dorn vorstellte.

Weiterer Dank ist an Stefanie Luxat gerichtet, die mir schon vor Jahren in ihrem Onlinemagazin mit einer eigenen Kolumne die Möglichkeit gab, meine Themen einer größeren Reichweite zur Verfügung zu stellen und viele wertvolle Texte zum Schulstart zu veröffentlichen, auf die ich in diesem Buch immer wieder zurückgreifen konnte.

Meine Lektorin Petra Dorn hat geduldig über Jahre den Kontakt gehalten, bis schließlich die Idee zum vorliegenden Buch entstand. Zu jeder Zeit hatte sie ein offenes Ohr für meine Fragen und brachte mit ihrer Fachkompetenz, aber auch mit ihrer Erfahrung als Mutter stets sehr wertvolle Impulse in den Schreibprozess ein.

Ein besonderer Dank geht auch an Dr. Katharina Theml, die mir mit ihrer Überarbeitung und ihrem Feedback weitere wunderbare Anregungen lieferte.

Auch meine zahlreichen Leser*innen haben zu diesem Buch beigetragen, denn durch den Austausch mit ihnen und die vielen ehrlichen Fragen und Berichte konnte ich mir ein umfassendes Bild davon machen, was Eltern im Schulstart umtreibt und beschäftigt.

Gleiches gilt für alle Schüler*innen, die ich bis jetzt in der Schulwelt willkommen heißen durfte. Ihr Hineinwachsen, ihren Stolz, aber auch ihre Ängste und Herausforderungen beobachten und begleiten zu können hat mir einen Erfahrungsschatz beschert, der das Fundament dieses Buches bildet.

Großen Dank richte ich an meinen Mann, der mich auf meinem Weg, das Schulsystem zu entstauben, stets unterstützt und mir vor allem in den letzten Zügen der Fertigstellung dieses Buches Mut zusprach.

Und zu guter Letzt wären da meine wunderbaren Kinder, denen ich so manch neue Sichtweise verdanke. Sie fordern mich auf wunderbare Weise heraus, und ihr Weg in die Schule zeigt mir mehr, als jedes Studium mir hätte beibringen können.

Literatur

Folgende Bücher und Artikel haben mich während der Arbeit an diesem Buch begleitet und mich entweder direkt oder indirekt beeinflusst und inspiriert.

Brägger, Gerold; Hundeloh, Heinz; Posse, Norbert; Städtler, Hermann: *Bewegung und Lernen: Konzept und Praxis Bewegter Schulen*, Weinheim, Basel: Beltz, 2017

Cooper, Harris: *The Battle over Homework: Common Ground for Administrators, Teachers, and Parents*, New York: Simon and Schuster, 2015

Dhuey, Elizabeth; Figlio, David; Karbownik, Krzysztof; Roth, Jeffrey: *School Starting Age And Cognitive Development*, Working Paper 23660, Cambridge 2017

Dweck, Carol: *The New Psychology of Success: How we can learn to fulfill our potential*, New York: Ballantine Books. 2007

Graf, Danielle; Seide, Katja: *Das gewünschteste Wunschkind aller Zeiten treibt mich in den Wahnsinn: Gelassen durch die Jahre 5 bis 10*, Weinheim, Basel: Beltz, 2018

Griebel, Wilfried; Niesel, Renate: *Übergänge verstehen und begleiten: Transitionen in der Bildungslaufbahn von Kindern*, Mülheim an der Ruhr: Cornelsen bei Verlag an der Ruhr, 2021

Grolimund, Fabian: *Mit Kindern lernen. Konkrete Strategien für Eltern*, Bern: Huber, 2012

Hattie, John: *Lernen sichtbar machen*, Baltmannsweiler: Schneider Verlag, 2016

Haug-Schnabel, Gabriele: »Übergänge spürbar machen. Wie Krisen stärken können«, in: *Theorie und Praxis der Sozialpädagogik* (TBS 1), 2006, S. 16–20

Hummel, Inke: *Nicht zu streng, nicht zu eng. Dein sicherer Weg zwischen Schimpfen und falschem Verwöhnen*, Hannover: Humboldt, 2022

Hummel, Inke: *Mein wunderbares schüchternes Kind. Mut machen, Selbstvertrauen stärken, liebevoll begleiten*, Hannover: Humboldt, 2021

Imlau, Nora: *In guten Händen: Wie wir ein starkes Beziehungsnetz für unsere Kinder knüpfen*, Berlin: Ullstein, 2022

Kegler, Ulrike: *Lob den Lehrer*innen. Wer Beziehungen stärkt, macht Schule gut. Ein Weckruf*, Weinheim, Basel: Beltz, 2018

Künne, Thomas; Sauerhering, Meike: »Selbstkompetenzförderung in KiTa und Grundschule«, in: *nifbe-Themenheft* Nr. 4, 2016

Lutz, Leonie; Osthoff Anika: *Begleiten statt verbieten: Als Familie kompetent und sicher in die digitale Welt*, München: Kösel, 2022

Rietzler, Stefanie; Grolimund, Fabian: *Erfolgreich lernen mit ADHS. Der praktische Ratgeber für Eltern*, Bern: Huber, 2016 (4. Auflage 2021)

Souvignier, Elmar; Duzy, Dagmar; Glück, Daniela; Pröscholdt, Marie V.; Schneider, Wolfgang: »Vorschulische Förderung der phonologischen Bewusstheit bei Kindern mit Deutsch als Zweitsprache«, in: *Zeitschrift für Entwicklungspsychologie und Pädagogische Psychologie*, Göttingen 2012, S. 40–52

Staudinger, Nicole: *Stehaufqueen: Die Herausforderungen des Lebens elegant und majestätisch meistern*, München: Knaur, 2018

Welter-Enderlin, Rosmarie; Hildenbrand, Bruno: *Reslilienz: Gedeihen trotz widriger Umstände*, Heidelberg: Carl Auer, 2012 (4. Auflage)

Wustmann, Corina: »Die Blickrichtung der neueren Resilienzforschung. Wie Kinder Lebensbelastungen bewältigen«, in: *Zeitschrift für Pädagogik* Nr. 51, Weinheim Basel 2005, S. 192–206

Links:

https://www.gewuenschtestes-wunschkind.de/2013/03/empathie-wann-und-wie-erwerben-unsere.html, zuletzt gesichtet am 19.09.2022

Vortrag von Jesper Juul über das lernende Dreieck am 28.11.2011: https://www.youtube.com/watch?v=iCD7uo2Iahg

Anmerkungen

Einleitung

1. Neurodiversität bezeichnet im vorliegenden Buch Kinder mit neurologischer Vielfalt und umfasst unter anderem Phänomene wie AD(H)S, das Autismus-Spektrum, Hochbegabung, Legasthenie oder Wahrnehmungsstörungen. Der Begriff ist bisher noch nicht wissenschaftlich definiert, sondern eher favorisierte Wortwahl betroffener Menschen. Er hat zum Ziel, aufzuzeigen, dass neurologische Unterschiede einfach Teil der menschlichen Vielfalt sind und als solche respektiert werden.

Auf in die Vorschulzeit – Antworten auf Elternfragen

1. Vgl. Dhuey, Elizabeth; Figlio, David; Karbownik, Krzysztof; Roth, Jeffrey: *School Starting Age And Cognitiv Development*, Cambridge 2017
2. Vgl. Griebel, Wilfried; Niesel, Renate: *Übergänge verstehen und begleiten*, S. 125–126
3. Vgl. Griebel, Wilfried; Niesel, Renate: *Übergänge verstehen und begleiten*, S. 124–125
4. Vgl. Griebel, Wilfried; Niesel, Renate: *Übergänge verstehen und begleiten*, S. 115–193
5. Ebd., S. 127
6. Vgl. Griebel, Wilfried; Niesel, Renate: *Übergänge verstehen und begleiten*, S. 126
7. Imlau, Nora: *In guten Händen*, S. 284
8. Alle Impulse hierzu in: Hattie, John: *Lernen sichtbar machen*, Baltmannsweiler 2016

Die klassische Schulvorbereitung – worauf zum Schulstart geachtet wird

1. https://dorsch.hogrefe.com/stichwort/konzentration, zuletzt gesichtet am 19.09.2022
2. http://www.lern-psychologie.de/skripte/piaget_skript.pdf, zuletzt gesichtet am 19.09.2022
3. Vgl. Griebel, Wilfried; Niesel, Renate: *Übergänge verstehen und begleiten*, S. 155
4. Vgl. Souvignier, Elmar; Duzy, Dagmar; Glück, Daniela; Pröscholdt, Marie V.; Schneider, Wolfgang: »Vorschulische Förderung der phonologischen Bewusstheit bei Kindern mit Deutsch als Zweitsprache«, 2012, S. 41–50
5. Vgl. Griebel, Wilfried; Niesel, Renate: *Übergänge verstehen und begleiten*, S. 150–155

Schulvorbereitung auf emotionaler Ebene

1. Vgl. Haug-Schnabel, Gabriele: »Übergänge spürbar machen«, 2006, S. 16–20
2. Alle benannten Komponenten der Selbstkompetenz orientieren sich an folgendem Artikel: Künne, Thomas; Sauerhering, Meike: »Selbstkompetenzförderung in KiTa und Grundschule«, in: nifbe-Themenheft Nr. 4, 2016
3. Künne, Thomas; Sauerhering, Meike: *Selbstkompetenzförderung in KiTa und Grundschule*, S. 8
4. Vgl. zum Konzept des Growth Mindset das Standardwerk: Dweck, Carol: Mindset: *The New Psychology of Success: How we can learn to fulfill our potential.* New York 2007, S. 4–54
5. Vgl. Dweck, Carol: *The New Psychology of Success*, S. 4–11
6. Ebd., S. 25
7. Welter-Enderlin,Rosmarie; Hildenbrand, Bruno: Reslilienz: *Gedeihen trotz widriger Umstände*, S. 13
8. Vgl. Wustmann, Corina: *Die Blickrichtung der neueren Resilienzforschung*, S. 192 ff.
9. Ebd., S. 196
10. Ebd.
11. https://www.gewuenschtestes-wunschkind.de/2013/03/empathie-wann-und-wie-erwerben-unsere.html, zuletzt gesichtet am 19.09.2022

Gelingende Beziehungen – das A und O für den Schulanfang

1. Vgl. Hattie, John: *Lernen sichtbar machen*, Baltmannsweiler 2016
2. Vortrag von Jesper Juul über das lernende Dreieck am 28.11.2011: https://www.youtube.com/watch?v=iCD7uo2Iahg
3. Siehe Vortrag von Jesper Juul über das lernende Dreieck am 28.11.2011

Hausaufgaben und Üben zu Hause – Antworten auf Elternfragen

1. Vgl. Cooper, Harris: *The Battle over Homework: Common Ground for Administrators, Teachers, and Parents*, New York 2015
2. Vgl. Haug-Schnabel, Gabriele: *Übergänge spürbar machen*, 2006, S. 16–20
3. https://lexikon.stangl.eu/3141/bedurfnishierarchie, zuletzt gesichtet am 19.09.2022
4. https://rp-online.de/leben/gesundheit/medizin/rueckenschmerzen/studie-aus-den-usa-aufrechte-sitzhaltung-fuehrt-zu-deutlich-besseren-pruefungsergebnissen_aid-31080833, zuletzt gesichtet am 19.09.2022
5. https://www.t-online.de/gesundheit/krankheiten-symptome/id_78976468/staendig-gerade-sitzen-ist-gar-nicht-gut-fuer-den-ruecken.html, zuletzt gesichtet am 19.09.2022
6. Vgl. Brägger, Gerold; Hundeloh, Heinz; Posse, Norbert; Städtler, Hermann: *Bewegung und Lernen*, Weinheim, Basel 2017, S. 25–95
7. Vgl. zum Beispiel Rietzler, Stefanie; Grolimund, Fabian: *Erfolgreich lernen mit ADHS*, S. 93